AQA GCSE

Higher

Clive Bell   Rosi McNab

www.heinemann.co.uk

✓ Free online support
✓ Useful weblinks
✓ 24 hour online ordering

0845 630 33 33

Heinemann

Part of Pearson

Heinemann is an imprint of Pearson Education Limited, a company incorporated in England and Wales, having its registered office at Edinburgh Gate, Harlow, Essex, CM20 2JE. Registered company number: 872828

www.pearsonschoolsandfecolleges.co.uk

Heinemann is a registered trademark of Pearson Education Limited

Text © Clive Bell and Rosi McNab 2009

First published 2009

14 13
10 9 8

British Library Cataloguing in Publication Data

A catalogue record for this book is available from the British Library

ISBN 978 0 435 72060 5

Edited by Catriona Watson-Brown
Original design by Ken Vail Graphic Design, Cambridge
This edition by Oxford Designers & Illustrators Ltd.
Original illustrations © Pearson Education 2009
Illustrated by Beehive Illustration (Theresa Tibbetts, Ellen Hopkins), Graham-Cameron Illustration (David Benham), Ken Laidlaw, Bill Ledger.
Cover photo © photolibrary
Printed in China (GCC/08)
Picture research by Rebecca Sodergren

Acknowledgements

We would like to thank Stuart Glover, Sylvie Fauvel, Anne French and Michel Groulard for their invaluable help in the development and trialling of this course.

The author and publisher would like to thank the following individuals and organisations for permission to reproduce photographs:

Alamy Images p. 52 (townhouse), 66 (stadium, pool), 101, 113 (police, post), 166 (hunger), 184 (concert), 194, 196 **Alamy/ Channel Island Pictures** p. 130 (surf) **Alamy/CW Images** p. 82 **Alamy/Digital Vision** p. 156 **Alamy/Geoffrey Morgan** p. 130 (farm) **Alamy/Hugh Threlfall** p. 130 (car) **Alamy/Jean-Yves Roure** p. 62 (castle) **Alamy/Jupiter Images/Pixland** p. 99 **Alamy/Peter Banos** p. 42 **Alamy/Peter Bowater** p. 74 **Alamy/Richard Cooke** p. 4 (TGV) **Alamy/Sally and Richard Greenhill** p. 96 **Alamy/Rubberball** p. 76 (party) **Bananastock** p. 157 (Thomas), 170 (3) **Corbis** p. 16 (drama, judo), 19, 30 (kung fun, singer, dance), 36 (Batman), 37, 38 (skater), 76 (fireworks),

79, 112, 113 (farmer), 122 (top), 126 (Disneyland, Dordogne, Brittany, Futuroscope, Riviera), 166 (AIDS), 175 (forest), 187, 191, 193 (cashier) **Corbis/Stockbyte** p. 151 (Valentin) **Digital Stock** p. 178 (bird) **Digital Vision** p. 166 (polar), 175 (orang-utan), 176, 178 (frog) **Fotolia/ant236** p. 139 (hiking) **Fotolia/france jean-sebastian** p. 139 **Gallimard Jeunesse** p.36 (book) **Getty Images** p. 122 (bottom), 166 (terrorism), 193 (paper boy) **Getty Images/Dominique Charriau** p. 80 (catwalk) **Getty Images/ Jasper Juinen** p. 38 (cyclists) **Getty Images/PhotoDisc** p. 10 (child), 24, 111 (Lin), 151 (Charline), 157 (Karima), 158, 166 (Elea, Blanche), 170 (4) **Grand Canyon National Park** p. 132 **Image Source Ltd** p. 113 (doctor), 192 (nurse) **ImageState** p. 126 (Loire), 184 (circus) **ImageState/Photovoir** p. 190 **iStockPhoto.com/Anna Yu** p. 178 (lake) **iStockPhoto. com/Craig DeBourbon** p. 166 (war) **iStockPhoto.com/ Kati Neudert** p. 170 (2) **iStockPhoto.com/Kelly Clin**e p. 113 (chef) **iStockPhoto.com/Phillip Lange** p. 130 (camping) **iStockPhoto.com/Sean Nel** p. 16 (ballet) **iStockPhoto.com/ Jean-Yves Benedeyt** p. 10, 126 (Mont Blanc) **Kobal Collection** p. 192 (stunt) **Marvel/SONY Pictures/The Kobal Collection** p. 44 **Max PPP** p. 72 **Panos Pictures** p. 166 (poverty) **PA Photos** p. 38 (rugby) **PA Photos/ABACA/Gouhier Nicolas** p.38 (footballer) **PA Photos/EMPICS Sport/Joe Giddens** p.18 **Pearson Education/Chris Parker** p. 80 (Clement), 151 (Louise), 166 (Tariq) **Pearson Education/Debbie Rowe** p. 66 (rink) **Pearson Education/Gareth Boden** p. 93, 111 (Guillaume), 118 (Shazia), 170 (1) **Pearson Education Ltd/Jules Selmes** p. 4 (basketball), 5 (girl), 6, 7 (girls), 9, 10 (teenager), 22, 34, 40, 41, 52, 55, 56 (store, library, hospital, park), 70, 73, 80 (Liane, Damien, Julie), 81, 84, 94, 95, 100 (girl), 102 (France), 111 (Mathilde), 116 (a, b, d, e, g), 118 (Lydie, Amelie), 119, 130 (boys), 136, 142, 149, 151 (Amelie, Boris), 160, 162, 160 (Vincent), 188 **Pearson Education/Studio 8. Clark Wiseman** p. 7 (boy), 151 (Hugo), 159 PhotoDisc p. 5 (Eiffel), 16 (swimming, fencing, scuba, karate, aerobics), 20, 66 (bowling), 76 (food), 104, 115, 126 (Eiffel), 139 (Notre Dame), 144, 151 (Arthur, Jerome), 157 (Damien), 192 (baker), 217, 225 **Photolibrary/Brigitte Merle** p. 56 (Cilaos) **Photolibrary/Gerard Vandystadt** p. 56 (Chamonix) **Photolibrary/Jean-Luc Armand/Photononstop** p. 130 (cycling) **Photolibrary/Kablonk!** p. 120 Photolibrary/Maria Teijeiro p. 60 **Photolibrary/Patrick Somelet/Photononstop** p. 62 (caves) **Photolibrary/The Travel Library Ltd** p. 134 Photos. com p. 100 (boy), 111 (Clement), 116 (c, f, h), 118 (Yann, Ryan, Hakim) **Rex Features** p. 14, 30 (Kyo), 184 (Mamma Mia) **Rex Features/Don Hammond** p. 102 (UK) **Shutterstock/empipe** p. 183 **Shutterstock/Ferenc Cegledi** p. 5 (Arc) **Shutterstock/ Mark Youill** p. 130 (kayak) **Superstock** p. 184 (castle) **The Art Archive** p. 30 (Marivaux) **WWF** p. 171 UK regd charity no 1081247 Panda symbol 1986 WWF © WWF

Every effort has been made to contact copyright holders of material reproduced in this book. Any omissions will be rectified in subsequent printings if notice is given to the publishers.

Websites

The websites used in this book were correct and up-to-date at the time of publication. It is essential for tutors to preview each website before using it in class so as to ensure that the URL is still accurate, relevant and appropriate. We suggest that tutors bookmark useful websites and consider enabling students to access them through the school/college intranet.

Table des matières

What is *Expo GCSE French for AQA*?

Expo GCSE French for AQA is a lively and accessible course written to prepare you for the AQA GCSE French specification. It will help you to enjoy learning French and develop your language-learning skills. *Expo* provides full coverage of the four AQA contexts and their purposes:

- **Lifestyle**
  Health / Relationships and choices
- **Leisure**
  Free time and the media / Holidays
- **Home and environment**
  Home and local area / Environment
- **Work and education**
  School/college and future plans / Current and future jobs.

How does *Expo* work?

The course consists of nine modules, each focusing on one or two aspects of the four AQA contexts. Each module is structured as a number of two-page units to break down the information into manageable and accessible sections.

Some of the language you need for GCSE will already be familiar to you. *Expo* revises the relevant language you covered in earlier years, as well as introducing the new vocabulary you need for your GCSE course.

Most units contain activities to practise all four skills:

- **listening** – to practise understanding spoken French in a variety of different contexts
- **speaking** – to practise communicating with French speakers, both at home and abroad
- **reading** – to practise understanding a wide range of texts in French, such as magazine articles and information found on the Internet
- **writing** – to practise producing your own texts in clear and accurate French.

How does *Expo* help me with my GCSE exams?

Expo GCSE Higher Student Book is written to help you to develop all the skills you need for your GCSE course. Throughout the book you will find lots of tips and advice on how to improve your French.

Your **reading and listening skills** will be tested in an exam at the end of the course. The texts you will read and the passages you will listen to are similar in style and length to the ones you will encounter in your exams. There are many exam-style activities and questions so that you know exactly what to expect. There are also five units that deal specifically with reading and listening skills. These are called **Lire et écouter**.

How does *Expo* help me with my controlled assessments?

In addition to exams in reading and listening, your **speaking and writing skills** will be assessed in **controlled assessments** that can take place throughout your GCSE course. At the end of every module of *Expo*, there are extra units which give you practice in the types of tasks you will need to do, both speaking and writing:

- *Contrôle oral* units provide practice in the two types of task that you will encounter in your speaking assessment: conversations and interviews. You can listen to recordings of students your own age performing these tasks, analyse their performance and discover the strategies that you can use to excel.

- *Contrôle écrit* units provide practice in composing pieces of writing that you can present for your writing assessment. A model text shows you what aspects of language to include in your writing to produce your best written French.

Both the *Contrôle oral* and *Contrôle écrit* units contain **Grade Studio** panels in bronze, silver and gold. These give you advice as to what to include to produce a good answer (bronze), to go a step further (silver) and to produce a really impressive answer (gold).

And every *Contrôle* spread contains a *Brille à l'oral* or *Brille à l'écrit* feature, a 'star tip' that will make you stand out from the crowd!

What about practice and revision?

- The *Mots* section at the end of each module summarises all the key language of the module to help you learn and revise vocabulary topic by topic.

- The *Grammaire* section at the end of the book covers exactly what you need to know about all the important grammar points covered in the book. It also includes lots of practice activities to test your knowledge.

- The *Vocabulaire* section at the end of the book provides a list of the French vocabulary in the texts in the book.

Exam**Café**

Visit the Exam Café on the accompanying ActiveTeach CD-Rom for:
- interactive grammar practice
- recordings of the word lists
- top revision tips
- exam preparation guidance

1 Moi

Moi ... et quelques autres
Talking about yourself and other people
Revising key present tense verb forms

Déjà vu 1

lire 1 Écoutez et lisez les textes. Répondez aux questions.

Je m'appelle Laurent. J'ai quinze ans et j'ai une sœur jumelle, Amélie. J'habite à Bruxelles en Belgique, et je parle français. J'aime les chiens, mais nous n'avons pas d'animal parce que ma sœur ne les aime pas. Physiquement, je suis assez grand, mince, brun et beau! Ma passion, c'est le cinéma, mais j'adore aussi les BD.

Je me présente. Je m'appelle Pascal, j'ai quatorze ans et mon anniversaire est le 15 août. Je suis français et j'habite en France, à Lyon. Mes deux sœurs s'appellent Lydie et Sophie et nous avons un chat, qui s'appelle Ludo. J'ai aussi un demi-frère, qui s'appelle Antoine, mais il a dix-neuf ans et habite à Paris chez son père. Je suis assez grand aux cheveux bruns et aux yeux bleus. Je suis sportif: je fais du basket et du VTT.

Mon nom est Karima. J'habite à Marseille dans le sud de la France et je suis grande et brune. Mon anniversaire est le 10 novembre et j'ai seize ans. Mon frère a dix ans et s'appelle Hakim. J'ai aussi un demi-frère, Kévin, qui a seize ans, mais il habite chez sa mère à Paris. Nous avons également un chien et un oiseau.

Qui ...

1 ... a quatorze ans?
2 ... a dix-neuf ans?
3 ... habite en France?
4 ... n'habite pas en France?
5 ... a un chat?

6 ... a un chien?
7 ... est français(e)?
8 ... n'est pas français(e)?
9 ... habite à Paris?
10 ... est grand(e)?

écouter 2 Comment s'appellent-ils? (10)

L'alphabet

				Accents
A AH	H ASH	O OH	V VAY	
B BAY	I EE	P PAY	W DOOBL-VAY	é accent aigu
C SAY	J DJEE	Q COO	X EEX	è accent grave
D DAY	K KAH	R ERR	Y EE-GREK	ê circonflexe
E EUH	L ELL	S ESS	Z ZED	ç cédille
F EFF	M EM	T TAY		– trait d'union
G DJAY	N EN	U OO		

parler 3 À deux. Épelez les noms des personnes et des villes.

■ Bonjour. Comment tu t'appelles?
● Je m'appelle Kévin.
■ Kévin. Comment ça s'écrit?
● Ça s'écrit ... Et j'habite à Nancy. Ça s'écrit ...

Kévin – Nancy
Florence – Genève
Yannick – Marseille
Camilla – Lyon

Thomas – Briançon
Julie – Paris
Valentin – Boulogne
Aimé – Valencienne

écouter **4** Copiez et remplissez la carte d'identité de chaque personne. (1–3)

Prénom _____
Âge _____
Date d'anniversaire _____
Nationalité _____
Domicile _____
Famille _____
Animaux _____

écrire **5** Imaginez que vous êtes François ou Françoise. Écrivez un paragraphe sur vous.

Nom _____ Bouchard
Prénom _____ François/Françoise
Âge _____ 15 ans
Date d'anniversaire _____ 19/6
Nationalité _____ suisse
Domicile _____ Lausanne
Famille _____ Luc (10 ans), Nathan (18 ans)
Animaux _____ chien, chat
Autres informations _____ petit(e), blond(e), sportif/ve

Remember to use connectives such as **et** (and), **mais** (but) and **qui** (who) to make your writing more interesting.

parler **6** Parlez de vous.

● Note down a few keys words to remind you of what to say:
nom, âge, anniversaire, domicile, nationalité, famille, animal, sport, aime, n'aime pas

Bonjour, je me présente:
Je m'appelle … J'ai … ans et mon anniversaire est le …
Je suis (assez) (grand(e)/petit(e)/ de taille moyenne) et j'ai les yeux … et les cheveux … J'ai un frère qui …

écrire **7** Présentez-vous. Écrivez un paragraphe sur vous-même.

Expo-langue →→→→ *Grammaire* **200**

In the present tense, the **je** form of regular **–er** verbs ends in **–e**. Most French verbs are **–er** verbs.

For most other regular verbs, the **je** form ends in **–s**. The most important irregular verbs are:
avoir (to have) – **j'ai**
être (to be) – **je suis**

	aimer *to like*	**être** *to be*	**avoir** *to have*	**faire** *to do*
je/j'	aime	suis	ai	fais
tu	aimes	es	as	fais
il/elle/on	aime	est	a	fait
nous	aimons	sommes	avons	faisons
vous	aimez	êtes	avez	faites
ils/elles	aiment	sont	ont	font

Expo-langue →→→→ *Grammaire* **206**

The word for 'my' has to agree with the noun.
mon frère   **ma** sœur   **mes** frères   **mes** sœurs

Expo-langue →→→→ *Grammaire* **206**

Nationalities are adjectives and need to agree. For the feminine form, add **–e**.
français → français**e**
anglais → anglais**e**

Adjectives which already end in **–e** stay the same:
suisse → suisse

Déjà vu 2

lire 1 Écoutez et lisez le texte.
Répondez aux questions.

J'aime le sport. Mon sport préféré, c'est le basket. Je m'entraîne trois fois par semaine dans un club, et on joue contre un autre club de la région le week-end. J'aime également faire du vélo et du judo, mais je déteste le jogging et la natation. Le soir, je fais mes devoirs en écoutant de la musique. J'ai un ordinateur et des jeux, mais c'est mon petit frère qui y joue toujours. Moi, je trouve ça ennuyeux. Mon frère aime aussi regarder des séries à la télé, mais elles sont vraiment nulles. Je préfère sortir avec mes copains, mais je sors rarement parce que mes parents travaillent souvent le soir et je dois m'occuper de mon petit frère. J'aime envoyer des textos à mes copains et lire des BD.

Louis

s'entraîner – to train/practise
contre – against
en écoutant – while listening
s'occuper de – to look after

1 Quel est le sport préféré de Louis?
2 Quels sont les autres sports qu'il aime pratiquer?
3 Quels sont les sports qu'il n'aime pas pratiquer?
4 Qu'est-ce qu'il aime faire d'autre dans son temps libre? (3 choses)
5 Pourquoi est-ce qu'il ne joue pas sur son ordinateur?

Expo-langue → → → *Grammaire* **205**

Quel? (which?) is an adjective: it changes form depending on the noun it is with.

singular	
masculine	feminine
Quel jour?	**Quelle** fille?
plural	
masculine	feminine
Quels sports?	**Quelles** séries?

Expo-langue → → → → *Grammaire* **222**

Use **aimer** + the infinitive to say you like doing something:
j'aime faire du sport/vélo/ski/camping/kayak/canoë
de l'équitation/escalade
de la natation/plongée/randonnée/pêche

Use **jouer à** to say you play *a sport* or *a game*:
je **joue au** football/basket/tennis/volley/handball
à l'ordinateur
aux cartes/échecs

Use **jouer de** to say you play *an instrument*:
je **joue du** piano/violon
de la guitare/batterie

écouter 2 Écoutez et notez en français. (1–4)
a Qu'est-ce qu'ils aiment faire?
b Qu'est-ce qu'ils n'aiment pas faire?
c Pourquoi n'aiment-ils pas le faire?

lire **3** Lisez le texte et complétez les phrases.

Moi, ben, je n'aime pas trop le foot. Je n'aime pas les jeux d'équipe. La natation? ... Bof, ça dépend, mais normalement, ça va. Le VTT? ... Tu te moques de moi? Je déteste le VTT! C'est vraiment nul. L'ordinateur ... ben ... oui, je joue aux Sims assez souvent, peut-être deux ou trois fois par semaine. J'aime bien. La télé? Qu'est-ce qu'on s'ennuie! Je préfère écouter de la musique, j'adore chanter en même temps. Et lire aussi, j'aime bien, ... mais ma passion, c'est le surf. J'en fais presque tous les jours quand je suis au bord de la mer en été.

Charlotte

Expressions of time and frequency:
une fois – once
deux fois – twice
souvent – often
d'habitude – usually
en été – in summer
en hiver – in winter

jeux d'équipe – team games
se moquer de – to make fun of
Qu'est-ce qu'on s'ennuie! – How boring!

1 Elle n'aime pas _____.
2 Elle _____ le VTT.
3 Elle _____ à l'ordinateur.
4 Elle y joue _____.

5 Elle _____ la télé.
6 Elle préfère _____.
7 Sa passion, c'est _____.
8 Elle en fait _____ en été.

écouter **4** Qui fait quoi et quel jour? Prenez des notes en français. (1–3)

	lundi	mardi	mercredi	jeudi	vendredi	samedi	dimanche
1							

écrire **5** Imaginez que vous êtes Isabelle. Complétez le texte pour elle.

Je m'appelle Isabelle. Mon passe-temps préféré, c'est ... J'en fais ...
J'aime aussi/Je n'aime pas ... parce que ... D'habitude, je fais/joue ...

parler **6** À deux. Quelle est votre activité préférée?
Posez-vous des questions et répondez-y.

■ Qu'est-ce que tu aimes faire?
■ Quand est-ce que tu en fais?
■ Aimes-tu faire ... ?
■ Aimes-tu jouer ... ?
■ Qu'est-ce que tu n'aimes pas faire?
■ Pourquoi?

● Ma passion, c'est ...
● J'en fais ...
● ...
● ...
● ...
● Parce que ...

Expo-langue →→→→

Grammaire **216**

Negative constructions such as **ne ... pas** and **ne ... jamais** go round the verb.
Je **ne** sais **pas**. = I don't know.
After a negative, **du/de la/des** change to **de** (**de l'** changes to **d'**).
Je ne fais jamais **de** canoë. = I never go canoeing.

écrire **7** Décrivez: (a) ce que vous aimez faire et (b) quand vous en faites;
(c) ce que vous n'aimez pas faire et (d) pourquoi vous n'aimez pas en faire.

1 Écoutez et lisez le texte. Écrivez V (Vrai), F (Faux)
ou PM (Pas Mentionné) à côté de chaque phrase.

Je me présente. Je m'appelle Camille et j'ai seize ans. Mon anniversaire est le 28 novembre. Je suis de taille moyenne (je mesure 1,66 mètre), j'ai les cheveux bruns et les yeux verts. Je suis française. J'habite en France dans un petit village de montagne en Haute-Savoie, d'où on peut voir le Mont-Blanc toujours couvert de neige.

J'ai une sœur cadette qui a neuf ans et qui s'appelle Louise. Normalement, on s'entend bien, mais de temps en temps elle m'énerve, surtout quand elle ne veut pas aider à la maison et que c'est moi qui dois ranger sa chambre. Elle vient dans ma chambre quand je fais mes devoirs, elle m'embête et puis on se dispute. Quand mes parents sortent le soir, je dois m'occuper d'elle. J'ai aussi un grand demi-frère qui habite chez sa mère. Quand il nous rend visite, il se moque toujours de moi, mais si on va à la piscine ou au cinéma ensemble on s'amuse bien.

Je ne sais pas ce que je veux faire dans la vie. J'aime dessiner et travailler à l'ordinateur. Je suis assez timide et plutôt sérieuse, mais je suis aussi travailleuse. Si je n'ai rien à faire, je m'ennuie. Ma sœur est complètement différente, elle est bavarde et rigolote. Elle ne s'ennuie jamais et elle est gâtée par tout le monde! Nous n'avons pas d'animal. J'en voudrais un, mais je suis allergique aux poils de chat.

embêter – to bother/disturb
énerver – to annoy/get on one's nerves
rigolo(te) – funny
gâté(e) - spoilt
j'**en** voudrais un – I would like one (**of them**)
les poils – the hair (of an animal)

1 Camille est une fille de 15 ans.
2 Elle pèse 66 kg.
3 Ses cheveux sont bruns et ses yeux sont bleus.
4 Elle habite au bord de la mer.
5 Elle aime faire du ski.
6 Elle a une petite sœur.
7 D'habitude, elles ne s'entendent pas bien.
8 Sa sœur l'aide à faire ses devoirs.
9 Camille est extravertie et sa sœur est timide.
10 Sa sœur aime faire de la danse.

un **grand** frère – a big brother
une **petite** sœur – a little sister
You can also say:
un frère **cadet**/une sœur **cadette**
– a younger brother/sister
un frère **aîné**/une sœur **aînée**
– an older brother/sister

2 Relisez le texte de Camille et trouvez les mots.

1 s'... – to have fun
2 se ... – to quarrel
3 s'... – to get bored
4 s'... – to get on
5 se ... de – to laugh at/make fun of
6 s'... de – to look after (someone or something)

● Learn the ones that you think might be useful when talking about yourself, your family and your friends!

Expo-langue → → → → 200

se disputer (to quarrel) is a *reflexive verb*. Other reflexives you have already seen include **se présenter** (to introduce yourself), **se laver** (to get washed) and **s'appeler** (to be called).

je **me** dispute	nous **nous** disputons
tu **te** disputes	vous **vous** disputez
il/elle/on **se** dispute	ils/elles **se** disputent

3 Écoutez. Copiez et complétez la grille. (1–4)

	s'amuse avec	se dispute avec	s'entend bien avec	autres informations
Pascal				
Lydie				
Vincent				
Delphine				

4 Qui écrit? Pascal, Lydie, Vincent ou Delphine?

1
Mon frère aîné me prête ses DVD et on s'entend bien. Je m'entends moins bien avec ma sœur cadette. En réalité, on se dispute toujours. Elle se moque de moi parce que j'ai des boutons. Le soir, je préfère aller chez mon copain. On s'amuse bien ensemble.

2
C'est toujours moi qui dois faire la vaisselle et mettre la table, et ma mère et moi, nous nous disputons toujours car à mon avis, mon demi-frère ne fait rien.

3
J'en ai marre de me disputer avec mes parents. Le soir, tous mes copains peuvent sortir s'amuser. Et moi? Je dois rester à la maison. Je voudrais aussi m'amuser avec mes copains.

4
C'est ma petite sœur qui m'énerve. Je dois m'occuper d'elle quand mes parents sortent et on se dispute tout le temps. Elle ne veut pas aller au lit. En revanche, je m'entends très bien avec mon père et mon grand-père parce qu'ils sont sportifs.

j'en ai marre – I am fed up
j'en ai marre de mes boutons – I am fed up with my spots

5 Faites un résumé. Utilisez vos réponses à l'exercice 3 et les textes ci-dessus.

Pascal s'entend bien avec …

	singular		plural
	masculine	feminine	
his/her	son	sa	ses

6 Vidéoconférence avec le lycée de Camille. Elle vous invite à parler de vous. Préparez un dialogue.

> Before you start, make some notes as an *aide-mémoire* (single words or pictures to remind you of what you are going to say), e.g. *nom, âge, famille, passe-temps,* etc. Try to use these notes rather than prepared answers as much as possible.

> When you are thinking about what to say, use the following expressions to buy yourself time:
> euh … – er …
> ben … – well …
> et alors … – and so …
> et puis … – and then/next …
> ouais/oui – yeah/yes
> sais pas/je ne sais pas – I don't know

7 Reliez l'anglais et le français.

1 Could you say it again, please?
2 Could you spell it, please?
3 How do you say … in French?
4 Could you speak more slowly, please?
5 Could you speak more loudly, please?
6 I didn't understand what you said.

a Pourriez-vous l'épeler, s'il vous plaît?
b Comment est-ce qu'on dit en français … ?
c Pourriez-vous parler plus fort, s'il vous plaît?
d Je n'ai pas compris ce que vous avez dit.
e Pourriez-vous répéter, s'il vous plaît?
f Pourriez-vous parler plus lentement, s'il vous plaît?

8 Écoutez et notez. C'est quelle phrase? (1–6)

lire 1 Lisez. Que font-ils dans la vie? Où travaillent-ils?
Trouvez les images et les mots qui correspondent.

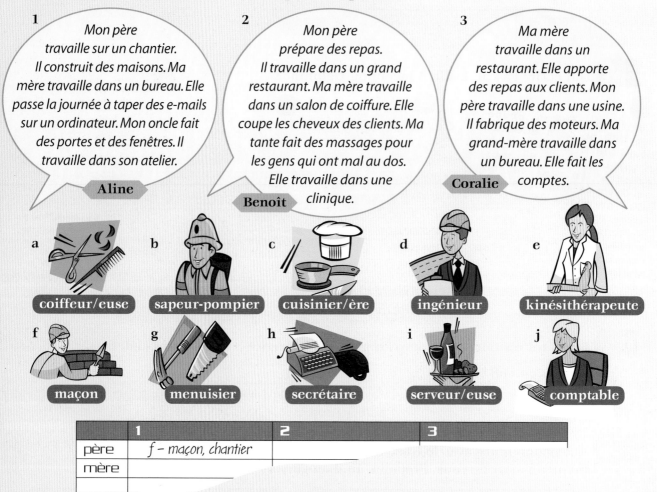

1

Mon père travaille sur un chantier. Il construit des maisons. Ma mère travaille dans un bureau. Elle passe la journée à taper des e-mails sur un ordinateur. Mon oncle fait des portes et des fenêtres. Il travaille dans son atelier.

Aline

2

Mon père prépare des repas. Il travaille dans un grand restaurant. Ma mère travaille dans un salon de coiffure. Elle coupe les cheveux des clients. Ma tante fait des massages pour les gens qui ont mal au dos. Elle travaille dans une clinique.

Benoît

3

Ma mère travaille dans un restaurant. Elle apporte des repas aux clients. Mon père travaille dans une usine. Il fabrique des moteurs. Ma grand-mère travaille dans un bureau. Elle fait les comptes.

Coralie

a coiffeur/euse
b sapeur-pompier
c cuisinier/ère
d ingénieur
e kinésithérapeute
f maçon
g menuisier
h secrétaire
i serveur/euse
j comptable

	1	2	3
père	f – maçon, chantier		
mère			

When dealing with words you don't know, look for clues:
- Does the word/part of the word resemble an English word? (**serve**ur/se, kinési**thérap**eute)
- Does the word/part of the word look like any French word you know? (**cuisin**ier)
- Try saying it aloud. Does it sound like a word you know? (**maçon, ingénieur**)

écrire 2 Complétez les deux phrases pour chaque personne.

(Le père) de/d' ... est ...
(Il) travaille ...

Expo-langue →→→→

In French, some jobs have masculine and feminine forms.

masculine	feminine
étudiant	étudiante
vendeur	vendeuse

The word for 'a' before a job is omitted in French.
Mon père est ingénieur. = My father is an engineer.

3 Que font-ils et où travaillent-ils? Choisissez la bonne image et la bonne phrase. (1–4)

Exemple: 1 c, dans un bureau ...

a mécanicien(ne) b plombier c informaticien(ne) d nourrice e instituteur/trice f vendeur/euse g infirmier/ère h cuisinier/ère

Il/Elle travaille:

dans un hôpital	dans un garage	dans une garderie
dans une grande surface	dans une cantine	dans une école primaire
sur un chantier	dans un bureau	

4 Qui parle?

Je viens d'une grande famille. Mon père est italien. Il est né en Italie. Il a rencontré ma mère, qui est française, à l'école. Mon père est petit, actif et sportif. Ma mère est grande et jolie. Physiquement, je ressemble plutôt à ma mère qu'à mon père, mais je m'entends bien avec les deux.
Bruno

J'habite chez ma mère et son ami, Louis. Mes parents sont séparés et mon père habite aux États-Unis. J'ai deux frères. Louis fait du sport avec mes frères, mais je ne m'entends pas bien avec lui. Il est trop strict pour moi. Je préfère la musique, comme mon père.
Sophie

J'habite chez ma mère. Mon père travaille en Espagne et s'est remarié avec une femme espagnole qui s'appelle Carmen. J'ai deux petites demi-sœurs jumelles en Espagne. Mon père a le sens de l'humour, comme moi, et je m'entends bien avec lui quand on se voit. Pourtant, je ne lui ressemble pas physiquement. Je suis plutôt grand et brun, comme mon grand-père maternel.
Yannick

Ma mère est morte dans un accident il y a deux ans. D'habitude, mon père s'occupe de nous, mon frère et moi, mais sa belle-sœur (la sœur de ma mère) s'occupe souvent de nous quand il est absent pour le travail. Elle est célibataire, ça signifie qu'elle n'est pas mariée et n'a pas d'enfants, et s'impatiente facilement avec nous. Mon père est plus calme et organisé.
Aminta

ressembler à – to resemble/take after (someone)
plutôt – rather/instead
pourtant – however/yet
ça signifie – that means

1 Mes parents sont séparés.
2 Je ne m'entends pas bien avec l'ami de ma mère.
3 Mon père s'est remarié.
4 Mes parents sont divorcés.
5 Je m'entends bien avec ma mère.
6 Quand mon père n'est pas là, on va chez ma tante.

5 À deux. Vos parents. Posez et répondez aux questions. Préparez vos réponses.

- Comment s'appellent tes parents?
- Quel âge ont-ils?
- Quelle est leur nationalité?
- Ils sont comment?
- Que font-ils dans la vie?
- T'entends-tu bien avec eux?
- Auquel des deux ressembles-tu le plus?
- Pourquoi?

6 Écrivez un court texte sur vos parents.

Il/Elle est au chômage. – He/She is out of work.
Il/Elle travaille à son compte. – He/She is self-employed.
Elle ne travaille pas parce que ... – She's not working because ...
elle attend un bébé – she's expecting a baby
elle vient d'avoir un bébé – she's just had a baby

écouter 1 Écoutez et attribuez les mots à la bonne personne. (13)

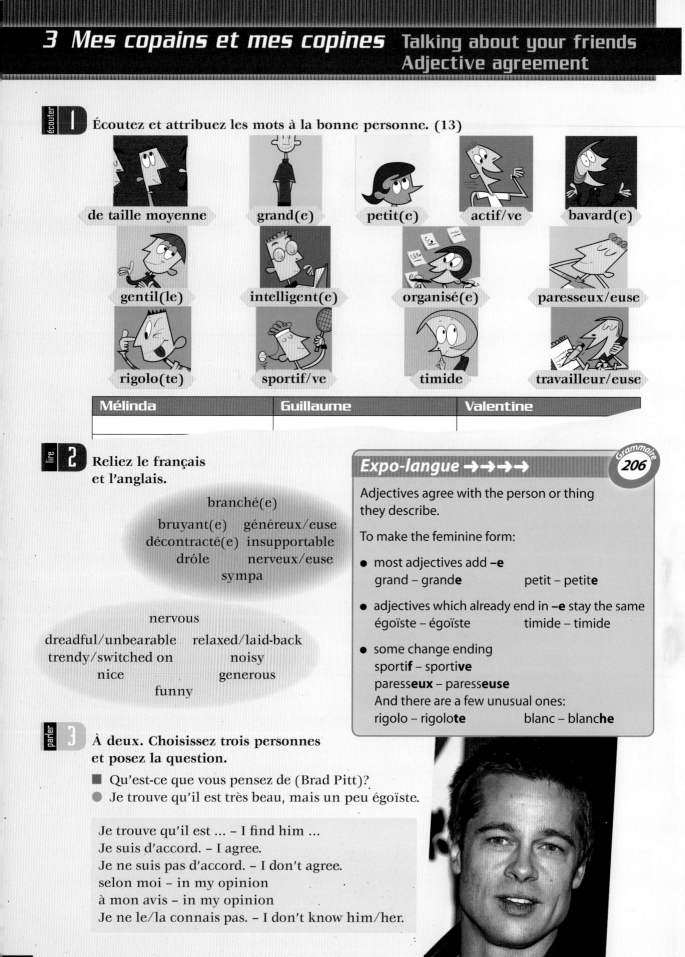

de taille moyenne | grand(e) | petit(e) | actif/ve | bavard(e)

gentil(le) | intelligent(e) | organisé(e) | paresseux/euse

rigolo(te) | sportif/ve | timide | travailleur/euse

Mélinda	Guillaume	Valentine

lire 2 Reliez le français et l'anglais.

branché(e)

bruyant(e)   généreux/euse
décontracté(e)   insupportable
drôle   nerveux/euse
sympa

nervous

dreadful/unbearable   relaxed/laid-back
trendy/switched on   noisy
nice   generous
funny

Expo-langue →→→→

Grammaire 206

Adjectives agree with the person or thing they describe.

To make the feminine form:

- most adjectives add **–e**
  grand – grand**e**   petit – petit**e**

- adjectives which already end in **–e** stay the same
  égoïste – égoïste   timide – timide

- some change ending
  sporti**f** – sporti**ve**
  paress**eux** – paress**euse**
  And there are a few unusual ones:
  rigolo – rigolo**te**   blanc – blan**che**

parler 3 À deux. Choisissez trois personnes et posez la question.

■ Qu'est-ce que vous pensez de (Brad Pitt)?
● Je trouve qu'il est très beau, mais un peu égoïste.

Je trouve qu'il est … – I find him …
Je suis d'accord. – I agree.
Je ne suis pas d'accord. – I don't agree.
selon moi – in my opinion
à mon avis – in my opinion
Je ne le/la connais pas. – I don't know him/her.

4 **Lisez les textes rapidement et trouvez l'essentiel.**

Qui ...

1 ... est plus petit(e) que Maryse?
2 ... n'aime pas le foot?
3 ... est timide?
4 ... aime faire du ski?
5 ... n'est pas très modeste?
6 ... aime chanter?
7 ... aime draguer les filles?
8 ... est paresseux/euse?

1 Mon copain **Arthur** est brun et assez grand. Il a les yeux noisette et les cheveux mi-longs. D'habitude, il porte un jean bleu et un polo noir. Il est gentil et tolérant, mais il n'aime pas tellement le foot. Il préfère faire de l'escalade et du ski. Au collège, il a horreur des cours de musique, mais il est très gentil et il aime les animaux. Son chien, qui s'appelle Bruno, est grand et noir.

3 **Sarah** est petite, elle a les yeux verts et les cheveux roux. Elle est vraiment très sympa. Elle adore les animaux: elle a un chat et des poissons tropicaux. Elle n'est pas la plus intelligente de la classe et elle est même un peu timide, sauf quand elle est avec ses amies. Là, elle sort de sa coquille et devient vraiment rigolote. Elle aime danser, mais elle aime aussi les sports d'aventure et elle fait du bateau à voile. On la voit toujours le portable à la main en train d'envoyer des textos ... mais à qui? Mystère!

2 Le grand blond aux yeux bleus s'appelle **Frédéric**. On dit de lui qu'il est beau. Il joue au basket et il fait du karaté. Ce n'est pas un intello, mais les filles le trouvent séduisant. Il peut être marrant, mais moi, je le trouve arrogant et très égoïste. Il aime être le centre d'attraction et d'après lui, il passerait ses soirées à draguer les filles. Moi, je n'y crois pas.

4 Ma copine **Maryse** est plus grande que Sarah. Elle a les yeux bleus et les cheveux blonds. Elle est très jolie. Elle est pleine de vie, mais elle est aussi assez égoïste. Elle aime bien chanter. Disons qu'elle est plutôt extravertie et qu'elle adore flirter. Elle dit qu'elle aime les animaux, mais qu'elle ne peut pas en avoir parce qu'elle y est allergique. Je crois que c'est une excuse pour ne pas avoir à s'occuper d'un animal: en fait, elle est très paresseuse.

5 **À deux. Décrivez les copains.**

(Yannick) est (grand) et (mince).
Ses cheveux sont (bruns) et ses yeux sont ...
(Il) est (intelligent) et (branché), mais (il) est aussi (un peu) égoïste.
(Il) est bon élève.
(Il) aime jouer (au basket), mais (il) n'aime pas faire de ...

| bon élève | trop de bavardage | acceptable | insuffisant |
| Yannick | Isabelle | Louis | Camille |

6 **Faites la description d'un petit copain/une petite copine idéal(e).**

Mon petit copain/Ma petite copine idéal(e) est (grand(e)). Il/Elle doit être plus (grand(e)) que moi. Ses cheveux sont ... et ses yeux sont ...
Il/Elle est (intelligent(e)) ...
Il/Elle aime ... , mais n'aime pas ...

1 C'est quelle activité? Complétez les phrases.

J'ai fait ...   1 de la ...   2 de la ...   3 de l' ...   4 de la ...

5 du ...   6 du ...   7 du ...   8 de l' ...

Centre de loisirs

Piscine ouverte tous les jours sauf samedi et dimanche
de 07h00 à 21h00

17h00–18h00	natation (moins de 12 ans)
18h00–19h00	natation
19h00–20h00	plongée
20h00–21h00	natation (adultes)

Terrain de sport
mercredi

14h00–15h30	basket
15h30–18h00	football

Gymnase

lundi
17h00–18h00	karaté
18h00–19h00	danse

mardi
17h00–18h00	aérobic
18h00–19h00	taï chi

mercredi
9h00–12h00	danse
14h00–15h30	GRS
15h30–17h00	escrime

jeudi
17h00–19h00	musculation
19h00–20h00	danse

vendredi
17h00–18h00	judo
18h00–20h00	danse

Salle polyvalente
mercredi
9h00–10h30	théâtre
10h30–12h00	musique
15h00–17h00	orchestre

jeudi
18h00–19h30	théâtre

2 Écoutez. Relisez le dépliant dans l'exercice 1 et notez les détails. (1–4)

	Où?	Quel jour?	À quelle heure?	Quel cours?
1				

Expo-langue →→→→

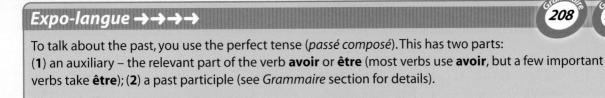

To talk about the past, you use the perfect tense (*passé composé*). This has two parts: (**1**) an auxiliary – the relevant part of the verb **avoir** or **être** (most verbs use **avoir**, but a few important verbs take **être**); (**2**) a past participle (see *Grammaire* section for details).

When **avoir** is used, the past participle doesn't change.

j'**ai** fait	nous **avons** fait
tu **as** fait	vous **avez** fait
il/elle/on **a** fait	ils/elles **ont** fait

When **être** is used, the past participle agrees with the subject of the verb.

je **suis** allé(e)	nous **sommes** allé(e)s
tu **es** allé(e)	vous **êtes** allé(e)(s)
il/elle **est** allé(e)	ils/elles **sont** allé(e)s
on **est** allé(e)(s)	

3 **parler**

Qu'est-ce qu'ils ont fait? Quel jour et à quelle heure?

Valérie	lun piscine 18h00	mar gym 18h00	mer terrain de sport 14h00
Nous	mar gym 18h00	mer terrain de sport 15h30–18h00	ven pisc 19h00
Benoît et Jérôme	lun gym 17h00	mer terrain de sport 14h00	ven gym 18h00
Vous	mar pisc 19h00	mer salle polyvalente 9h00–10h30	jeu gym 17h00

4 **lire**

Copiez le texte et remplissez les blancs avec les mots à droite.

Mercredi dernier, je suis (**1**) ▭▭▭ au centre de loisirs avec mon frère. J'ai (**2**) ▭▭▭ une heure et demie de théâtre. Puis j'ai (**3**) ▭▭▭ avec mes copains. Nous avons (**4**) ▭▭▭ des BD, (**5**) ▭▭▭ de la musique et (**6**) ▭▭▭ au ping-pong. Puis nous sommes (**7**) ▭▭▭ à la maison. Après le déjeuner, je suis allé au parc où j'ai fait du skate avec mon copain. Puis nous sommes allés à la piscine et nous avons (**8**) ▭▭▭ pendant une heure. Le soir, nous avons (**9**) ▭▭▭ une pizza et finalement nous sommes allés au cinéma où nous avons (**10**) ▭▭▭ le dernier film de Jim Carrey.

allé
bu
bavardé
écouté
fait
joué
lu
mangé
nagé
porté
rentrés
vu

5 **écouter**

Qu'est-ce qu'ils ont fait? C'était comment? (1–5)

Exemple: 1 Il a joué au basket. C'était nul.

✔ C'était super/fantastique/cool/génial!
– Bof./C'était pas mal.
✗ C'était nul.
Ce n'est pas mon truc. – It's not my thing.

6 **écrire**

Imaginez: vous êtes allé(e) en vacances en France chez votre corres avec votre famille. Qu'est-ce que vous avez fait? C'était comment?

Lundi, je suis allé(e) (à la piscine) et j'ai (nagé) et puis on a (joué) …
C'était … parce que j'aime/je n'aime pas (nager) …

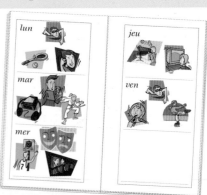

5 Les champions sportifs
Describing famous sportspeople
Using the infinitive to express -ing

Lire et écouter

This is the first of five *Lire et écouter* units concentrating on reading and listening skills. These units will help you:

- increase your confidence in tackling reading and listening questions
- gain practice in the style of questions you will meet in your GCSE exam.

You will practise:

- listening for gist and detail
- looking and listening for clues
- recognising what is important to include in your answer
- working out the meaning of words you've never heard or seen before.

Préparez-vous!

You are going to hear two people talking about a young sportsman. Listen, answer the questions and then fill in the form.

- Read the questions and try to predict what you are likely to hear.
- Look at the picture. What does it tell you?
- If you are sure of an answer, fill it in, but if you are in any doubt, wait until you hear it again; you can always make notes and come back to it.
- If you are not sure about an answer and decide to leave it, don't waste too long thinking about it; move on to the next question straight away.
- For this listening exercise, you need to check you know the alphabet so that you can recognise names and places if they are spelt out.
- You will also need to check you know the numbers you are likely to hear in the dates.

écouter **1** Écoutez. Répondez aux questions.

1 Who is talking?
 (a) two journalists
 (b) two fans
 (c) two school pupils
2 Why are they filling in the form?
3 Fill in the form and then check what you have written.

First name: _____

Surname: _____

Sport: _____

Nationality: _____

Date of birth: _____

Place of birth: _____

Height: _____

Weight: _____

Hair and eye colours: _____

Likes: _____

Expo-langue →→→→

The alphabet
Most letters sound similar to the English letters, but these ones can be confusing:

A = *ah* I = *ee* J = *djee*
E = *euh* G = *djay* H = *ash*
R = *air*

Saying when you were born
Je suis né(e) … – I was born …
Je suis né(e) le 28 octobre 1989 / le vingt-huit octobre mille neuf cent quatre-vingt-neuf.

mille – 1000
mille neuf cent quatre-vingt-douze – 1992
mille neuf cent – 1900 deux mille – 2000

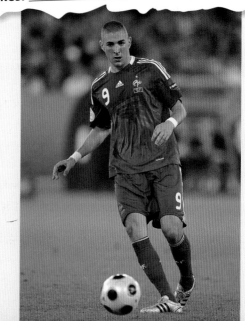

2 Lisez le texte et trouvez les mots qui manquent.

Richard Gasquet: star de tennis!

Les parents de Richard Gasquet sont tous deux professeurs de tennis et il a commencé à **(1)** ▓▓▓▓ à l'âge de quatre ans. Il a **(2)** ▓▓▓▓ son premier titre en 2002 où il est devenu **(3)** ▓▓▓▓ du monde junior, et a été classé au premier rang en France et un des meilleurs **(4)** ▓▓▓▓ du monde. Il a continué à **(5)** ▓▓▓▓ des matchs et il est devenu le plus jeune joueur à jouer un match lors d'un Masters Series.

En 2005, à l'âge de 19 ans, il a joué une demi-finale du tournoi de Monte-Carlo, éliminant alors le numéro un mondial Roger Federer en quart de finale avant de **(6)** ▓▓▓▓ contre Rafael Nadal.

Suite à une blessure au coude il a dû arrêter de jouer pendant quelque temps, mais malgré ce problème, il a recommencé à jouer la saison suivante où il a réussi à gagner l'Open de Nottingham et le Grand Prix de tennis de Lyon.

Ce beau gosse ne **(7)** ▓▓▓▓ pas de fans et pas seulement à cause de ses talents au tennis! Il vit pour le tennis, mais en dehors des courts il aime jouer au foot et **(8)** ▓▓▓▓ avec ses amis.

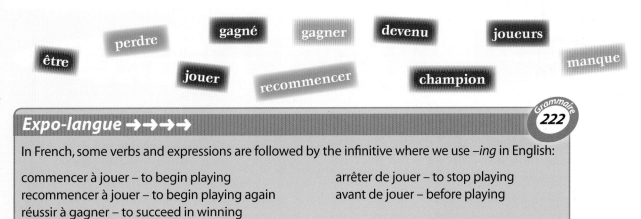

perdre · gagné · gagner · devenu · joueurs · être · jouer · recommencer · champion · manque

Expo-langue →→→→ *Grammaire 222*

In French, some verbs and expressions are followed by the infinitive where we use *-ing* in English:

commencer à jouer – to begin playing
recommencer à jouer – to begin playing again
réussir à gagner – to succeed in winning

arrêter de jouer – to stop playing
avant de jouer – before playing

3 Choisissez: V (Vrai), F (Faux) ou ? (pas mentionné).

1 Richard a commencé à jouer très jeune.
2 À Monte-Carlo il a battu Roger Federer.
3 Ensuite il a gagné contre Rafael Nadal.
4 Puis il a dû renoncer à jouer suite à une blessure au coude.
5 La saison suivante, il a recommencé à jouer.
6 Il a remporté une victoire contre Federer à Wimbledon.
7 Il se passionne pour le tennis.
8 Il est solitaire.

How to produce your best answers!

- Make sure you check each statement against the whole passage. They will usually be in the same order as in the passage, but not always!
- If you look for the word *jeune* in the passage, you won't find it, but you will find words which tell you how old Richard was.
- You will not find the word *battu* in the passage, but you can work out what it means because of what happened next.
- Think of an English word which looks like *renoncer*. What does it mean?
- Can you find the word 'Wimbledon' in the text? How does this help you to answer question 6?

1 Écoutez et lisez le texte.

J'ai une passion pour le foot. J'y joue deux fois par semaine et je m'entraîne une fois par semaine.

Je joue au foot depuis toujours. J'ai commencé quand j'avais six ans. D'abord, j'ai joué avec mes frères dans la rue. Plus tard, je me suis inscrit au club des jeunes et maintenant, on joue des matchs amicaux le mercredi et le dimanche. Jusqu'à présent, j'ai seulement joué sur le terrain de notre club.

La semaine dernière, j'ai joué dans l'équipe junior B contre l'équipe A et nous avons gagné 2–0. C'est moi qui ai marqué le premier but.

Cette année, je vais passer dans la première équipe. On va jouer des matchs contre des équipes d'autres villes de notre région, donc on va prendre le bus avec les seniors quand on va jouer ailleurs.

Pour jouer dans la première équipe, j'ai besoin d'un nouveau maillot à rayures rouges et noires, un short noir, des chaussettes rouges et des chaussures de foot noires. Pour gagner de l'argent pour les acheter, je vais faire la vaisselle dans le café de mon village pendant les vacances l'été prochain.

J'aime le foot parce que c'est bon pour la santé, et j'aime l'ambiance et la camaraderie, on est entre amis. Je préfère jouer plutôt que de regarder les matchs, mais il faut aussi en regarder pour apprendre. Quelquefois, l'entraîneur nous filme et puis il nous critique. C'est bien parce que comme ça, on apprend à mieux jouer. Je vais continuer à jouer aussi longtemps que possible, mais je sais que pour les footballeurs le plus grand risque, c'est un accident, surtout au genou.

Sascha

2 Trouvez les mots ou les expressions dans le texte.

1 when
2 at first
3 later
4 now
5 until recently
6 last week
7 this year
8 next summer
9 sometimes

Expo-langue →→→→ **Grammaire 204**

When you talk about the near future, you can use the present tense of **aller** (to go) + infinitive (the *futur proche*):
je **vais jouer** – I am going to play

je vais	nous allons
tu vas	vous allez
il/elle/on va	ils/elles vont

3 À deux. Discutez en anglais.

How did Sascha start playing football?

What does he like about it?

How is Sascha going to earn money?

What is he going to use it for?

What advantages of playing football are mentioned?

What disadvantages are mentioned?

4 Traduisez en anglais les mots et les phrases en bleu dans le texte de l'exercice 1. Utilisez un dictionnaire, si nécessaire.

5 Copiez le texte en remplissant les blancs.

Ma passion, c'est la natation. J'en fais
(**1**) _____ huit ans. Quand j'avais six ans,
j'ai fait un stage d'apprentissage pendant les
grandes vacances. À la (**2**) _____, on a eu
une compétition. J'ai gagné, je suis devenu accro
et voilà, je me suis (**3**) _____ au club.

Nous faisons une heure et demie
d'(**4**) _____ chaque jour, (**5**) _____
le samedi. Après le collège, je vais directement
à la (**6**) _____ avant de rentrer à la maison.
Le mercredi après-midi, nous (**7**) _____ au
centre de sports et on (**8**) _____ une heure
de musculation et de fitness avant de nager.

En hiver, il y a des (**9**) _____ presque toutes
les deux semaines. Je suis déjà champion
(**10**) _____ du 100m crawl et l'année
prochaine, je vais participer aux compétitions au
niveau national, mais mon but est de me qualifier
pour les Jeux Olympiques. Pour moi, c'est très
important de garder la (**11**) _____. Je dois
manger des choses saines et me
(**12**) _____ tôt.

Read the whole text first. The context
may help you.
Use what you know about the topic to
make sensible guesses.
Work out all you can about each
missing word.

- Is it a noun? Is it singular/plural?
  Is it masculine/feminine?
- Does it begin with a vowel?
- Is it a verb? Is it singular or plural or
  an infinitive? What tense is it?
- Does the missing word appear
  somewhere else in the text?

allons   compétitions
coucher   piscine   depuis
faisons   fait   fin   forme   inscrit
nager   plongée   entraînement
régional   sauf   va

Expo-langue →→→→

When you want to say how long you have
been doing something (that you are still
doing), use **depuis** + the present tense.

Je **joue** au tennis **depuis** cinq ans.
= I have been playing tennis for five years.
(*literally* I play tennis since five years)

6 Que font-ils? Depuis quand? Qu'est-ce qu'ils vont faire? (1–4)

	passion	depuis quand	au futur
1	l'équitation	plus de six ans	Elle va avoir son propre cheval.
2			
3			
4			

7 Écrivez une réponse à Sascha. Répondez aux questions.

- Quelle est votre passion?
- Depuis quand en faites-vous?
- Pourquoi avez-vous choisi ce hobby?
- Est-ce que vous allez continuer à en faire?

- Je me passionne pour …
- J'en fais depuis …
- Je l'ai choisi/J'en fais parce que …
- (L'année prochaine), je vais …

8 Vidéoconférence. Préparez un dialogue. Vous allez parler de votre passion.
Puis vous allez poser deux questions à votre partenaire sur sa passion.

You will have to take part in a conversation and interview on a specific topic as part of your speaking controlled assessment.

Below is the first exam-style oral assessment task. Read it carefully and make sure you understand exactly what you have to do.

You are going to have a conversation with your teacher about your family and your free time. Your teacher will ask you the following:

● What is your family like?
● How do you get on with them?
● Do you have a best friend?
● What do you like doing in your free time?
● What did you do last night?
● What are you going at the weekend?

You will also have to respond to something that you have not yet prepared.

The dialogue will last a maximum of six minutes.

1 You will hear a model conversation. Dan is talking about some members of his family. First, predict who he is talking about. Then listen and check.

1	Il n'habite plus chez nous.	a	Dan and his sisters
2	Elle travaille trop et elle est toujours fatiguée.	b	His father
3	Elle a un petit job.	c	His younger sister and her friends
4	On se dispute toujours.	d	His older sister
5	Elle est bruyante et insupportable.	e	His younger sister
6	Elles se moquent de moi.	f	His mother

2 Listen again and note down in English how Dan answers the first two questions in the assessment task.

3 Listen to the second part of Dan's conversation and fill in the gaps.

■ Tu as un meilleur copain?

● Oui, il s'appelle Dominic. Il est petit, intelligent et (**1**) ▬▬▬. Le soir je vais (**2**) ▬▬▬ chez lui ou il vient chez moi. D'abord nous (**3**) ▬▬▬ nos devoirs ensemble. Il m'aide avec les maths parce qu'il est (**4**) ▬▬▬ en maths et en sciences, et je l'aide avec le français et l'anglais parce que je suis plus fort en langues. (**5**) ▬▬▬ les devoirs nous regardons un DVD, il en a plein, ou nous jouons à l'ordinateur. Nous (**6**) ▬▬▬ amusons bien. Il a de la chance, lui, il n'a (**7**) ▬▬▬ sœur!

■ Qu'est-ce que tu aimes faire de ton temps libre?

● Je fais du judo et du VTT. (**8**) ▬▬▬ on va au terrain de sport et on joue au foot ou au basket. J'aime aussi (**9**) ▬▬▬ des DVD, jouer à l'ordinateur et écouter de la musique. Mon groupe préféré est The Feeling … Ils jouent très bien. J'ai (**10**) ▬▬▬ tous leurs disques et je les ai téléchargés aussi sur mon lecteur MP3.

4 Now listen to the final part of Dan's conversation and answer the questions.

1 The teacher asks Dan what he did last night. Which words in the question tell you that the answer should be in the past tense?
2 Make a note of two verbs that Dan uses in the perfect tense.
3 He is then asked what he is going to do. Pick out the words in the question which tell you that he is being asked about the future.
4 Pick out two verbs that he uses to say what he is going to do.
5 What is the unprepared question?

5 Now it's your turn! Prepare your answers to the task opposite, then have a conversation with your teacher or partner.

● Use the Grade Studio and your answers to exercises 1–4 to help you.
● Adapt what Dan said to talk about yourself, but add your own ideas.
● Prepare your answers, including trying to predict what the unprepared question will be.
● Record the conversation. Ask a partner to listen to it and say how well you performed.

Award each other one star, two stars or three stars for each of these categories:

● pronunciation
● confidence and fluency
● range of tenses
● variety of vocabulary and expressions
● using longer sentences
● taking the initiative.

What do you need to do next time to improve your performance?

GradeStudio

To produce a good answer, you need to show you can use a variety of tenses, structures and expressions.
◆ You need to use **connectives**, **adjectives** and the **three main tenses** (present, perfect and future) correctly. Dan uses the perfect tense to talk about what he did last night and the near future to say what he is going to do at the weekend.
◆ You should try to include simple connectives from exercise 3, e.g. *aussi, ou, souvent, quelquefois*.
◆ Look at the number of **adjectives** Dan uses to describe his family. Find as many as you can and note them down.

◆ To go a step further, you need to show that you can **talk about other people**:
 • Use the *il/elle* form to talk about what he/she does.
 • Use the *nous* form to talk about yourself and someone else.
◆ Listen to how Dan uses **reflexive verbs** to say how he gets on with (or doesn't get on with) others: *s'entendre, s'énerver, se moquer, s'amuser*.
◆ Buy yourself **thinking time** with ben, euh, mmm or repeat the question (or part of it), e.g. «*Qu'est-ce que tu vas faire?*» «*Ben, qu'est-ce que je vais faire … alors …*»
◆ Use a variety of **negatives** including *pas de*.

◆ For a really impressive answer, borrow some of the phrases that Dan uses: *j'ai l'impression que, je crois que, en revanche* and *ça ne me dit rien*.

Brille à l'oral!
◆ Listen to how Dan uses the phrase *ça dépend du temps* to say it depends on the weather. Prepare a phrase using *ça dépend* for your conversation.

Je me passionne pour …

Je me passionne pour le judo. J'aime tous les arts martiaux, mais j'ai choisi le judo parce que mes amis en font et c'est bon pour la forme. J'en fais depuis deux ans.

Je m'entraîne deux fois par semaine, le lundi et le mercredi soir. Une séance d'entraînement dure une heure et demie.

La tenue de judo consiste en un large pantalon blanc, une veste blanche et une ceinture. La couleur de la ceinture dépend du niveau qu'on a atteint. La ceinture noire est le plus haut niveau. Notre moniteur est ceinture noire. Les débutants, eux, portent une ceinture blanche. Moi, je suis seulement ceinture jaune, ce qui est le premier grade.

Le moniteur est très strict. Il ne faut absolument pas faire l'andouille, sinon on est obligé de faire vingt pompes pendant que tout le monde compte!

Au début, j'ai trouvé certains mouvements difficiles, mais maintenant, ça va mieux. J'ai fait des progrès! J'aime participer aux compétitions. Je me souviens encore de mon premier tournoi. C'était à Londres. On est arrivés tôt le matin en bus et puis on a fait un jogging. Avant mon premier combat, j'étais stressée, mais finalement je suis rentrée à la maison avec une médaille de bronze.

Pour être bon, il faut se concentrer et être discipliné. L'inconvénient, c'est qu'il faut s'entraîner tous les jours si on veut devenir vraiment très bon. L'avantage, c'est qu'on garde la forme et qu'on se fait facilement de nouveaux amis.

Je vais continuer à faire du judo parce que j'aime bien ça. Ça me donne confiance en moi et c'est plutôt bon pour la santé.

Je vais passer dans le groupe des seniors l'année prochaine et je voudrais obtenir la ceinture marron!

Lucy

> faire l'andouille – to act stupid (andouille = sausage)
> faire des pompes – to do press-ups

1 Find the French equivalent of these phrases in the text and copy them out.

1 I chose judo because my friends do it
2 You definitely mustn't fool about
3 At the beginning, I found certain movements difficult
4 We arrived early in the morning by bus
5 Then we went jogging
6 I was stressed
7 The disadvantage is
8 The advantage is
9 I am going to continue to do judo
10 I would like to get a brown belt

2 Which tenses are used in each phrase in exercise 1? For each phrase write 'present', 'perfect', 'imperfect', 'conditional' or 'near future'.

3 Find the four correct statements.

1 Lucy is a white belt.
2 She does judo because her friends do it.
3 She has been doing it for a year.
4 They have to do press-ups before they start.
5 She goes jogging every day.
6 She wants to continue with judo.
7 It has improved her self-confidence.
8 She came third in a competition.

4 You might be asked to write about what you do in your spare time as a controlled assessment task. Use the Grade Studio to help you prepare.

GradeStudio

You need to use the key tenses correctly to produce a good answer.
- Lucy uses the **present tense** to say what her hobby is and what training she does.
- She uses the **perfect tense** to describe what she did at a competition.
- She uses the **near future** (**aller** + **infinitive**) to say she is going to continue with judo and what she is going to do next year.

To go a step further, you should use other tenses too, such as the imperfect and the conditional.
- Use **depuis** and the **present tense** to say how long you have been doing your hobby.
- Look at how Lucy uses the **imperfect tense** to say how she was feeling before the competition and the **conditional** to say what she would like to do in the future.
- Make sure you **refer to other people**, using the appropriate forms of the verb correctly. Lucy does this when she refers to her coach (*il*), other beginners (*ils*), and talks about what one (*on*) does or did.
- She also uses the impersonal expression **il faut** and its negative form: **il ne faut pas**.

For a really impressive answer:
- include a **complex sentence** giving a reason for a choice: *J'ai choisi … parce que mes amis en font* – because my friends do it.
- use the **pronouns** *y* (there) and *en* (of it): *J'y vais* – I go there; *j'en fais* – I do it.

Brille à l'écrit!
- Include a sentence with *si* (if) in it. Notice how Lucy says what you have to do if you want to be really good.

5 Now write about your favourite hobby.
- Adapt Lucy's text and write at least 200 words.
- Refer to unit 6 for help with describing a sport or game.
- If you need to write something which is not in the book, do some research. Look your sport or activity up on the Internet in **French** and find out the correct names for team positions, equipment, matches or competitions, etc.
- Don't just copy chunks from your research; make a list of useful words and terms and include them in your own writing.
- Structure your text; organise what you write in paragraphs.

Introduction

When did you start doing the activity?
How did you come to start doing it?
How long have you been doing it?

Main paragraphs

When do you do it?
Where do you do it?
Who do you do it with?
What do you need to do it?

Conclusion

Why do you enjoy the activity?
Do you recommend it? Why?
Do you expect to continue the activity in the future? Why?/Why not?

Check what you have written carefully. Check:
- spelling and accents
- gender and agreement (e.g. adjectives, past participles of *être* verbs)
- verb endings for the different persons: *je/il/elle/on/nous*, etc.
- position of pronouns in different tenses (e.g. *j'en fais/j'en ai fait/je vais en faire*).

Moi | Me

Je me présente ...	Let me introduce myself ...
Je m'appelle ...	I'm called ...
J'ai quinze ans.	I'm fifteen years old.
Mon anniversaire est le 10 mai.	My birthday is 10th May.
J'ai une sœur qui s'appelle ...	I have a sister, who's called ...
Mes frères s'appellent ...	My brothers are called ...
J'habite à Bruxelles.	I live in Brussels.
Je suis ...	I'm ...
anglais(e)	English
français(e)	French
suisse	Swiss
petit(e)/grand(e)	small/tall
de taille moyenne	of average height
blond(e)/brun(e)	fair/dark
J'ai ...	I have ...
les yeux bleus/marron/verts	blue/brown/green eyes
les cheveux blonds/bruns/noirs/roux	blond/brown/black/red hair
J'ai un chien.	I have a dog.
Nous n'avons pas d'animal.	We don't have a pet.

Les choses que j'aime faire | The things I like doing

Qu'est-ce que tu aimes faire?	What do you like doing?
Ma passion, c'est ...	What I really like is ...
J'aime ...	I like ...
faire du vélo/ski/camping/kayak/canoë	going cycling/skiing/camping/kayaking/canoeing
jouer au football/basket/tennis/volley/handball	playing football/basketball/tennis/volleyball/handball
jouer à l'ordinateur	playing on the computer
jouer aux cartes/aux échecs	playing cards/chess
jouer du piano/violon	playing the piano/violin
jouer de la guitare/batterie	playing the guitar/drums
Je n'aime pas le foot.	I don't like football.
Je n'aime pas faire de sport.	I don't like doing sport.

Quand est-ce que tu en fais? | When do you do it?

J'en fais ...	I do it ...
une/deux fois par semaine	once/twice a week
souvent	often
d'habitude	usually
en été/hiver	in summer/winter

Ma famille | My family

un frère cadet/aîné	a younger/older brother
une sœur cadette/aînée	a younger/older sister
un demi-frère	a half-brother
une demi-sœur	a half-sister
un beau-père	a stepfather
une belle-mère	a stepmother
séparé(e)	separated
divorcé(e)	divorced
célibataire	single
remarié(e)	remarried
On s'entend bien.	We get on well.
Elle m'embête/m'énerve.	She annoys me.
Je dois m'occuper d'elle.	I have to look after her.
Il se moque toujours de moi.	He's always making fun of me.
On s'amuse bien.	We have fun.
Je m'ennuie.	I get bored.
Il ne s'ennuie jamais.	He never gets bored.

Les métiers | Jobs

Il/Elle est ...	He/She is a(n) ...
coiffeur/euse	hairdresser
comptable	accountant
cuisinier/ère	cook
infirmier/ère	nurse
informaticien(ne)	computer operator
ingénieur	engineer
instituteur/trice	primary teacher
kinésithérapeute	physiotherapist
maçon	builder
mécanicien(ne)	mechanic
menuisier	carpenter
nourrice	child minder
plombier	plumber
sapeur-pompier	fireman
vendeur/euse	salesperson
Il/Elle travaille ...	He/She works ...
dans un bureau	in an office
dans un hôpital	in a hospital
dans une école primaire	in a primary school
dans une garderie	in a nursery
sur un chantier	on a building site

Mes parents

Je m'entends bien avec eux.
Je ne m'entends pas bien avec lui.
Je ressemble plutôt à ma mère qu'à mon père.
Mes parents sont séparés.

My parents

I get on well with them.
I don't get on well with him.
I look more like my mother than my father.
My parents are separated.

Mes copains

Mon (petit) copain est …
Ma (petite) copine est …
bavard(e)
branché(e)
bruyant(e)
décontracté(e)
drôle
égoïste

My friends

My (boy)friend is …
My (girl)friend is …
chatty
switched on, trendy
noisy
laid-back/relaxed
funny
selfish

gentil(le)	*kind*
insupportable	*dreadful*
nerveux/euse	*nervous*
organisé(e)	*organised*
paresseux/euse	*lazy*
rigolo(te)	*funny*
sympa	*nice*
travailleur/euse	*hardworking*

Le temps libre

Lundi, je suis allé(e) …
au centre de loisirs
J'ai fait …
du théâtre
de la natation
de la danse
de la plongée
de l'entraînement (m)

Free time

On Monday, I went …
to the leisure centre
I did …
drama
swimming
dancing
scuba diving
training

de l'escrime (f)	*fencing*
des arts (m) martiaux	*martial arts*
J'ai nagé.	*I swam.*
J'ai bavardé avec mes copains.	*I chatted with my friends.*
J'ai lu des BD.	*I read comic books.*
J'ai écouté de la musique.	*I listened to music.*
Nous avons mangé une pizza.	*We ate a pizza.*

C'était comment?

C'était super/fantastique/ cool/génial!
Bof./C'était pas mal.

How was it?

It was great/fantastic/ cool/great!
It was OK.

C'était nul.	*It was rubbish.*
Ce n'est pas mon truc.	*It's not my thing.*

Le sport

Il a commencé à jouer à l'âge de …
gagner un titre
devenir champion du monde (junior)
être classé(e) au premier rang
un des meilleurs joueurs du monde
une demi-finale
un tournoi
le numéro un mondial
Il a dû arrêter de jouer.
Il a réussi à gagner.

Sport

He started playing at the age of …
to win a title
to become (junior) world champion
to be ranked highly
one of the best players in the world
a semi-final
a tournament
the world number one
He had to stop playing.
He managed to win.

Quelle est votre passion?

Je me passionne pour le sport.
Ma passion, c'est le foot.
Je joue au foot depuis cinq ans.
J'en fais depuis deux ans.
Je l'ai choisi parce que …
J'en fais parce que …
c'est bon pour la santé
j'aime la camaraderie
j'ai gagné
je suis devenu(e) accro
je me suis inscrit(e) au club
L'année prochaine, …
je vais participer aux compétitions
je vais être dans la première équipe

What do you really like?

I really like sport.
I really like football.
I've been playing football for five years.
I've been doing it for two years.
I chose it because …
I do it because …
it's good for your health
I like the camaraderie
I won
I became addicted (a fan)
I joined the club
Next year, …
I'm going to take part in competitions
I'm going to be in the first team

Qu'est-ce qu'on fait? Discussing TV and cinema
Using articles and object pronouns

Déjà vu

1 Écoutez et lisez la conversation. Notez les mots qui manquent.

■ Salut, Thomas! C'est Julie. Tu veux aller au cinéma avec moi ce soir?

● Ça dépend. Qu'est-ce qu'on passe?

■ Il y a *Star Wars épisode 3: La Revanche des Sith*.

● Ça ne me dit rien. Je (**1**) ▒▒▒▒▒ beaucoup les films de science-fiction. Je les trouve (**2**) ▒▒▒▒▒.

■ Bon, qu'est-ce qu'on fait, alors? Tu (**3**) ▒▒▒▒▒ regarder la télé chez moi?

● Oui, je veux bien. Qu'est-ce qu'il y a à la télé (**4**) ▒▒▒▒▒?

■ Euh ... il y a *Joey*.

● Qu'est-ce que c'est?

■ C'est (**5**) ▒▒▒▒▒ comme *Friends*.

● Ah, non! Pas ça! Je (**6**) ▒▒▒▒▒ les comédies américaines.

■ (**7**) ▒▒▒▒▒ aussi *La Nouvelle Star*, à 20h50. Tu veux regarder ça?

● Chouette! J'adore les (**8**) ▒▒▒▒▒ musicales! Alors, je viens chez toi à 20h15. D'accord?

■ D'accord. À bientôt!

déteste   série

une comédie   n'aime pas

il y a   veux   ce soir   regardes

émissions   ennuyeux

Remember to use the plural definite article when you want to say what type of film or programme you like/dislike:

C'est **un** film d'horreur.
→ J'aime beaucoup **les** film**s** d'horreur.

Déjà vu

2 À deux. Adaptez la conversation ci-dessus.
Utilisez vos propres idées et des mots ci-dessous si vous voulez.

■ Salut, Katie! C'est Sunita. Tu veux aller au cinéma avec moi ce soir?

● Ça dépend. Qu'est-ce qu'on passe?

■ Il y a *Madagascar*.

● Tu plaisantes! Je déteste les dessins animés. Je les trouve nuls.

Bonne idée!
Bof ... Ça m'est égal.
Tu plaisantes!
Je n'ai pas envie.

une histoire d'amour

un western

un dessin animé

un film policier

un film de guerre/ d'arts martiaux/ d'action/d'horreur

un jeu télévisé

une émission de sport/ de science-fiction/ de télé-réalité

une série (médicale/ policière)

un documentaire

Expo-langue →→→→

A direct object pronoun replaces a noun which is the object of a sentence. It goes before the verb.

	masculin	féminin
it	le/l'	la/l'
them	les	les
there	y	

The pronoun **y** (= there) replaces **à** + a noun. It also goes before the verb. Note that it's not always translated in English.

La télé? Je ne **la** regarde pas souvent. = TV? I don't often watch *it*.
Les films de science-fiction? Je **les** trouve affreux. = Science-fiction films? I think *they*'re terrible.
Au cinéma? J'**y** vais de temps en temps. = To the cinema? I go (*there*) from time to time.

lire 3 Lisez le quiz et répondez aux questions. Puis regardez la solution.
Vous êtes comme ça?

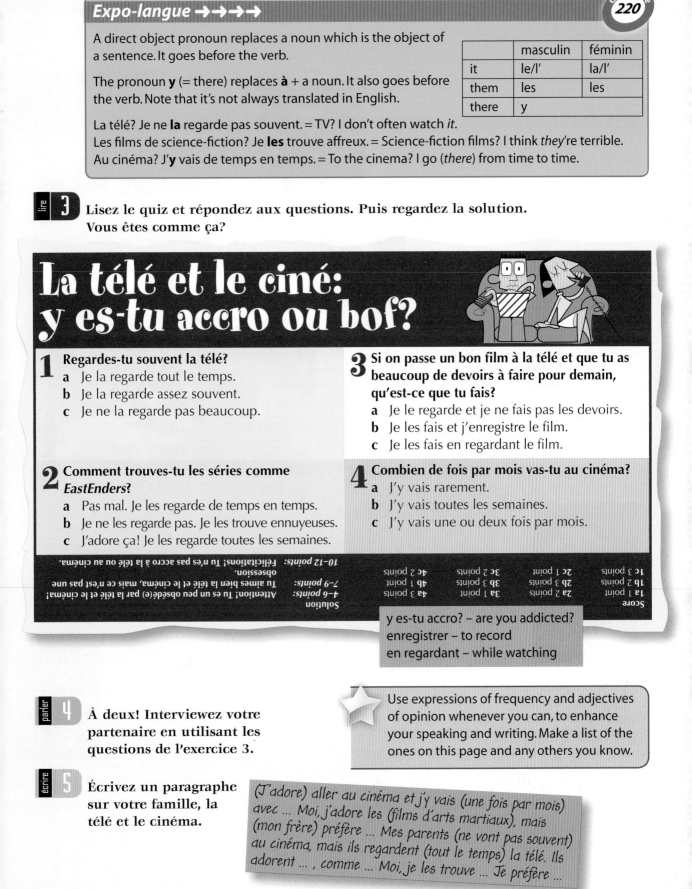

La télé et le ciné: y es-tu accro ou bof?

1 Regardes-tu souvent la télé?
a Je la regarde tout le temps.
b Je la regarde assez souvent.
c Je ne la regarde pas beaucoup.

2 Comment trouves-tu les séries comme *EastEnders*?
a Pas mal. Je les regarde de temps en temps.
b Je ne les regarde pas. Je les trouve ennuyeuses.
c J'adore ça! Je les regarde toutes les semaines.

3 Si on passe un bon film à la télé et que tu as beaucoup de devoirs à faire pour demain, qu'est-ce que tu fais?
a Je le regarde et je ne fais pas les devoirs.
b Je les fais et j'enregistre le film.
c Je les fais en regardant le film.

4 Combien de fois par mois vas-tu au cinéma?
a J'y vais rarement.
b J'y vais toutes les semaines.
c J'y vais une ou deux fois par mois.

Solution

Score
1a 1 point   1b 2 points   1c 3 points
2a 2 points   2b 3 points   2c 1 point
3a 1 point   3b 3 points   3c 2 points
4a 3 points   4b 1 point   4c 2 points

4–6 points: Attention! Tu es un peu obsédé(e) par la télé et le cinéma!
7–9 points: Tu aimes bien la télé et le cinéma, mais ce n'est pas une obsession.
10–12 points: Félicitations! Tu n'es pas accro à la télé ou au cinéma.

y es-tu accro? – are you addicted?
enregistrer – to record
en regardant – while watching

parler 4 À deux! Interviewez votre partenaire en utilisant les questions de l'exercice 3.

Use expressions of frequency and adjectives of opinion whenever you can, to enhance your speaking and writing. Make a list of the ones on this page and any others you know.

écrire 5 Écrivez un paragraphe sur votre famille, la télé et le cinéma.

(J'adore) aller au cinéma et j'y vais (une fois par mois) avec ... Moi, j'adore les (films d'arts martiaux), mais (mon frère) préfère ... Mes parents (ne vont pas souvent) au cinéma, mais ils regardent (tout le temps) la télé. Ils adorent ... , comme ... Moi, je les trouve ... Je préfère ...

1 Lisez les annonces, puis reliez le français et l'anglais.

A

CRAZY KUNG-FU

Film chinois – karaté, comédie
avec Stephen Chow
Séances tous les jours à 10h20, 12h20,
14h20, 16h20, 18h20, 20h20, 22h20
UGC Ciné-cité
Cergy-le-Haut, 8 place des Trois-Gares
Tél. 08 92 70 00 00

B

Fête de la musique

Concert gratuit avec notamment: Moby,
Yannick Noah, Shakira, Florent Pagny,
Francis Cabrel, Garou
le 21 juin, Palais de Versailles

C

Furia sound festival

4 scènes en plein air. Au programme
notamment: Louise Attaque, Mano Solo,
Sinsemilia, Kyo, This World, Dead Combo.
Du 24 au 26 juin. Base de loisirs. La journée:
26€, pass trois jours: 52€. Tél: 01.34.20.02.02

D

La surprise de l'amour

Pièce de Marivaux de 1772
L'auteur parle des êtres humains et
de leurs histoires de cœur.
le 10 juin, 14h30 et 21h
Théâtre de Jouy, 96 avenue des
Bruzacques
12€, 10€ étudiants
Tél. 01.34.43.38.00

E

si loin, si près

Spectacle de danse: rencontres entre les
cultures chinoises et marocaines
11€, tarif réduit 7€
19h ce soir, 20h30 dem., 17h sam.
Maison des métallos, 94 rue Jean-Pierre
Timbaud
Tél. 01.47.00.68.45

1	showings (of a film)	a	plein air
2	every day	b	tarif réduit
3	free concert	c	tous les jours
4	open air	d	pièce
5	play (at the theatre)	e	séances
6	reduced rate	f	concert gratuit

⭐ Which two French words in exercise 1 are *faux amis* (false friends) and mean something completely different in English?

lire 2 Relisez les annonces. Écrivez V (Vrai), F (Faux) ou ? (pas mentionné) à côté de chaque phrase.

1 Le spectacle de danse est à 20 heures samedi.
2 Ça coûte 11€, mais il y a une réduction pour certaines personnes.
3 On peut voir *Crazy kung-fu* dimanche.
4 Les billets de cinéma coûtent 5€.
5 Il y a une séance du film à 19h20.
6 Le Furia sound festival dure trois jours.
7 Le festival commence à 20h.
8 *La surprise de l'amour* est une pièce de théâtre.
9 L'auteur de la pièce s'appelle Jouy.
10 Les billets pour le concert de la Fête de la musique sont gratuits.

écouter 3 Écoutez. On parle de quelle annonce dans l'exercice 1?
Notez les bonnes lettres. (1–4)

écouter 4 Écoutez encore. On se retrouve où et à quelle heure? Trouvez les paires. (1–4)

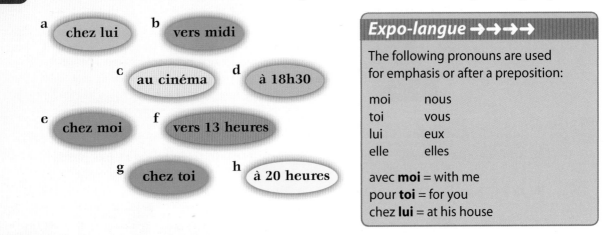

a chez lui b vers midi
c au cinéma d à 18h30
e chez moi f vers 13 heures
g chez toi h à 20 heures

Expo-langue →→→→

The following pronouns are used for emphasis or after a preposition:

moi	nous
toi	vous
lui	eux
elle	elles

avec **moi** = with me
pour **toi** = for you
chez **lui** = at his house

parler 5 À deux. Complétez le dialogue. Choisissez ou inventez les détails.

■ Il y a un bon film/concert/festival de musique/spectacle de danse ce soir/demain/le 21 juin/samedi prochain. Tu veux y aller avec moi?
● L'entrée, c'est combien?/Les billets coûtent combien?
■ Ça coûte … (avec la carte d'étudiant)./C'est gratuit.
● Je veux bien. Ça commence à quelle heure?
■ Ça commence à …/Il y a une séance à …
● On se retrouve où et à quelle heure?
■ On se retrouve … à …h… D'accord?
● D'accord. À bientôt!/À demain!/À samedi!

écrire 6 Écrivez deux ou trois annonces comme celles de l'exercice 1.
Inventez les détails.

parler 7 À deux. Faites un dialogue en utilisant une de vos annonces.

écouter 1 Écoutez et regardez les images. Qui parle? (1–8)

Théo

Yasmina

Adrien

Mathilde

Vincent

Karim

Lisa

Claire

Expo-langue →→→→
Grammaire 214

The modal verbs **vouloir** (to want), **pouvoir** (to be able to, or 'can') and **devoir** (to have to, or 'must') are often used with the infinitive of another verb.
Je **veux** bien **aller** au cinéma, mais je **dois rentrer** avant 22h.
Je ne peux pas parce que mes parents **doivent sortir**.

vouloir	pouvoir	devoir
je veux	je peux	je dois
tu veux	tu peux	tu dois
il/elle/on veut	il/elle/on peut	il/elle/on doit
nous voulons	nous pouvons	nous devons
vous voulez	vous pouvez	vous devez
ils/elles veulent	ils/elles peuvent	ils/elles doivent

parler 2 À deux. Regardez les images et les mots et faites des dialogues.

■ Tu veux aller en ville ce matin?   ● Désolé(e), mais je ne peux pas parce que je dois garder ma petite sœur.

■ Tu peux y aller cet après-midi?   ● Excuse-moi, mais …

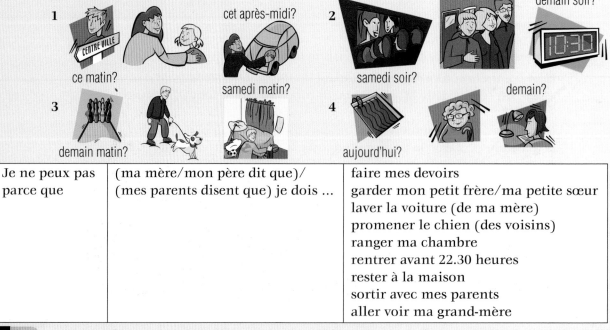

1   ce matin?   cet après-midi?   samedi matin?

2   samedi soir?   demain soir? 10:30

3   demain matin?

4   aujourd'hui?   demain?

Je ne peux pas parce que	(ma mère/mon père dit que)/ (mes parents disent que) je dois …	faire mes devoirs garder mon petit frère/ma petite sœur laver la voiture (de ma mère) promener le chien (des voisins) ranger ma chambre rentrer avant 22.30 heures rester à la maison sortir avec mes parents aller voir ma grand-mère

écrire 3 Inventez de nouvelles excuses. Utilisez un dictionnaire, si vous voulez.

Salut, Clément!
Merci pour l'invitation à ta fête, mais on ne peut pas venir, Nabila et moi, parce que nos parents veulent partir pour le week-end en Bretagne et ils disent qu'on doit aussi y aller. On ne veut pas, mais on n'a pas le choix. Ce n'est pas juste! Amuse-toi bien quand même!
Hakim

 4 **Lisez les e-mails et répondez aux questions.**

Coucou, Justine!
Je voudrais bien aller au concert de Kyo avec toi, mais papa dit que je ne peux pas parce que je n'ai pas suffisamment travaillé au collège et c'est pour ça que mes notes sont mauvaises. Il dit que je dois rester à la maison et bosser tout le week-end. D'habitude, je m'entends bien avec lui, mais parfois, il est trop sévère.
Lola

Salut, Mohammed!
Je suis désolée, mais maman ne me laisse pas sortir demain. C'est parce que mes grands-parents viennent nous rendre visite et elle dit que nous devons aider à la maison, mon frère et moi. Nous devons ranger nos chambres, faire la vaisselle après tous les repas et même laver la voiture! Je suis furieuse contre elle!
Julie

Who ...

1 can't go to a friend's party?
2 has to do schoolwork this weekend?
3 wants to go to a concert, but can't?
4 has to help his/her mum at home?
5 has to go on a trip with his/her parents?
6 can't go out with his/her friend?
7 is annoyed with his/her dad?

When reading complex texts:
- Look for (near-)cognates (e.g. *choix, sévère*).
- Use context to work out meanings (e.g. *maman ne me laisse pas sortir demain*).
- Beware of faux amis (e.g. *c'est pour ça que mes **notes** sont mauvaises*).
- Use a dictionary sparingly. You will not be able to use one in the exam!

5 **Répondez aux questions en français.**

Exemple: **1** Parce qu'elle doit faire son travail scolaire.

Pourquoi est-ce que ...
1 Lola doit rester à la maison ce week-end?
2 Julie doit ranger sa chambre et faire la vaisselle?
3 Hakim ne peut pas accepter l'invitation de Clément?
4 Lola s'énerve contre son père?
5 Julie est furieuse contre sa mère?
6 Hakim ne veut pas aller en Bretagne avec ses parents?

6 **Choisissez un des textos ci-dessous. Préparez et apprenez par cœur un message sur répondeur comme ceux de l'exercice 1, en donnant vos excuses. Donnez votre message et enregistrez-le, si possible.**

On va au parc cet après-midi. Tu viens?
Options

Tu veux aller au concert en plein air samedi?
Options

Tu es libre demain soir? Je vais à la patinoire!
Options

 7 Écrivez un e-mail d'excuse comme ceux de l'exercice 4. Inventez les détails.

1 Écoutez et lisez les textes (1–4). Puis regardez les phrases ci-dessous.
Qui parle? Farid (F), les sœurs de Damien (D), le petit copain de
Liane (L) ou Nathalie (N)?

1 Dimanche dernier, je suis resté à la maison et j'ai regardé *Tigre et dragon* en DVD. Je suis fan des films d'arts martiaux. C'est un de mes films préférés parce que c'est plein d'action.
Farid

2 Hier soir, ma copine Mathilde et moi sommes allées au cinéma. Nous avons vu *Madagascar*. Après, nous avons mangé une pizza et nous sommes rentrées à la maison vers 22 heures.
Nathalie

3 Mes deux sœurs adorent la lecture, surtout les livres de Harry Potter. Le week-end dernier, elles ont acheté toutes les deux *Harry Potter et le prince de sang mêlé*. Elles ont lu tout le week-end et elles ont fini le livre dimanche soir!
Damien

4 Samedi matin, mon petit copain a fait les magasins et il a acheté six CD avec l'argent qu'il a reçu comme cadeau d'anniversaire. Dimanche, il est resté à la maison et il a écouté du hip-hop et du rap dans sa chambre toute la journée.
Liane

1 On est allées au cinéma.
2 J'ai acheté des CD.
3 J'ai regardé un film en DVD.
4 Nous avons lu.

5 J'ai vu un film avec ma copine.
6 J'ai écouté de la musique dans ma chambre.
7 Nous avons mangé une pizza.
8 On a acheté un livre.

Expo-langue →→→→

Grammaire
208

The perfect tense is formed using an auxiliary (**avoir** or **être**) plus a past participle.
Past participles are formed as follows:

–er verbs	replace **–er** with **–é**	j'ai regard**é**
–ir verbs	replace **–ir** with **–i**	j'ai fin**i**
–re verbs	replace **–re** with **–u**	j'ai attend**u**

Note that some verbs have irregular past participles (e.g. **vu**, **lu**, **fait**).

---

2 À deux. Faites un dialogue en utilisant les détails donnés dans la grille.

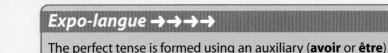

	samedi		dimanche		
	après-midi	*soir*	*matin*	*après-midi*	*soir*
A					
B	*matin*	*après-midi*	*soir*	*matin & après-midi*	*soir*

■ Qu'est-ce que tu as fait le week-end dernier?
● Samedi matin, j'ai fait les magasins et j'ai acheté ... , puis l'après-midi, ...
Le soir, ... Dimanche, ... Et toi, qu'est-ce que tu as fait?
■ Samedi ...

lire **3** Reliez les opinions en français et en anglais.
Utilisez le glossaire ou un dictionnaire, si nécessaire.

> affreux bien   formidable   long   passionnant
> amusant chouette   génial   marrant   (peu) original
> barbant émouvant   intéressant nul   plein d'action
>   ennuyeux   lent   pas mal

> full of action   moving
> boring   funny   brilliant/fantastic/great   slow
> good   interesting not bad   terrible
> exciting   amusing/entertaining   (un)original
>   long   rubbish

écouter **4** Écoutez ce qu'on a fait le week-end dernier. Pour chaque
personne, notez en français: (a) l'activité et (b) l'opinion. (1–6)

Exemple: 1 (a) écouter un CD (b) génial, un peu ennuyeux

To pronounce the **–ant** or
–ent sound (barb**ant**, l**ent**), your
tongue should be at the back of
your mouth. But to say the **–on**
sound (l**on**g, acti**on**), it should be
at the front of the mouth.

Expo-langue →→→→ *Grammaire 212*

To describe something in the past (what it *was* like),
you use **c'était**, the imperfect tense of **c'est**. To make it
negative, put **ne … pas** round the verb.

C'était assez marrant. = It was quite funny.
Ce **n'était pas** très intéressant. = It wasn't very interesting.

parler **5** Vidéoconférence. Interviewez votre partenaire.
Qu'est-ce que vous avez fait le week-end dernier?
C'était comment?

> Remember to use intensifiers (**un peu,
> assez, très, trop**) and time phrases
> (e.g. **hier soir, il y a deux jours**) to make
> what you say and write more interesting.

écrire **6** Qu'est-ce que vous avez fait le week-end dernier?
Mentionnez aussi votre famille ou vos copains.
Regardez et adaptez les textes de l'exercice 1, en
ajoutant des opinions.

> Even though you are writing about
> the past, try to include examples of the
> present tense, too. Look at how the
> people in exercise 1 have done this. You
> will produce a more sophisticated answer
> if you use more than one tense.

écouter 1 Écoutez et lisez les textes. (1–2)

Qu'est-ce que tu as vu ou lu récemment?

J'ai regardé *Batman begins* en DVD. C'est l'histoire de l'origine du super-héros Batman. Alors que Bruce Wayne est toujours enfant, un voleur tue ses parents. Plus tard, comme adulte, Bruce revient à Gotham City, où il décide de se déguiser en chauve-souris pour lutter contre la criminalité. Le film est plein d'action et de personnages extraordinaires, comme «The Scarecrow», un méchant qui se déguise en épouvantail! À mon avis, c'est le meilleur film Batman et Christian Bale est excellent dans le rôle principal, mieux que les autres acteurs qui ont joué ce rôle.

Nathan

J'ai lu *Harry Potter et le prisonnier d'Azkaban*. C'est le troisième livre de la série et à mon avis, c'est le meilleur. Dans cette histoire, Harry apprend que son parrain, Sirius Black, s'est échappé de la prison d'Azkaban et il pense que Sirius veut le tuer. Mais avec l'assistance de ses copains Ron et Hermione, il découvre la vérité et réussit à combattre ses vrais ennemis. À mon avis, le livre est mieux que le film. La meilleure partie du livre, c'est la partie dans le train, où Harry est attaqué par les Dementors. Ils sont les plus mauvais monstres de la série – pires que les vampires!

Marine

Expo-langue →→→→ *Grammaire 218*

mieux – better	le/la/les meilleur(e)(s) – the best
pire(s) – worse	le/la/les plus mauvais(e)(s) – the worst

Elle est mieux que les autres actrices. = She's better than the other actresses.
la meilleur**e** partie du livre = the best part of the book
Ils sont pire**s** que les vampires. = They're worse than vampires.
la plus mauvais**e** scène du film = the worst scene of the film

lire 2 Trouvez le français.

1 It's the story of
2 a thief kills his parents
3 he decides to disguise himself as
4 to fight crime
5 amazing characters
6 a baddie
7 the lead role

8 the third book in the series
9 Harry learns that
10 with the help of his friends
11 he discovers the truth
12 succeeds in fighting his real enemies
13 Harry falls in love
14 the best part of the book

écrire 3 Décrivez un film ou un livre de votre choix (ou choisissez un des titres ci-dessous), en adaptant des phrases de l'exercice 1.

Exemple: **1** C'est l'histoire d'une famille de super-héros.

1 *Les Indestructibles (The Incredibles)*
2 *Star Wars épisode 3: La Revanche des Sith*
3 *Spider-Man*
4 *Harry Potter et la Coupe de Feu*

parler 4 À deux. Préparez trois ou quatre phrases sur un autre film ou livre. Lisez-les à votre partenaire. Il/Elle doit deviner quel film ou quel livre c'est.

> Keep it simple. Try to adapt words and phrases from the texts on page 36 and avoid looking up too many new words. If you are not sure how to say something, try saying it in a different way, e.g. instead of: 'It's a film about a man trying to save the earth from invading alien spaceships', you could say: 'In this film, the hero decides to fight against aliens'. You should only need to look up 'aliens': *Dans ce film, le héros décide de lutter contre des extraterrestres.*

écouter 5 Écoutez et complétez le texte.

Les Choristes est un des (**1**) _____ films français des dernières années. Il s'agit de quoi? (**2**) _____ se déroule en 1948, au Pensionnat de Fond de l'Étang, une (**3**) _____ pour des garçons délinquants au cœur de la campagne française. Clément Mathieu, (**4**) _____ de musique, mais qui est au chômage (rôle interprété par Gérard Jugnot), y arrive pour (**5**) _____ comme surveillant. Malgré l'intimidation des élèves (**6**) _____ et les méthodes sévères que le directeur, Monsieur Rachin, utilise pour les discipliner, Clément (**7**) _____ d'essayer quelque chose de nouveau. Il décide d'apprendre la (**8**) _____ aux garçons et d'organiser une chorale. Il (**9**) _____ que ses élèves ont des dons musicaux, mais l'arrivée d'un (**10**) _____ très difficile met en péril ce projet. C'est par la magie du chant que Clément réussit à changer la vie de ses élèves. C'est un film sympa, émouvant et très bien joué.

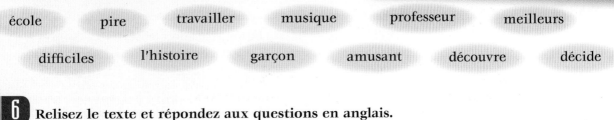

école pire travailler musique professeur meilleurs

difficiles l'histoire garçon amusant découvre décide

lire 6 Relisez le texte et répondez aux questions en anglais.

1 When does the story of *Les Choristes* take place?
2 What sort of a place is the Pensionnat de Fond de l'Étang?
3 Why does Clément Mathieu come to work there as a monitor?
4 How does the headteacher, Monsieur Rachin, keep discipline?
5 What does Clément decide to teach the pupils?
6 What threatens the project?
7 What effect does singing have on the pupils?
8 What does the writer think of the film?

lire **1** Lisez et trouvez les deux parties de chaque texte.

①

②

③

④

① Ma passion, c'est le rugby et comme je viens de Toulouse, mon équipe préférée c'est le Stade Toulousain. Samedi dernier, je suis resté à la maison pour regarder le match contre Narbonne à la télé.

② Je suis fan de cyclisme et cette année, c'était extra, parce que le Tour de France est passé devant mon appartement! Mes copains sont venus chez moi et on est montés dans ma chambre, d'où on peut voir la rue.

③ Moi, je suis accro au skate! Il y a trois ans, je suis allé à la Coupe du Monde de skate, à Marseille. C'était génial! Mon skateur préféré est le Français Alex Coccini. Sur les rampes, il est descendu à une vitesse incroyable et il a fait des sauts fantastiques.

④ J'adore le foot et je suis supportrice du PSG (c'est-à-dire le Paris Saint-Germain). La semaine dernière, je suis allée au stade du Parc des Princes voir le match amical PSG contre Clermont Foot.

Les coureurs sont arrivés tout de suite! Mais il y a eu un accident: un coureur est tombé de son vélo et il est parti en ambulance. Alberto Contador, un Espagnol, a gagné la course.

Mélissa

Mais il a terminé à la deuxième place. C'est Omar Hassan, des États-Unis, qui a gagné le championnat. C'est le roi des skateurs!

Arthur

Un de nos meilleurs joueurs, Stéphane Sessegnon, a marqué un but superbe. Ensuite, Guillaume Hoarau en a marqué un deuxième et on est sortis vainqueurs! Je suis rentrée à la maison très contente.

Danielle

C'était un match passionnant et on a très bien joué. Mon joueur préféré, Frédéric Michalak, a marqué un essai fantastique. On a gagné le match et le score était 64–22. Youpi!

Jamel

un coureur – cyclist (in a race)
à une vitesse incroyable – incredibly fast
un saut – jump
les vainqueurs (m) – winners

> You don't need to understand every word to do exercise 1. Look for key words associated with each sport, e.g. **foot**, **joueur**, **marquer un but** …

écouter **2** Écoutez et vérifiez. (1–4)

Expo-langue →→→→

Grammaire 210

The following verbs take **être** in the perfect tense:

aller to go	**entrer** to go in	**arriver** to arrive
venir to come	**sortir** to go out	**partir** to leave
monter to go up	**rester** to stay	**rentrer** to go home
descendre to go down	**tomber** to fall	**retourner** to return

Passer also takes **être**, when it means 'to pass by'.

The past participle of **être** verbs must agree with the subject:
Elle est arrivé**e**. = She arrived.   Ils sont parti**s**. = They left.
Elles sont descendu**es**. = They went down.

lire **3** Trouvez 12 verbes avec *être* dans les textes de l'exercice 1 et traduisez-les en anglais.

lire **4** **Lisez les phrases en anglais. Écrivez V (Vrai), F (Faux) ou ? (pas mentionné).**

1 Last Saturday, Jamel went to see his favourite rugby team play.
2 Jamel's favourite player scored a try.
3 Mélissa and her friends watched the Tour de France from her bedroom.
4 The cyclist who fell off his bike was French.
5 Arthur watched the skateboarding World Cup on TV.
6 Alex Coccini won the skateboarding championship.
7 Danielle supports Paris Saint-Germain.
8 PSG scored two goals.

écouter **5** **Écoutez et complétez le texte.**

J'adore le foot et je suis (**1**) ▭▭▭ de Bordeaux.
Samedi dernier, je suis allé au match contre Marseille
avec (**2**) ▭▭▭. Je suis parti vers midi. J'ai pris
(**3**) ▭▭▭ devant mon appartement et je suis
descendu au stade. Mes copains sont arrivés peu après. On
a acheté des (**4**) ▭▭▭ et on est entrés dans le stade. Il
y avait beaucoup de monde et l'ambiance était (**5**) ▭▭▭. Trente minutes plus
tard, les joueurs sont sortis du tunnel et le match a commencé. Malheureusement, on
n'a pas bien joué et après (**6**) ▭▭▭ minutes, Marseille a marqué un but. C'était
affreux! À la mi-temps, le score était 1–0. Pendant la deuxième mi-temps, Marseille
a marqué un autre but et on a (**7**) ▭▭▭ le match. Quel désastre! Je suis rentré
chez moi tout (**8**) ▭▭▭.

super	boissons	vingt	gagné	mes copains	le train	déprimé	fan
géniale	billets	quinze	perdu	ma famille	le bus	content	supporteur

écrire **6** **Écrivez l'histoire d'un autre match de foot, en changeant les détails du texte de l'exercice 5.**

parler **7** **Préparez une présentation sur un match ou un autre événement sportif que vous avez vu ou regardé à la télé.**

- Use or adapt language from the texts in exercises 1 and 5.
- Include details, e.g. when the event took place, where it was, who you went/watched it with, how you got there.
- Include two or three **être** verbs, in the perfect tense.
- Make sure you use the correct part of the verb for **je** or **on**.
- Include opinions using **C'était** + adjective and describe the atmosphere, using **L'ambiance était** + adjective (**ambiance** is feminine, so make the adjective agree).
- Mention the final score and how you felt.
- Memorise your presentation and speak using only a few, short bullet points on a card.
- Rehearse as much as you can. Try to record what you say, then listen to it. How could you improve your presentation?

1 Écoutez. Qui dit quoi? Écrivez les deux bonnes lettres pour chaque personne. (1–4)

1 Hugo   2 Alex   3 Karim   4 Mélanie

■ Comment utilises-tu l'Internet?   ● Je l'utilise …

a **pour surfer et trouver des sites intéressants.**

b **pour faire des achats.**

c **pour envoyer des e-mails à mes copains.**

d **pour regarder des vidéos marrantes.**

e **pour tchater et participer à des forums.**

f **pour jouer à des jeux.**

g **pour télécharger de la musique.**

h **pour aller sur les blogs de mes copains.**

> ### Expo-langue →→→→
>
> You use **pour** + infinitive to say 'in order to …':
>
> J'utilise l'Internet **pour télécharger** de la musique. = I use the Internet (in order) to download music.

2 Écoutez et répétez les paires de mots contrastés.

> Be especially careful with the pronunciation of words which are the same in English.

3 Faites un sondage. Posez la question «Comment utilises-tu l'Internet?» à dix de vos camarades de classe. Notez les réponses.

4 Quelle est l'attitude de chaque personne envers l'Internet? Écrivez P (attitude positive), N (attitude négative) ou P/N (attitude positive-négative).

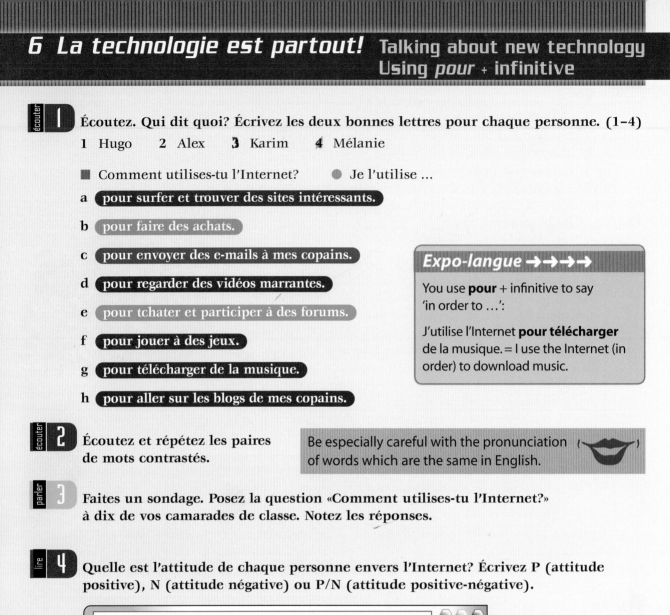

Célia	Sur l'Internet on peut trouver des informations sur tout. Je l'utilise souvent pour faire des recherches pour mon travail scolaire. À mon avis, l'Internet est très éducatif.
Farid	Beaucoup de gens utilisent l'Internet pour télécharger de la musique. C'est bien, parce que ça donne une chance à de nouveaux musiciens. Mais le téléchargement illégal est un grand problème.
Audrey	Pour moi, mes enfants passent trop de temps sur l'Internet et ça coûte cher. De plus, ça peut être dangereux: parfois des personnes mal intentionnées essaient de contacter les jeunes sur le Net.
Gabriel	Mes parents sont divorcés et mon père habite assez loin, mais je peux rester en contact avec lui grâce à l'Internet. On l'utilise pour s'envoyer des e-mails, des photos, etc. Donc, personnellement, je trouve que c'est une bonne chose.

5 Trouvez les mots français dans le texte de l'exercice 4.

1 information about everything
2 my school work
3 educational
4 a lot of people
5 illegal downloading

6 too much time
7 it costs a lot
8 it can be dangerous
9 stay in contact with
10 a good thing

6 Et les portables? Sont-ils une bonne ou une mauvaise chose? Complétez ces opinions en utilisant des réponses de l'exercice 5. Ensuite, traduisez les phrases.

1 Je ne peux pas vivre sans mon portable! Je l'utilise pour ▓▓▓▓▓▓▓ mes copains.
2 Les jeunes passent ▓▓▓▓▓▓▓ à utiliser les portables et c'est mauvais pour la santé à cause des émissions intensives de micro-ondes.
3 Je l'utilise pour envoyer des SMS ou des photos à ma sœur qui habite au Canada. Donc je trouve que c'est ▓▓▓▓▓▓▓.
4 ▓▓▓▓▓▓▓ utilisent leur portable quand ils conduisent la voiture et ▓▓▓▓▓▓▓, parce que ça cause des accidents.
5 Mes parents refusent de m'acheter un portable, parce qu'ils n'ont pas beaucoup d'argent et ▓▓▓▓▓▓▓.

7 Écoutez un débat sur les portables et choisissez la bonne réponse.

1 Tariq uses his mobile ▓▓▓▓▓▓▓.
   (a) now and then.   (b) rarely.   (c) a lot.

2 He uses it mainly ▓▓▓▓▓▓▓.
   (a) to make phone calls.   (b) to send texts to his family.   (c) to surf the Net.

3 Nathalie ▓▓▓▓▓▓▓.
   (a) agrees with Tariq that mobiles are a good thing.
   (b) disagrees with Tariq.   (c) partly agrees and partly disagrees with Tariq.

4 Nathalie thinks that mobiles are ▓▓▓▓▓▓▓.
   (a) bad for young people's health.   (b) useful for staying in touch.
   (c) too expensive.

5 She also says that ▓▓▓▓▓▓▓.
   (a) mobiles are good for people's security.
   (b) her parents refuse to buy her a mobile.   (c) mobiles cause road accidents.

8 Écrivez un paragraphe sur «La technologie et moi».

You could include:

● what you use the Internet for
● what your favourite website is
● your opinion of the Internet
● what you think of mobile phones
● advantages/disadvantages of mobiles

Remember to give reasons!

Use expressions of frequency to make what you write more interesting: **souvent, de temps en temps, parfois/quelquefois, tous les jours, tout le temps**

You are going to have a conversation with your teacher about computers. Your teacher will ask you the following:

- What do you use your computer for, and why?
- What is your favourite website? Describe what sort of site it is.
- Do you prefer to download music or buy CDs? Why?
- How important is the Internet for keeping in touch with your friends?
- What did you last use your computer for?
- What are you planning to do next weekend?

You will also have to respond to something that you have not yet prepared.

The dialogue will last a maximum of six minutes.

1 You will hear a model conversation. First, predict which of these French phrases Stacey will use to answer the first three English questions above. Then listen and check.

1 le téléchargement coûte moins cher
2 un de mes sites préférés est …
3 personnellement, je préfère …
4 je l'utilise surtout pour faire mon travail scolaire
5 pour faire des recherches pour mes devoirs
6 c'est plus rapide
7 c'est une encyclopédie
8 c'est un site où on peut regarder …

2 Listen again and note down in English how Stacey answers the first three questions in the assessment task.

3 Listen to the second part of Stacey's conversation and fill in the gaps.

■ À ton avis, l'Internet, est-il important pour rester en contact avec tes amis?

● Ah, oui, pour moi il est très important! J'utilise l'Internet pour envoyer des e-mails à mes copains. De plus, tous mes copains ont des blogs où on tchate et où on s'envoie des photos. J'ai aussi une bonne copine **(1)** _____ habite aux États-Unis, **(2)** _____ on ne se voit pas souvent, mais on reste en contact par Internet. C'est **(3)** _____, ça!

■ Quand as-tu utilisé l'ordinateur pour la dernière fois?

● J'ai **(4)** _____ mon ordinateur hier soir. J'ai **(5)** _____ des recherches sur William Shakespeare pour mes devoirs d'anglais. **(6)** _____ assez difficile et un peu ennuyeux, **(7)** _____ je n'aime pas l'anglais. Mais **(8)** _____, je me suis un peu amusée: j'ai téléchargé la dernière chanson de mon groupe **(9)** _____ et j'ai envoyé un e-mail à ma copine américaine. **(10)** _____, je me suis couchée parce que j'étais très fatiguée.

4 Now listen to the final part of Stacey's conversation and answer the questions.

1 The teacher asks Stacey whether she is going to use her computer next weekend, or go out. How does she say 'both'?

2 How does Stacey show that she can use *je vais* + infinitive to say what she is going to do? Give two examples.

3 How does she show that she can use the *elle* and *on* parts of *aller* + infinitive, too? Give one example of each.

4 What is the unprepared question that the teacher asks Stacey?

5 Stacey uses two perfect tense verbs, two present tense verbs and *c'était* to answer this question. Can you note down one example of each?

un film d'après le livre de …
– a film based on the book by …

5 Now it's your turn! Prepare your answers to the task opposite, then have a conversation with your teacher or partner.

● Use the Grade Studio and your answers to exercises 1–4 to help you.
● Adapt what Stacey said to talk about yourself, but add your own ideas.
● Prepare your answers to the questions in exercise 1 and try to predict what the unprepared question will be. Record the conversation. Ask a partner to listen to it and say how well you performed.

Award each other one star, two stars or three stars for each of these categories:

● pronunciation
● confidence and fluency
● range of tenses
● variety of vocabulary and expressions
● using longer sentences
● taking the initiative.

What do you need to do next time to improve your performance?

GradeStudio

To produce a good answer, you need to:
◆ use **adjectives** correctly. What things does Stacey use the following adjectives to describe?
marrantes éducatif bizarres utile génial
Make a list of other adjectives you could use to describe the same things.
◆ use **expressions of frequency**. Stacey uses *tout le temps*, *souvent* and *de temps en temps*. Which other ones could you use?

To go a step further, you need to:
◆ create **longer, more complex sentences**. Stacey does this by using:
● *pour* + infinitive (see page 40)
● *c'est un(e) … où on peut* + infinitive (see exercise 1)
● *parce que*.

For a really impressive answer:
◆ use the expressions *comme d'habitude* (as usual) and *à part cela* (apart from that). Listen to how Stacey uses these in the final part of her conversation.
◆ show that you can use other parts of the verb, such as *il/elle/on*, in different tenses (see exercise 4).

◆ use the main tenses correctly. What does Stacey use the **present tense** for, and what does she use the **perfect tense** for? Make a list of the present and perfect tense verbs in exercise 3.
◆ use *C'était* to say what something was like. How does Stacey use this?
◆ remember that you will be marked for **accuracy** and **pronunciation**. What is the difference in use and sound between *préfère(s)* and *préféré(e)(s)*?

Invent a new sentence using each of these structures for your conversation.
◆ use some less obvious **connectives**, **sequencing words** and **qualifiers**. Stacey uses the basic ones, such as *et*, *mais*, *parce que* and *très*, but how many others can you find in exercise 3?

Brille à l'oral!
◆ Use less common connectives and include negatives to create complex sentences, e.g. *puisque je n'ai pas de carte de crédit …* (as I don't have a credit card …).

Un de mes films préférés

Je suis fan des bandes dessinées «Spider-Man» depuis que je suis petit et j'adore aussi les films de Spider-Man. Samedi dernier, je suis resté à la maison et j'ai regardé *Spider-Man 3* à la télé. C'était génial! C'est le troisième film de la série et à mon avis, c'est le meilleur.

Dans ce film, Peter Parker (c'est la vraie identité de Spider-Man) veut se marier avec sa petite copine, Mary Jane (rôle interprété par Kirsten Dunst), mais, bien sûr, ils ont des problèmes! D'abord, Spider-Man est attaqué par une substance noire qui change son caractère et le rend plus agressif. Ensuite, son ancien copain, Harry, veut le tuer pour se venger de la mort de son père. Puis Spider-Man doit combattre deux ennemis qui menacent New York: Sandman, un homme de sable qui a tué l'oncle de Peter Parker, et Venom, un méchant qui ressemble à Spider-Man et qui possède des pouvoirs dangereux. Finalement, Spider-Man réussit à vaincre ses ennemis, avec l'assistance de Harry, mais malheureusement, Harry est tué par Venom. Cependant, tout finit bien pour Peter et Mary Jane, qui sont toujours amoureux.

J'ai beaucoup aimé ce film parce qu'il est passionnant, romantique, drôle et triste en même temps. Il est plein d'action et les effets spéciaux sont superbes. La vedette du film est Tobey Maguire et il est excellent dans le rôle principal. Il est vraiment doué comme acteur. Le premier et le deuxième films de la série sont bien, mais, pour moi, le troisième est plus intéressant et plus émouvant que les autres.

Je vais recommander ce film à tous mes copains et de plus, je voudrais acheter les trois films en DVD, pour les revoir aussitôt que possible!

Guillaume

le rend plus aggressif – makes him more aggressive	un homme de sable – a man made of sand
ancien – former	ressemble à – looks like

1 Find the French equivalent of these phrases in the text and copy them out.

  1 wants to get married to
  2 is attacked by
  3 wants to kill him
  4 the death of his father
  5 possesses dangerous powers
  6 manages to defeat his enemies
  7 however, everything ends well
  8 funny and sad at the same time
  9 the special effects
 10 the star of the film
 11 in the lead role
 12 a really talented actor

2 Connectives, which are used to join sentences or ideas, or to introduce sentences, make a text more interesting. Read the text again. List and translate into English the connectives used.

3 Are the following statements True (T), False (F) or not mentioned (?)?

  1 Guillaume has been reading 'Spider-Man' comics since he was a little boy.
  2 He has only seen one of the three Spider-Man films.
  3 He thinks Kirsten Dunst is attractive.
  4 He likes the fact that the film is full of action.
  5 Usually, Guillaume prefers martial-arts films.
  6 He thinks Tobey Maguire is a good actor.
  7 He doesn't think his friends would like the film.
  8 He has already bought one of the Spider-Man films on DVD.

4 You might be asked to write about a film you have seen or a book you have read as a controlled assessment task. Use the Grade Studio to help you prepare.

GradeStudio

To produce a good answer, you need to use connectives, adjectives and the key tenses correctly.
◆ Include at least six of the **connectives** from exercise 2 in your text.
◆ Look at the number of **adjectives** Guillaume uses to give his opinion of the film.
◆ He uses the **present tense** to describe the plot of the film, the **perfect tense** to say when he watched it and that he liked it, plus **aller** + **infinitive** to say he is going to recommend the film to his friends.

To go a step further, you need to aim for maximum accuracy.
◆ Look at the verb endings in Guillaume's second paragraph. When you are describing the characters and action in a film, you need to use the **il/elle** and **ils/elles parts of the verb** correctly, so make sure you know them.
◆ Also make sure you use the correct **adjective agreement**: masculine or feminine, singular or plural. Look for examples in Guillaume's text.
◆ Include the **comparative** (**plus/moins** + adjective + **que** …). Guillaume uses this to compare *Spider-Man 3* with the other two films.
◆ Use **depuis** + **the present tense** to say how long you have been doing something, as Guillaume does in the first line.

Brille à l'écrit!
◆ Include *le meilleur/la meilleure* (plural: *les meilleurs/meilleures*). See how Guillaume uses this to say which of the Spider-Man films he thinks is the best one.

For a really impressive answer:
◆ use a **relative pronoun** such as *qui* (who/which). Guillaume uses this six times to describe the plot of the film!
◆ use a **direct object pronoun**, to avoid repeating a noun, e.g. *Harry veut **le** tuer* (Harry wants to kill **him**).

5 Now write an article about one of your favourite films or books.
● Use or adapt phrases from Guillaume's text and from unit pages 36–37.
● If you have to look up words in a dictionary, make sure you choose the right translation! Look carefully at any examples given. Cross-check by looking the French word up in the French–English part of the dictionary.
● Structure your text carefully in paragraphs and refer to past, present and future events.

Introduction
What did you see or read, and when?
What sort of book or film is it?
What was your general impression of it?

Main paragraphs
What is the story of the book or film?
Describe the main characters.
What happens at the beginning, in the middle and at the end?

Conclusion
What do you think of the film or book, and why?
Would you recommend it?
What are you going to see or read next, and why?

Check what you have written carefully. Check:
● spelling and accents, especially words which are similar to the English (e.g. *ennemi, attaqué, dangereux, effets, acteur*)
● gender (*le/la/l'/les; un/une*) and agreement (e.g. adjectives, past participles of *être* verbs.)
● verb endings (e.g. *je veux/il/elle veut*)
● tense formation (e.g. *j'aime/j'ai aimé; je suis resté/je vais acheter*).

Qu'est-ce qu'on fait?
What shall we do?

Tu veux …?	*Do you want to … ?*	Qu'est-ce qu'on passe?	*What's on?*
aller au cinéma?	*go to the cinema?*	Il y a *Madagascar*.	*Madagascar is on.*
regarder la télé?	*watch television?*		

Les films
Films

C'est …	*It's …*	un film de science-fiction	*a science-fiction film*
une comédie	*a comedy*	un film policier	*a police/detective film*
un dessin animé	*a cartoon*	une histoire d'amour	*a love story*
un film d'action	*an action film*	un western	*a western*
un film d'arts martiaux	*a martial-arts film*	J'adore les dessins animés.	*I love cartoons.*
un film de guerre	*a war film*	Mon frère préfère les	*My brother prefers*
un film d'horreur	*a horror film*	westerns.	*westerns.*

Les émissions
Programmes

un documentaire	*a documentary*	une émission musicale	*a music programme*
une émission de	*a science-fiction*	un jeu télévisé	*a game show*
science-fiction	*programme*	une série	*a series*
une émission de sport	*a sports programme*	une série médicale/policière	*a medical/police series*
une émission de télé-réalité	*a reality TV programme*		

Les réactions
Reactions

Bonne idée!	*Good idea!*	Je n'ai pas (tellement) envie.	*I don't (really) want to.*
Bof./Ça m'est égal.	*Don't mind.*	Je veux bien.	*I'd like to.*
Ça dépend.	*It depends.*	Pas ça!	*Not that!*
Ça ne me dit rien.	*I'm not very keen.*	Tu plaisantes!	*You're joking!*
Chouette!	*Great!*	Je les trouve ennuyeux/euses.	*I find them boring.*
D'accord.	*OK.*		

La fréquence
Frequency

Je le/la regarde de temps	*I watch it from time*	tout le temps	*all the time*
en temps.	*to time.*	tous les jours/samedis	*every day/Saturday*
d'habitude	*usually*	tous les soirs/week-ends	*every evening/weekend*
J'y vais …	*I go there …*	toutes les semaines	*every week*
rarement	*rarely*	une/deux fois par mois	*once/twice a month*
pas/assez souvent	*not/quite often*		

Les divertissements
Entertainment

Il y a une séance à …	*There's a showing*	complet	*full (no seats left)*
	(of a film) at …	tarif réduit	*reduced price/rate*
L'entrée, c'est combien?	*How much is the*	C'est gratuit.	*It's free (of charge).*
	entrance fee?	Ça commence à … ?	*When does it start?*
Ça coûte combien?	*How much is it?*	On se retrouve où/	*Where/When shall we*
un concert	*a concert*	à quelle heure?	*meet?*
une pièce (de théâtre)	*a play (at the theatre)*	chez moi/toi	*at my/your home*
un spectacle (de danse)	*a (dance) show*	chez lui	*at his/her home*
un billet	*a ticket*	À bientôt/demain/samedi!	*See you soon/*
avec la carte d'étudiant	*with a student card*		*tomorrow/Saturday!*

Les excuses
Excuses

Désolé(e)./Excuse(z)-moi.	*I'm sorry.*	faire mes devoirs	*do my homework*
Je ne peux pas parce que …	*I can't because …*	garder mon petit frère	*look after my little*
C'est trop cher pour moi.	*It's too expensive for me.*		*brother*
Ma mère/Mon père dit que	*My mother/father says*	laver la voiture (de ma mère)	*wash (my mother's) car*
je dois …	*that I have to …*	promener le chien	*walk the (neighbours')*
Mes parents disent que	*My parents say that I*	(des voisins)	*dog*
je dois …	*have to …*	ranger ma chambre	*tidy my bedroom*

rentrer avant 22 heures	*come home before 10 p.m.*	On doit aller voir ma grand-mère.	*We have to go and see my grandmother.*
rester à la maison	*stay at home*	Mes parents doivent sortir.	*My parents have to go*
sortir avec mes parents	*go out with my parents*		*out.*

Le week-end dernier / *Last weekend*

Qu'est-ce que tu as fait?	*What did you do?*	lu des BD	*read some comic books*
J'ai/On a …	*I/We …*	regardé un film en DVD	*watched a film on DVD*
acheté des CD	*bought some CDs*	vu King Kong.	*saw King Kong.*
écouté de la musique	*listened to music*	Je suis/On est …	*I/We …*
fait les magasins	*went shopping*	allé(e)(s) au cinéma	*went to the cinema*
fini le livre	*finished the book*	rentré(e)(s)	*came/went back*
mangé une pizza	*ate a pizza*	resté(e)(s) à la maison	*stayed at home*

Les opinions / *Opinions*

Il y avait …	*There was/were …*	émouvant	*moving*
Il n'y avait pas …	*There wasn't/weren't …*	ennuyeux	*boring*
C'était/Ce n'était pas …	*It was/It wasn't …*	extra	*great/fantastic*
assez	*quite*	formidable	*great*
tout à fait	*completely*	génial	*great*
très	*very*	intéressant	*interesting*
trop	*too*	lent	*slow*
un peu	*a bit*	long	*long*
affreux	*terrible*	marrant	*funny*
amusant	*amusing/fun*	nul	*rubbish*
agréable	*nice/pleasant*	pas mal	*not bad*
barbant	*boring/dull*	passionnant	*exciting*
bien	*good*	(peu) original	*(un)original*
bien joué	*well played/acted*	plein d'action	*full of action*
drôle	*funny*	sympa	*nice*

Il s'agit de quoi? / *What's it about?*

C'est l'histoire de …	*It's the story of …*	À mon avis, la meilleure partie du film/livre, c'est …	*In my opinion, the best part of the film/book is …*
L'histoire se déroule …	*The story takes place …*		
Le film est plein d'action.	*The film is action-packed.*	l'acteur/l'actrice	*the actor/actress*
		l'ambiance (f)	*the atmosphere*

Les événements sportifs / *Sporting events*

		le/la joueur/euse	*player*
le but	*goal*	le/la supporter/trice (de)	*supporter (of)*
le/la champion(ne)	*champion*	le vainqueur	*winner*
le championnat	*championship*	contre	*against*
le concours	*contest/competition*	à la mi-temps	*at half-time*
la Coupe du Monde	*the World Cup*	Il/Elle a terminé en (deuxième) place.	*He/She finished in (second) place.*
le/la coureur/euse	*cyclist (in a race)*		
la course	*race*	Il/Elle a marqué (un but).	*He/She scored (a goal).*
l'équipe (f)	*team*	On a gagné/perdu.	*We won/lost.*
l'essai (m)	*try (rugby)*		

La technologie / *Technology*

faire des achats	*to shop (online)*	les micro-ondes (f)	*microwaves/radiation*
surfer (sur Internet)	*to surf (the Net)*	le portable	*mobile (phone)*
tchater	*to chat (online)*	le SMS	*text message*
télécharger	*to download*	le téléchargement illégal	*illegal downloading*
l'e-mail (m)	*email*	sur le Net	*online*

Déjà vu 1

écouter 1 Écoutez et lisez. Écrivez des titres pour les images.

1

l'immeuble où j'habite

2

3

4

5

6

7

8

> J'habite un grand appartement dans un immeuble moderne en ville. Nous y habitons depuis cinq ans. Notre appartement se trouve au cinquième étage. Nous avons une petite entrée, une grande cuisine, un grand salon, deux grandes chambres et une petite chambre, une salle de bains, une douche et des toilettes. Mes parents ont la plus grande chambre et mes deux sœurs partagent l'autre. La petite chambre est à moi, et gare à ne pas y entrer quand je ne suis pas là!
> **Arthur**

Déjà vu 1

lire 2 Choisissez la bonne réponse.

1 Arthur habite (**a**) une maison (**b**) un appartement.
2 Il y habite depuis (**a**) trois (**b**) cinq ans.
3 L'appartement se trouve (**a**) en ville (**b**) à la campagne.
4 L'appartement est (**a**) grand (**b**) petit.
5 L'entrée est (**a**) grande (**b**) petite.
6 Sa chambre est (**a**) grande (**b**) petite.
7 La salle de séjour est (**a**) grande (**b**) petite.
8 La chambre de ses sœurs est (**a**) grande (**b**) petite.

Expo-langue →→→→ *Grammaire* 206

Adjectives agree with the person or thing they describe. See p. 14.

Most adjectives come *after* the noun:
un immeuble **moderne**
However, there are a number of adjectives which come *in front of* the noun, e.g. **grand** and **petit**:
un **petit** salon   une **petite** chambre
un **grand** appartement une **grande** cuisine

écouter 3 Écoutez et notez: masculin (M) ou féminin (F)? (1–10)

parler 4 À deux. Complétez les phrases avec *grand(e)* et *petit(e)* et puis prononcez les phrases.

un … garçon
une … maison
un … village
une … rivière
un … chien
un … appartement

une … fille
un … chalet
une … ville
un … pont
une … chienne
une … école

In English, **p** is a 'plosive' sound. Put your hand in front of your mouth and say **pipe**: you should feel a burst of air when you pronounce each **p**. In French, **p** is not plosive. Practise saying **petit** without that burst of air.

lire 5 **Trouvez la bonne définition.**

1 la banlieue   **a** grand bâtiment comprenant plusieurs appartements
2 l'immeuble   **b** petites pièces situées sous le toit d'une maison
3 un lotissement   **c** un terrain où se trouvent plusieurs maisons du même style
4 les combles   **d** zone résidentielle et/ou industrielle qui entoure une grande ville

écouter 6 **Où habitent-ils? (1–4)**

Exemple: 1 b, h, i, 10 ans

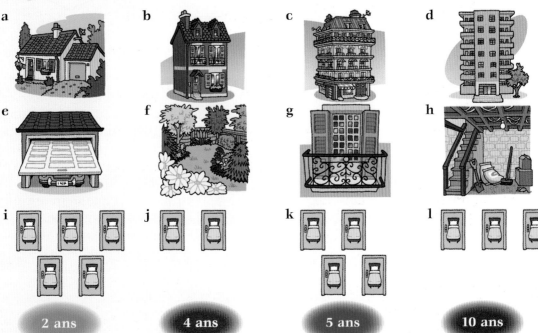

parler 7 **Vidéoconférence. Où habitez-vous? Préparez une présentation.**

J'habite	une grande/petite maison un appartement dans un grand immeuble ...
Notre maison est	en ville/en banlieue/à la campagne ...
J'y habite depuis	deux ans/toujours ...
Au rez-de-chaussée, il y a	l'entrée, une cuisine, un salon ...
Au premier étage, il y a	trois chambres, une salle de bains ...
Ma chambre est	au premier étage/dans les combles ...
Nous avons	un jardin/un garage/un balcon/une cave ...
Nous n'avons pas de	garage/jardin ...

une HLM (habitation à loyer modéré) – council flat/house
une maison jumelle – a semi-detached house
une maison en rangée – a terraced house
une maison individuelle – a detached house

écrire 8 **Décrivez votre maison idéale.**

Ma maison idéale, c'est une grande maison individuelle ... avec ...

écouter 1 Écoutez et lisez. Complétez les phrases ci-dessous.

- Ta chambre est comme la chambre dans l'image?
  - Non, elle est nettement plus petite.

- As-tu un lit comme ça?
  - Non, il est plus grand que mon lit.
- Et la chaise?
  - Elle est plus confortable que ma chaise.
- Et l'étagère?
  - Elle est plus moderne que mon étagère.
- Et la commode?
  - Elle est plus pratique que ma commode. Les tiroirs sont plus grands.

- L'ordinateur?
  - Il est plus cher que mon ordinateur.
- La télé?
  - Ma télé est moins grande.
- L'armoire?
  - Elle est plus jolie que mon armoire. Mon armoire est demodée.

- Et la table?
  - Ma table est moins haute.

1 La chambre d'Hervé est ▬▬▬▬▬ ▬▬▬▬▬ que celle du catalogue.
2 Son lit est ▬▬▬▬ ▬▬▬▬.
3 Sa chaise est ▬▬▬▬▬ ▬▬▬.
4 Son étagère est ▬▬▬▬▬ ▬▬▬▬▬.
5 Sa commode est ▬▬▬▬▬ ▬▬▬▬.
6 Son ordinateur est ▬▬▬▬▬ ▬▬▬▬▬.
7 Sa télé est ▬▬▬▬▬ ▬▬▬.
8 Son armoire est ▬▬▬▬▬ ▬▬▬.

Expo-langue →→→→

Grammaire **218**

To compare two things, you use the comparative form of the adjective. This is formed using **plus** + adjective + **que** or **moins** + adjective + **que**.

Il est **plus** cher **que** mon ordinateur.
– It's *more* expensive *than* my computer.
Ma table est **moins** haute **que** ta table. –
My table is *less* high *than* your table.

Note that the adjective still needs to agree.

The comparative of **bon** is irregular: **meilleur**.

parler 2 Comparez votre chambre avec la chambre ci-dessus. À deux, posez et répondez aux questions.

- Ta chambre est comme la chambre sur l'image?
  - Non, ma chambre est plus grande.
- As-tu une chaise comme la chaise sur l'image?
  - Non, ma chaise est plus petite.
- ...

3 Où mettent-ils les meubles?
Ils font des bêtises.
Écoutez et notez.

Exemple: armoire → cuisine

4 Faites la liste. Où est-ce qu'ils ont mis les meubles?

Ils ont mis ... dans ...

5 À deux. Vous allez jouer. Faites des suggestions bizarres!

■ Où est-ce que je mets le vélo?   ● Mets-le dans la salle de bains!

le vélo

la télé

le miroir

le sèche-cheveux

le tabouret

l'ordinateur portable

l'horloge

la poubelle

le skate

le canard en plastique

> To say 'put *it*' in French, you need to use the correct form of the direct object pronoun:
> **le** or **la**. When used with the imperative, the direct object pronoun comes *after* the verb.
>
> **le** portable   Mets-**le** dans le garage.
> **la** télé   Mets-**la** dans le jardin.

6 Lisez et choisissez la bonne réponse.

1 La chambre de Luc est (**a**) grande
  (**b**) petite.
2 Il y a (**a**) un grand lit (**b**) deux lits.
3 Il (**a**) range ses affaires
  (**b**) les laisse par terre.
4 Il (**a**) a une télé (**b**) n'a pas de télé.
5 Ils (**a**) regardent la télé
  (**b**) jouent à l'ordinateur.
6 Il (**a**) se dispute avec son frère
  (**b**) ne se dispute jamais avec lui.
7 Il (**a**) aime écouter de la musique
  (**b**) n'aime pas écouter de la
  musique.
8 (**a**) Il s'est acheté un iPod lui-même.
  (**b**) Sa mère lui a acheté un iPod.

> Je partage ma chambre avec mon frère. La chambre est petite et il faut être organisé. On ne peut pas laisser traîner nos affaires par terre. Maman est très stricte. Nous devons ranger nos vêtements dans la commode ou dans l'armoire. Nous avons deux lits superposés et une petite table avec un ordinateur. Heureusement, nous aimons jouer aux Sims ensemble. Nous avons deux chaises et une étagère pour nos BD et nos DVD. Nous n'avons pas de télé ou de chaîne hi-fi. Pour Noël, maman nous a offert des iPods. Comme ça, nous pouvons écouter de la musique sans nous disputer.
> **Luc**

7 Ma chambre. Décrivez votre chambre.

1 J'habite en ville
Talking about the advantages and disadvantages of where you live
beau, nouveau and *vieux*

écouter **1** Écoutez et lisez. Trouvez les images et les phrases qui correspondent à chaque texte.

J'habite dans une vieille maison en ville. Notre appartement est au cinquième étage. C'est un bel immeuble du 19ᵉ siècle. La maison est pleine d'histoire, mais les pièces sont petites, les sanitaires sont vieux et les marches de l'escalier sont abîmées. Ma chambre est dans les combles et nous n'avons pas de chauffage central. Il fait très chaud en été et très froid en hiver. Heureusement, nous sommes à deux minutes des commerces et du cinéma. La maison est dans le vieux quartier de la ville près de la place du Marché. Les rues sont étroites et le soir, il y a de l'ambiance, mais pendant la journée, il y a trop de circulation et c'est trop bruyant. Le soir en été, tout le monde sort, les adultes jouent à la pétanque sur la place et nous faisons du skate. On s'amuse bien.

Clément

Nous habitons un nouvel appartement dans la banlieue. C'est joli parce qu'il y a un grand et bel espace vert autour des immeubles où l'on peut jouer. Mais notre appartement est au huitième étage et l'ascenseur tombe souvent en panne. Pour moi ça va, cela m'aide à garder la forme, mais ma mère doit monter le bébé, la poussette et toutes les courses par l'escalier si je ne suis pas là pour l'aider. De plus, nos voisins d'à côté mettent de la musique très fort le soir. Nous avons du double-vitrage contre le bruit, mais ça ne sert à rien s'il fait chaud et qu'on veut ouvrir les fenêtres. Les gens qui habitent au-dessus passent leurs soirées à traîner des chaises par terre et cela fait un bruit épouvantable chez nous. C'est difficile quand on veut faire nos devoirs!

Karel

abîmé – damaged, worn out
bruyant – noisy

1
2
3
4
5
6

a Les voisins font beaucoup de bruit.

b Nous n'avons pas de douche.

c Il y a trop d'escaliers.

d Il n'y a pas de jardin.

e J'aime l'ambiance.

f L'immeuble est neuf.

écrire **2** Copiez et complétez les mots.

Osman habite un b_____ appartement dans un n_____ immeuble. La n_____ maison de Damien est dans un b_____ quartier où il y a de v_____ bâtiments. Notre maison est v_____. Elle est située dans le v_____ quartier sur les hauteurs de la ville, près du v_____ château. Nous avons toujours eu une b_____ vue sur la ville, mais l'année dernière, on a construit un n_____ hôtel juste devant chez nous.

Expo-langue →→→→

206

Beau (beautiful/nice), **vieux** (old) and **nouveau** (new) are three more adjectives which go *in front of* the noun: un **beau** quartier. Note that these adjectives have a special form when followed by a noun beginning with a vowel sound.

singular			plural	
masculine	feminine	m/f before vowel or silent **h**	masculine	feminine
beau	belle	bel	beaux	belles
vieux	vieille	vieil	vieux	vieilles
nouveau	nouvelle	nouvel	nouveaux	nouvelles

écouter **3** Écoutez et notez. Selon eux, c'est un avantage (A) ou un inconvénient (I)? (1–2)

	Victorien	Alizée
situation	A – près du marché et des commerces	
ambiance		
environs		
maison		
chambre		

lire **4** Quel est l'inconvénient?
Reliez les textes aux
bonnes images.

There may be words here you don't know: use what you do know to do the exercise.

Look at the pictures and decide what the key words might be, then look for these words in the text.

1
Chez nous, le problème, c'est qu'on a construit beaucoup de maisons et quand il pleut, la rivière déborde. Quelquefois, l'eau arrive juste devant notre porte et il y a de plus en plus souvent des inondations. L'année dernière, l'eau est rentrée dans la maison deux fois.

2
Le samedi matin, il y a un marché juste devant chez nous et après le marché, les commerçants laissent des tas de fruits, des légumes abîmés, des vieux papiers jetés par terre, et quand il y a du vent, ça vole partout. C'est carrément dégoûtant!

3
Notre ville est ancienne, avec des rues étroites, et la pollution est devenue épouvantable, surtout en été. C'est à cause des gaz d'échappement des voitures qui sont coincées dans la rue. Quelquefois, c'est vraiment irrespirable!

4
On a construit une nouvelle autoroute tout près de chez nous, et le bruit est affreux. C'est tout le temps bruyant, de jour comme de nuit. Le pire, ce sont les poids lourds. On nous a mis des doubles-vitrages dans tout l'immeuble, mais ça ne marche que si on garde les fenêtres fermées. Mais on ne peut pas toujours les garder fermées – on ne peut plus respirer sinon!

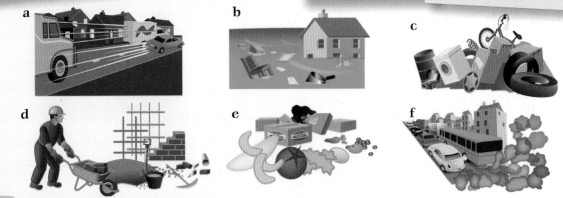
a   b   c
d   e   f

écrire **5** Imaginez que vous habitez dans une grande ville. Quels sont les avantages et les inconvénients? Est-ce qu'il y a un problème particulier? Utilisez les phrases dans les textes ci-dessus pour vous aider.

parler **6** Vidéoconférence. Là où j'habite. Préparez une présentation.

Mentionnez:
● les avantages
● les inconvénients
● les problèmes.

1 Lisez et écoutez. Écrivez V (Vrai), F (Faux) ou PM (Pas Mentionné).

Quand j'étais petit, nous habitions en ville, mais quand j'ai eu douze ans, nous avons déménagé et maintenant, nous habitons à la campagne depuis quatre ans déjà.

Quand nous habitions en ville, je pouvais aller dans le centre-ville à pied. Notre maison était à deux minutes de l'école et je pouvais rentrer à midi déjeuner à la maison. Le soir, j'allais à la piscine ou à la bibliothèque avec mes copains. Je faisais du judo et je prenais des cours de guitare. C'était pratique.

Maintenant, pour aller au collège, je prends le car de ramassage qui passe à sept heures. Il me faut trois quarts d'heure pour y aller. Si je veux aller à la piscine ou au cinéma, je dois rester en ville après la fin des cours et maman vient me chercher en voiture parce qu'il n'y a pas de bus. La nouvelle maison est plus grande et plus jolie et nous avons un grand jardin, mais je n'ai pas de copains dans le village et mes copains d'avant, ils me manquent.

> ils me manquent – I miss them (*literally* they are missing to me)

When he was young …
1 he lived in a village.
2 he could walk to school.
3 he had lunch at school.
4 he used to do judo and play the guitar.
5 he had lots of friends.

Now …
6 he lives in a bigger house.
7 he doesn't do judo any more.
8 his mother takes him to school.
9 it takes half an hour to get there.
10 he hasn't any friends.

2 Copiez et complétez les mots.

1 Quand il ét_____ jeune, il habit_____ en ville.
2 Maintenant, il _____ à la campagne.
3 L'ancienne maison ét_____ près de l'école.
4 La nouvelle maison _____ dans un village.
5 Il all_____ à l'école à pied.
6 Maintenant, il y _____ en car.
7 En ville, il av_____ beaucoup de copains.
8 Dans le village, il n'_____ pas de copains.
9 Il fais_____ du judo.
10 Maintenant, il n'en _____ plus.

Expo-langue →→→→ *Grammaire* 212

Remember: you use the **imperfect tense** to say what 'used' to happen or for descriptions of how things were in the past.

Nous **habitions** en ville. = We *lived/used to live* in a town.

C'**était** pratique. = It *was* practical.

To form the imperfect tense: take the **nous** form of the present tense, take off the **–ons** ending and add the following endings: **–ais, –ais, –ait, –ions, –iez, –aient**

~~nous~~ pouv~~ons~~ →

je **pouvais**	nous **pouvions**
tu **pouvais**	vous **pouviez**
il/elle/on **pouvait**	ils/elles **pouvaient**

The only verb which forms the imperfect differently is **être**: you use the same imperfect endings, but add them to the stem **ét–**.

3 Où habitaient-ils et où habitent-ils maintenant?
Copiez et complétez la grille.

Siana   Damien   Claire

Martinique Paris
Marseille Bordeaux
Lyon   à la campagne
au bord de la mer
dans un village
en banlieue
dans une grande ville

	où?	avantage	inconvénient	autres détails
avant				
maintenant				

près/loin

de l'école
du cinéma
des commerces
de la piscine
des copains

trop

petit
bruyant vieux
haut loin

Qu'est-ce
qui leur
manque?

le père
la chaleur
les copains
la mère
l'ambiance

4 À deux. Imaginez que vous êtes Siana, Damien ou Claire.
Posez-vous des questions et répondez-y.

■ Où habites-tu?
■ Tu y habites depuis quand?
■ Où habitais-tu avant?
■ C'était comment?

■ Où préfères-tu habiter?
■ Pourquoi?
■ Qu'est-ce qui te manque le plus?

5 Écrivez un texte: «Où j'habite: les avantages et
les inconvénients».

> Remember to use modifiers
> to add interest, e.g.
> **assez** – quite, **très** – very,
> **trop** – too, **plutôt** – rather

6 Vidéoconférence. Vous allez vous informer sur le quartier où habitent
vos camarades et sur les avantages et les inconvénients à y habiter.

Préparez: ● cinq questions à poser
● ce que vous allez dire sur votre quartier

■ Où ... ?
■ C'est ... ?
■ Aimes-tu ... ?
■ Préfères-tu ... ?
■ Pourquoi?
■ Avantages/inconvénients?

> Try to use the following phrases when
> discussing your opinions:
> **selon moi/toi/vous** – in my/your opinion
> (according to me/you)
> **à mon/ton/votre avis** – in my/your opinion

3 Des villes jumelées
Talking about life in a French-speaking country
Using superlatives

Lire et écouter

Chamonix (France)

Cilaos (La Réunion)

écouter 1 Écoutez le début de cette conversation et répondez aux questions en anglais.

1 How many people are talking?
2 Are they **(a)** chatting? **(b)** making arrangements? **(c)** conducting an interview?
3 Listen to the background noise. Where is the conversation taking place?
   (a) in the street   **(b)** in a school
   (c) in a studio
4 Are they in France or in La Réunion?
5 Why do you think Sébastien is there?

écouter 2 Écoutez et répondez aux questions en anglais.

1 What is the Piton des Neiges?
2 How does the Piton de la Fournaise differ from the Piton des Neiges?
3 What three reasons does Sébastien suggest for the twinning of the two towns?
4 Why is a picture of a palm tree on a white beach not representative of this island?

> Before listening for detail, it is helpful to work out the context of a listening passage. Check for any clues that the title gives you. Are the pictures any help?

> **Listening for detail**
> - Read all the questions and use the English in the questions to help you predict what you are going to hear.
> - Cross out any answers you change your mind about. If you don't the examiner will mark them.
> - If you are asked for three examples, don't list five in the hope that some of them are right. You may lose marks for this.
> - Don't leave answers blank!

Expo-langue →→→→

Grammaire 218

To say something is the 'most' ('the biggest', 'the most interesting', etc.), you use the superlative form of the adjective. This is formed using **le/la plus** + adjective. Note that the adjective still needs to agree:
C'est **la plus vieille** ville d'Europe. = It's the oldest town in Europe.

The superlative comes *before* or *after* the noun, depending on where the adjective would come:
le plus haut immeuble = the tallest building   la cathédrale **la plus connue** = the best-known cathedral

The superlative of **bon** is irrregular: **le meilleur** théâtre/**la meilleure** ville

CHAMONIX

Chamonix est le rendez-vous des voyageurs et des aventuriers depuis plus de 250 ans. La ville est située au pied du Mont Blanc, à 4.810 m la montagne la plus haute d'Europe.

Côté montagne

La vallée offre une variété d'activités sportives exceptionnelles: en été, il y a 350 km de sentiers balisés pour randonneurs, 40 km de pistes de VTT, rochers d'escalade, alpinisme, rafting, canyoning, parapente; et en hiver, c'est la station de ski par excellence, avec 152 km de pistes et 49 remontées mécaniques. En plus, il y a la Mer de Glace, le glacier le plus long d'Europe, le téléphérique de l'Aiguille de Midi, qui est un des plus hauts téléphériques d'Europe, et des descentes parmi les descentes les plus extrêmes du monde; c'est «la capitale européenne du freeride» du surf des neiges!

Côté ville

Dans la ville, il ne manque pas d'hôtels, de magasins, de boutiques, de bars et de restaurants et quand on veut se reposer, il y a des terrasses ensoleillées d'où on peut contempler les montagnes avec un café ou, si vous préférez, un verre de vin.

lire 3 Lisez le texte et choisissez les quatre phrases correctes.

1 Chamonix became a fashionable resort in the 18th century.
2 There are activities to do all year round.
3 The town is situated halfway up a mountain.
4 Hikers aren't catered for in this region.
5 Chamonix is a centre for adventure sports.
6 It is well provided with facilities for tourists.
7 To get to the top of l'Aiguille de Midi, you have to walk.
8 Skiing is the only winter activity on offer.

Working out the meaning of unknown words

How to work out what a *téléphérique* is.

1 Look at the words around it. It has a name, l'*Aiguille de Midi*, so it's likely to be a thing or a place.
2 Is it described in any way? Is there an adjective? It's one of the highest – *un des plus hauts*.
3 Eliminate possibilities – it's not a mountain, because you know that word (*montagne*).
4 You can now at least make an educated guess. Read the English questions carefully to help you.

lire 4 Lisez le texte et répondez aux questions en anglais.

J'aime habiter dans la vallée de Chamonix parce que j'aime la montagne, j'aime le sport et je n'aime pas les grandes villes industrielles, mais par contre la vie est chère et notre appartement est très petit. Ce n'est pas juste, les jeunes de la vallée ne peuvent pas y rester parce que les gens riches de Paris et d'ailleurs ont acheté toutes les meilleures propriétés et y habitent seulement quelques mois de l'année.

1 Give three reasons why Jérôme likes living in the valley.
2 Explain why he won't be able to stay there.
3 How does he feel about it?

écouter **1** Écoutez et notez les mots qui manquent.

■ Bonjour, Camille. Quelle est ta ville préférée?

● Annecy … là où j'habite.

■ C'est quel genre de ville?

● La vieille ville est (1) ▬▬▬ et pittoresque. C'est aussi le centre régional administratif et (2) ▬▬▬.

■ C'est une destination touristique?

● Oui, l' (3) ▬▬▬ ville se trouve au bord d'un grand lac entouré par de (4) ▬▬▬. Le paysage est magnifique!

■ C'est joli, alors?

● Oui, c'est très joli. Il y a de beaux et (5) ▬▬▬ bâtiments et des (6) ▬▬▬ modernes, des grandes surfaces hors de la ville et des espaces verts dans la ville. La plupart des parkings sont (7) ▬▬▬.

■ Où se trouve-t-elle?

● Elle se situe dans le sud-est de la France près de la frontière (8) ▬▬▬. On est à vingt minutes de Genève par l'autoroute.

■ Comment est le temps?

● En été, il fait chaud, mais pas trop. On peut toujours aller au bord du lac ou en montagne. En hiver, par contre, il fait froid, il (9) ▬▬▬ et on peut faire du ski. De temps en temps, il arrive que le lac gèle, alors on peut faire du patin à glace. C'est un climat très (10) ▬▬▬.

■ Qu'est-ce qu'un touriste peut y faire?

● On peut faire des sports aquatiques comme de la planche, de la voile, du canoë-kayak; des sports d'aventures comme de la plongée, du canyoning, du (11) ▬▬▬, du parapente et de l'(12) ▬▬▬; et (13) ▬▬▬, des sports de glisse, du ski, du snowboard et de la luge.

■ Et pour ceux qui n'aiment pas le sport? Qu'est-ce qu'ils pourraient faire?

● Ils pourraient visiter des musées, des vieux (14) ▬▬▬ et des centres historiques et culturels et pour ceux qui aiment les sites touristiques naturels, il y a le lac, des grottes et des chutes d'eau. Il y en a pour tout le monde. Il y a même une fête du (15) ▬▬▬!

■ Est-ce qu'il y a quelque chose que tu n'aimes pas?

● Oui, il y a trop de circulation dans la vieille ville, mais on est en train d'agrandir la zone piétonne.

> ## Expo-langue →→→→
> **Grammaire 214**
>
> **pouvoir** (to be able to) is a modal verb.
> It is followed by the infinitive.
> On peut **faire** du patin à glace. = You can go ice skating.
> On pourrait **visiter** des musées. = You could visit museums.

parler **2** À deux. Posez et répondez aux questions en rouge dans l'exercice 1. Adaptez des phrases dans le dialogue pour vous aider.

Ma ville préférée, c'est …	
C'est une ville	historique/moderne …
Il y a	une cathédrale/un musée/un château …
Elle se situe	en Écosse … dans le sud de …
Les touristes peuvent visiter	des monuments/des sites/la ville
On peut aussi	faire du shopping … faire du sport …
On pourrait aussi aller	au parc d'attractions/au parc/à la piscine au stade/à la fête/au cinéma …
En général, j'aime la ville, mais	il y a trop de circulation …

3 Projet de ville. C'est quel problème? Trouvez la bonne phrase pour chaque image.

1 **2** **3** **4**

a Il n'y a pas de transport en commun.
b Il y a trop de circulation en ville – c'est difficile de traverser la rue.
c Il y a des embouteillages aux heures de pointe.
d Il n'y a pas de périphérique et les poids lourds traversent la ville.
e Il n'y a pas assez de places de stationnement.
f Il n'y a pas de stations-service dans la ville.

4 Écoutez. Quelle est la bonne solution pour chaque problème? (1–4)

a **b** **c** **d** **e**

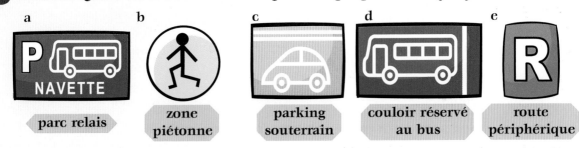

parc relais zone piétonne parking souterrain couloir réservé au bus route périphérique

5 À deux. Discutez des problèmes et trouvez des solutions.

Chez nous en ville, il y a trop de/il n'y a pas (assez) de …
On est en train d'ouvrir/de fermer …
On pourrait agrandir/construire/faire/réduire …

6 Là où j'habite. Décrivez votre ville.

Mentionnez:
● ce que vous aimez
● ce que vous n'aimez pas
● ce que des touristes pourraient y faire
● des problèmes
● des solutions.

Imagine you live in La Réunion. Your teacher is asking you what life is like there. Your teacher will ask you the following:

● Where do you live?
● What is it like?
● What do tourists think of the place where you live?
● What are the advantages and disadvantages?
● Was life very different 50 years ago?
● What plans are there for the future?

You will also have to respond to something that you have not yet prepared.

The interview will last a maximum of six minutes.

1 You will hear a model interview. Joel is talking about the island of La Réunion. First, match the phrases below to the corresponding category, a–g. Then listen to the interview.

1 dans l'océan Indien près de Madagascar
2 il y a beaucoup de précipitations
3 elles sont d'origine malgache
4 elles sont souvent couvertes
5 il compte près de 140 000 habitants
6 il est toujours actif
7 est moins nombreuse

a capital (county town)
b grandparents
c mountains
d population
e location
f volcano
g weather

2 Listen again and note down in English how Joel answers the first two questions in the assessment task.

3 Listen to the second part of Joel's interview and fill in the gaps.

■ Qu'est-ce que les touristes pensent de l'île?
● D'abord ils sont (**1**) _____ . Tout le monde pense que l'île est grande, qu'il y a des plages de sable blanc avec des palmiers. Mais en réalité (**2**) _____. Des palmiers il y en a, mais il y a très peu de plages et en plus ce sont des plages de sable noir. Le temps est très variable. (**3**) _____, il fait chaud et le soleil brille partout, mais (**4**) _____ en montagne il pleut tous les jours.

■ Quels sont les avantages et les inconvénients?
● Les avantages sont le mode de vie et l'ambiance. J'ai (**5**) _____, je passe tout mon temps en plein air et on fait beaucoup de sport. J'ai une moto et le week-end on descend à la plage et on fait du surf. Les inconvénients? La vie est (**6**) _____ qu'en France. Il y a beaucoup de choses (**7**) _____ viennent de France, donc c'est évident, il (**8**) _____ payer le transport. Il y a souvent des pannes d'électricité (**9**) _____ cyclones, et cela arrive (**10**) _____ quand on veut travailler à l'ordinateur!

4   Now listen to the final part of Joel's interview and answer the questions.

1   What two different ways does Joel use to say 'they had to'?
2   Find three examples of verbs he uses to say what it used to be like.
3   How does he use the comparative to say that life is more difficult, simpler and harder?
4   Note two expressions he uses to mean 'therefore', 'as a result'.
5   What tense does he use to say they are going to develop tourism?
6   What is the unprepared question that the teacher asks him?

5   Now it's your turn! Prepare your answers to the task opposite, then take part in an interview with your teacher or partner.

- Use the Grade Studio and your answers to exercises 1–4 to help you.
- Adapt what Joel said to talk about yourself, but add new ideas of your own.
- Prepare your answers, including trying to predict what the unprepared question will be.
- Record the interview. Ask a partner to listen to it and say how well you performed.

Award each other one star, two stars or three stars for each of these categories:

- pronunciation
- confidence and fluency
- range of tenses
- variety of vocabulary and expressions
- using longer sentences
- taking the initiative.

What do you need to do next time to improve your performance?

GradeStudio

To produce a good answer, you need to show you can use a variety of tenses, structures and expressions.
- You need to use the **key tenses** correctly. Joel uses:
  - the present tense to talk about where the island is situated and what it is like now
  - the perfect tense to talk about what happened in the past
  - the future tenses to talk about plans for the future of the island
- Notice how Joel uses the **modal verb expressions** *il faut* and *on veut* with infinitives to make his sentences more interesting.

To go a step further, you need to:
- use a greater variety of tenses. Joel uses the **imperfect tense** to talk about what it used to be like 50 years ago.
- use the **comparative** to say, for example, life is **more** expensive
- give **explanations** as well as facts. Look at how he uses *ça veut dire* to introduce explanations.
  - He says *la vie est plus chère* and **explains** why.
  - He says *la vie était difficile* and **explains** why.
  - He says *Il y a des pannes d'électricité* and **explains** why.

For a really impressive answer:
- use the **superlative**, as Joel does to say 'the biggest town' and 'the highest mountain'.
- include **relative pronouns** such as *qui* and *que* to form more complex sentences.

Brille à l'oral!
- Ask a question, e.g. 'Have you ever been there?' 'Would you like to go?' Be polite: use the *vous* form! *Y êtes-vous jamais allé(e)? Voulez-vous y aller?*

Controlled assessment practice

Le Périgord

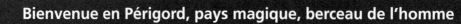

Bienvenue en Périgord, pays magique, berceau de l'homme

Office de tourisme du Périgord: réserver votre hôtel, organiser votre visite

Où dormir?
Nous sommes heureux de vous présenter une sélection des meilleurs hébergements de la région: hôtels, campings, chambres d'hôte, gîtes, auberges de jeunesse.

Où manger?
Dégustez les produits régionaux (vins, viandes, pâtés, fromages) dans les nombreux établissements de la région: restaurants, brasseries, snacks et buffets.

Que faire?
La région est riche en châteaux et en sites historiques et vous propose une grande variété de monuments à découvrir, des grottes préhistoriques, et en plus il y a de nombreuses possibilités de détente.
- Visitez les villes anciennes, les châteaux, les musées, les cathédrales, les sites historiques, le parc animalier, le parc d'attractions.
- Activités et loisirs: lieux de baignade, Aqua Park, promenades, pêche, tennis, golf, canoë, VTT, parcours en quads

Comment se déplacer?
Les transports urbains sont fréquents et bon marché. Achetez une carte séjour.
- autocars
- location de voitures
- location de vélos
- taxis

Plans et cartes: consultez la carte   téléchargez la carte

Commentaires des visiteurs
«Nous avons passé deux semaines fantastiques ici. Il y avait quelque chose pour toute la famille. Ma mère a trouvé le shopping époustouflant, ma sœur a visité tous les châteaux et les musées, et mon frère, mon père et moi, nous avons fait du sport tous les jours – de la natation, du canoë, du VTT – mais pour moi, le clou c'était le quad! Le soir, nous avons fait un barbecue ou nous sommes allés dîner au restaurant … On ne pouvait pas souhaiter mieux! Nous reviendrons!»

Damien (Lille)

le berceau – cradle

1 Find the French equivalent of these phrases in the text and copy them out.

1 We are pleased to offer you
2 Try the regional produce
3 The region offers you …
4 How to get about
5 bicycle hire
6 Download the map
7 There was something for all the family
8 For me, the highlight was …
9 We couldn't have wished for anything better
10 We will come back

2 This style of writing uses the infinitive and imperative to speak directly to the reader. Find these words which have been used for special effect:

1 six infinitives
2 five imperatives (i.e. the **vous** form without the **vous**).

3 Are the following statements True (T), False (F) or not mentioned (?)?

1 The region is a tourist destination.
2 There are several beaches.
3 All of the towns are modern.
4 The region has a famous football team.
5 There are lots of places to eat.
6 Local transport is good and cheap.
7 The shops are not very good.
8 Damien did not like the quad biking.

4 You might be asked to design a webpage or write a brochure for your local town or area as a controlled assessment task. Use the Grade Studio to help you prepare.

Grade Studio

To produce a good answer, you need to use a more formal style of writing than your normal one.
- Break up the text with **headers**, e.g. simple questions using the infinitive (*Que faire?*).
- Use a **visitor's review** to show you can write longer sentences and use other tenses.
- Use the **perfect tense with *avoir*** to say what you **did** and the **perfect tense with *être*** to say where you **went**.
- Use the **future** or **near future** to say what you are going to do next year.

To go a step futher, you need to aim for maximum accuracy.
- Make adjectives **agree** with the nouns: *la ville* and *la région* are both feminine words!
- **Infinitives** and **formal imperatives** sound the same – don't mix them up: *organiser – organisez*
- Don't forget the –*s* or –*x* at the end of **plural nouns** – *les châteaux, les bâtiments, les produits* – and **adjectives**: *vieux, historiques, régionaux*.

For a really impressive answer:
- show you have understood **new vocabulary** by looking it up and reusing it in the correct context, e.g. *hébergement, détente, époustouflant, lieux de baignade*
- make sure you include the ***nous* and *vous* forms** with the correct endings
- include an **imperfect** and **future** or even **conditional** tense in the commentary.

Brille à l'écrit!

- Put the name of a French town into your web browser to see what words and expressions are used, but don't just lift long sentences from the site. It is easy to tell where this has been done!

5 Now design a webpage or a brochure for your own town or a tourist area you know well.

- Adapt the text on page 62.
- Choose words and phrases from it which are relevant to the area you are writing about.
- Write at least 200 words. In this case, it is possible to use short lists as 'headers'.
- If you need words which are not in the book, e.g. a transport museum, remember that they might be similar to English, but expressed in a different way: *un musée des transports*.
- Look words up to check the gender.
- Write longer descriptions of some of your local sights.

Introduction

Make a nice header for your webpage. What are the main characteristics of the area you have chosen? What is special about it? Is it a tourist area, a seaside town, a historic area, a modern town, etc.? Can you convey some of that in your header?

Main paragraphs

Choose which 'questions' you are going to use from the text. Write one or two sentences about each. Add a list of subheaders, including words to 'click on' for each one.

Conclusion

Write a review by a visitor to the area to demonstrate your ability to use other tenses.

Check what you have written carefully. Check:

- agreement of adjectives (gender and number) with the noun they qualify
- plurals of nouns and adjectives (most make the plural by adding –*s*, but words which end in –*al*, –*au* and –*eau* make it with –*x*: *régional/ régionale; régionaux/ régionales; nombreux/ nombreuses*)
- verb endings.

Ma maison — *My house*

J'habite ...	*I live in ...*	en banlieue	*in the suburbs*
un appartement	*a flat*	à la campagne	*in the country*
un immeuble	*a block of flats*	en montagne	*in the mountains*
une HLM	*council flat/house*	au bord de la mer	*at the seaside*
une maison individuelle	*a detached house*	dans un lotissement	*on an estate*
une maison jumelle	*a semi-detached house*	J'y habite depuis deux ans.	*I've lived there for two years.*
une maison en rangée	*a terraced house*		
en ville	*in town*	J'y habite depuis toujours.	*I've always lived there.*
dans un village	*in a village*	le quartier	*the area*

Dans la maison — *Inside the house*

au rez-de-chaussée	*on the ground floor*	la salle à manger	*dining room*
au premier étage	*on the first floor*	la chambre	*bedroom*
au sous-sol	*in the basement*	la salle de bains	*bathroom*
dans les combles (m)	*in the attic*	la cave	*cellar*
l'escalier (m)	*stairs*	le garage	*garage*
l'ascenseur (m)	*lift*	le balcon	*balcony*
l'entrée (f)	*entrance*	la terrasse	*terrace*
la cuisine	*kitchen*	le jardin	*garden*
le salon	*sitting room*	Nous avons un jardin.	*We've got a garden.*
la salle de séjour	*sitting room*	Nous n'avons pas de cave.	*We don't have a cellar.*

Ma chambre — *My room*

Dans ma chambre, il y a ...	*In my room, there's ...*	un ordinateur portable	*a laptop*
un lit	*a bed*	un sèche-cheveux	*a hairdryer*
un tabouret	*a stool*	un skate	*a skateboard*
un ordinateur	*a computer*	un vélo	*a bike*
une armoire	*a wardrobe*	une horloge	*a clock*
une chaise	*a chair*	une poubelle	*a bin*
une commode	*a chest of drawers*	Il est plus cher que mon ordinateur.	*It's more expensive than my computer.*
une étagère	*a bookcase/shelves*		
une table	*a table*	Elle est plus moderne que ma chambre.	*It's more modern than my room.*
une télévision	*a television*		
un miroir	*a mirror*		

Où j'habite — *Where I live*

beau/bel/belle	*nice/beautiful*	moderne	*modern*
nouveau/nouvel/nouvelle	*new*	neuf/neuve	*new*
vieux/vieil/vieille	*old*	pittoresque	*picturesque*
ancien(ne)	*old*	récent(e)	*new*
joli(e)	*pretty/attractive*	traditionnel(le)	*traditional*

Les avantages et les inconvénients — *The advantages and disadvantages*

Chez nous, le problème, c'est ...	*Where we live, the problem is ...*
Il y a trop de ...	*There is too much/There are too many ...*
C'est à cause du/de la/des ...	*It's because of the ...*
la circulation	*traffic*
la pollution	*pollution*
les gaz (m) d'échappement	*exhaust fumes*
le véhicule	*vehicle*
le poids lourd	*lorry*
le périphérique	*ringroad*
la place de stationnement	*parking place*
la station-service	*service station*
le transport en commun	*public transport*

La pollution est devenue épouvantable. — *The pollution has become appalling.*
Le pire, ce sont les poids lourds. — *The worst thing is the lorries.*
C'est tout le temps bruyant. — *It's noisy all the time.*
Il y a de plus en plus souvent des inondations. — *There are floods more and more often.*
On a construit une nouvelle autoroute tout près de chez nous. — *They have built a new motorway very near us.*

Aujourd'hui et autrefois — *Now and formerly*

Quand j'étais petit(e), ... — *When I was little ...*
J'habitais ... — *I used to live ...*
C'était pratique. — *It was practical.*
La maison était près de l'école/loin des commerces. — *The house was near school/far away from the shops.*
Je faisais du judo. — *I used to do judo.*
Je préfère habiter ... — *I prefer living ...*
L'ambiance me manque. — *I miss the atmosphere.*
Mes copains me manquent. — *I miss my friends.*

C'est comment? — *What's it like?*

être jumelé(e) avec — *to be twinned with*
une île tropicale — *a tropical island*
une ville touristique — *a tourist town*
une station de ski — *a ski resort*
une grande ville industrielle — *a big industrial town*
montagneux/montagneuse — *mountainous*
volcanique — *volcanic*
un ancien volcan — *an extinct volcano*
un volcan en activité — *an active volcano*
La ville est située ... — *The town is situated ...*
au pied de — *at the foot of*
La vallée offre ... — *The valley offers ...*
Dans la ville ... — *In the town, ...*
il ne manque pas de — *there is no shortage/lack of*
La vie est chère. — *The cost of living is high.*
le/la plus grand(e) — *the biggest*
le/la plus vieux/vieil(le) — *the oldest*
le/la plus haut(e) — *the tallest*
le/la plus long(ue) — *the longest*
le/la meilleur(e) — *the best*

Ma ville — *My town*

Il y a ... — *There's ...*
un centre commercial — *a shopping centre*
un château — *a castle*
un musée — *a museum*
une cathédrale — *a cathedral*
des commerces (m) — *shops*
un espace vert — *a green space/park*
l'aéroport (m) — *airport*
Ma ville préférée, c'est ... — *My favourite town is ...*
C'est une ville historique. — *It's a historic town.*
Elle se situe ... — *It's (located) ...*
en Écosse — *in Scotland*
dans le sud de l'Angleterre — *in the south of England*
Les touristes peuvent visiter des monuments/des sites. — *Tourists can visit the monuments/sites.*
On peut aussi faire du shopping/du sport. — *You can also go shopping/do sport.*
On pourrait aussi aller au parc (d'attractions). — *You could also go to the (theme) park.*

Les solutions — *Solutions*

le parc relais — *park and ride scheme*
le parking souterrain — *underground parking*
la zone piétonne — *pedestrian precinct*
le couloir réservé au bus — *bus lane*
la route périphérique — *ringroad*
On pourrait construire ... — *We/They could construct ...*
On est en train d'ouvrir ... — *We/They're just opening ...*

C'est où? Finding the way
Using the preposition *à*

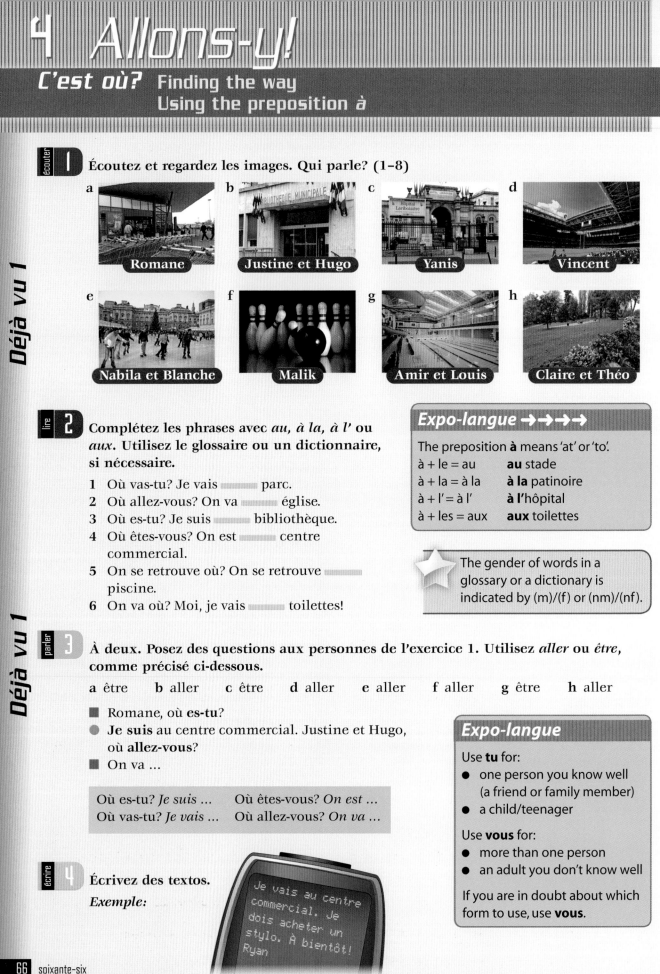

1 Écoutez et regardez les images. Qui parle? (1–8)

a Romane

b Justine et Hugo

c Yanis

d Vincent

e Nabila et Blanche

f Malik

g Amir et Louis

h Claire et Théo

2 Complétez les phrases avec *au, à la, à l'* ou *aux*. Utilisez le glossaire ou un dictionnaire, si nécessaire.

1 Où vas-tu? Je vais ▭ parc.
2 Où allez-vous? On va ▭ église.
3 Où es-tu? Je suis ▭ bibliothèque.
4 Où êtes-vous? On est ▭ centre commercial.
5 On se retrouve où? On se retrouve ▭ piscine.
6 On va où? Moi, je vais ▭ toilettes!

Expo-langue →→→→

The preposition **à** means 'at' or 'to'.

à + le = au	**au** stade
à + la = à la	**à la** patinoire
à + l' = à l'	**à l'**hôpital
à + les = aux	**aux** toilettes

The gender of words in a glossary or a dictionary is indicated by (m)/(f) or (nm)/(nf).

3 À deux. Posez des questions aux personnes de l'exercice 1. Utilisez *aller* ou *être*, comme précisé ci-dessous.

a être   b aller   c être   d aller   e aller   f aller   g être   h aller

■ Romane, où **es-tu**?
● **Je suis** au centre commercial. Justine et Hugo, où **allez-vous**?
■ On va ...

Où es-tu? *Je suis ...*   Où êtes-vous? *On est ...*
Où vas-tu? *Je vais ...*   Où allez-vous? *On va ...*

Expo-langue

Use **tu** for:
● one person you know well (a friend or family member)
● a child/teenager

Use **vous** for:
● more than one person
● an adult you don't know well

If you are in doubt about which form to use, use **vous**.

4 Écrivez des textos.
Exemple:

Je vais au centre commercial. Je dois acheter un stylo. À bientôt! Ryan

Déjà vu 1

5 Écoutez les directions et regardez le plan. C'est vrai ou faux? (1–4)

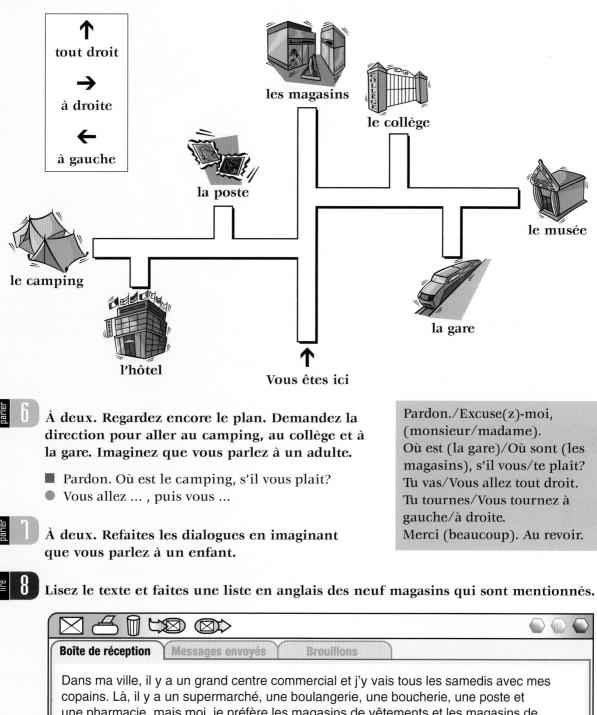

tout droit

à droite

à gauche

les magasins

le collège

la poste

le musée

le camping

la gare

l'hôtel

Vous êtes ici

6 À deux. Regardez encore le plan. Demandez la direction pour aller au camping, au collège et à la gare. Imaginez que vous parlez à un adulte.

■ Pardon. Où est le camping, s'il vous plaît?
● Vous allez ... , puis vous ...

7 À deux. Refaites les dialogues en imaginant que vous parlez à un enfant.

Pardon./Excuse(z)-moi, (monsieur/madame).
Où est (la gare)/Où sont (les magasins), s'il vous/te plaît?
Tu vas/Vous allez tout droit.
Tu tournes/Vous tournez à gauche/à droite.
Merci (beaucoup). Au revoir.

8 Lisez le texte et faites une liste en anglais des neuf magasins qui sont mentionnés.

Boîte de réception Messages envoyés Brouillons

Dans ma ville, il y a un grand centre commercial et j'y vais tous les samedis avec mes copains. Là, il y a un supermarché, une boulangerie, une boucherie, une poste et une pharmacie, mais moi, je préfère les magasins de vêtements et les magasins de chaussures. Malheureusement, il n'y a pas de librairie, mais il y a un bon magasin de musique, où j'achète souvent des CD. Après les courses, on va au café pour prendre un coca. Et ta ville ou ton village, elle ou il est comment?
Ahmed

9 Écrivez une réponse à Ahmed. Adaptez le texte ci-dessus, si vous voulez.

Déjà vu 2

1 Écoutez et notez les lettres des 16 choses qui sont mentionnées.

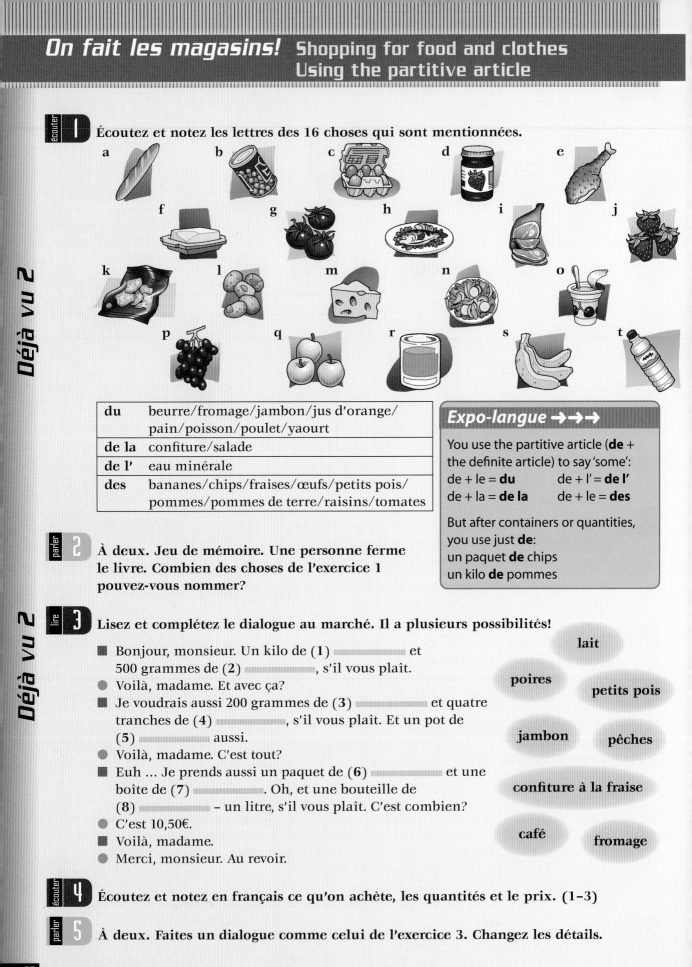

du	beurre/fromage/jambon/jus d'orange/ pain/poisson/poulet/yaourt
de la	confiture/salade
de l'	eau minérale
des	bananes/chips/fraises/œufs/petits pois/ pommes/pommes de terre/raisins/tomates

Expo-langue →→→

You use the partitive article (**de** + the definite article) to say 'some':
de + le = **du**   de + l' = **de l'**
de + la = **de la**   de + le = **des**

But after containers or quantities, you use just **de**:
un paquet **de** chips
un kilo **de** pommes

2 À deux. Jeu de mémoire. Une personne ferme le livre. Combien des choses de l'exercice 1 pouvez-vous nommer?

3 Lisez et complétez le dialogue au marché. Il a plusieurs possibilités!

■ Bonjour, monsieur. Un kilo de **(1)** _____ et 500 grammes de **(2)** _____, s'il vous plaît.
● Voilà, madame. Et avec ça?
■ Je voudrais aussi 200 grammes de **(3)** _____ et quatre tranches de **(4)** _____, s'il vous plaît. Et un pot de **(5)** _____ aussi.
● Voilà, madame. C'est tout?
■ Euh … Je prends aussi un paquet de **(6)** _____ et une boîte de **(7)** _____. Oh, et une bouteille de **(8)** _____ – un litre, s'il vous plaît. C'est combien?
● C'est 10,50€.
■ Voilà, madame.
● Merci, monsieur. Au revoir.

lait

poires

petits pois

jambon

pêches

confiture à la fraise

café

fromage

4 Écoutez et notez en français ce qu'on achète, les quantités et le prix. (1–3)

5 À deux. Faites un dialogue comme celui de l'exercice 3. Changez les détails.

lire 6 Dans le magasin de vêtements. Mettez le dialogue dans le bon ordre.

Vendeur: Bonjour, mademoiselle. Je peux vous aider?

...

Vendeur: Et de quelle taille, mademoiselle?
Cliente: Bleu ou noir, s'il vous plaît.
Vendeur: Un tee-shirt de quelle couleur, mademoiselle?
Cliente: Je voudrais un tee-shirt, s'il vous plaît.
Vendeur: Attendez un instant. ... Voilà.
Cliente: Taille deux, s'il vous plaît.
Vendeur: De rien, mademoiselle. Vous devez payer à la caisse.
Cliente: C'est combien, s'il vous plaît?
Vendeur: Bonjour, mademoiselle. Je peux vous aider?
Vendeur: C'est 5,60€, mademoiselle.
Cliente: D'accord. Ça va, merci.

écouter 7 Écoutez et vérifiez.

écouter 8 Écoutez et reliez les images et les prix. (1–3)

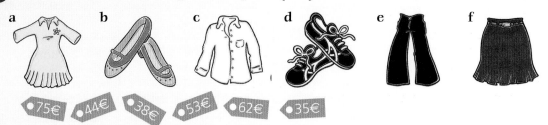

a   b   c   d   e   f

75€   44€   38€   53€   62€   35€

parler 9 À deux. Adaptez le dialogue de l'exercice 6 et présentez-le (de mémoire, si possible).

un	une	des
haut	chemise	baskets
jogging	jupe	chaussures
maillot de foot	robe	
pantalon	veste	
polo		
pull		
sweat		

> When you are buying shoes, the word for 'size' is **la pointure**.

écrire 10 Écrivez un paragraphe sur ce que vous portez le soir et le week-end.

D'habitude, le soir, je porte ... , mais s'il fait froid, je ... ou ...

Pour faire du sport, je ...

Le week-end, si je vais en boîte ou à une fête ...

Expo-langue →→→→ *Grammaire* **206**

Adjectives of colour come after the noun they describe and must agree with the noun. Adjectives which do not already end in **e** add **–e** in the feminine singular, **–s** in the masculine plural and **–es** in the feminine plural.

un haut vert   une chemise vert**e**
des tee-shirts noir**s**   des baskets noir**es**
marron does not change and **blanc** is irregular (**blanc/blanche**).

écouter **1** **Écoutez et lisez le texte.**

Salut, Liam

Désolé de devoir aller au collège ce matin, mais on se retrouve vers 14h30 au Café Coupole, OK? Pour aller en ville, prends le bus numéro 14. L'arrêt d'autobus se trouve en face de l'appartement, de l'autre côté de la rue. Descends devant l'hôtel de ville, à la place du Marché. Tourne à gauche et traverse aux feux rouges. Continue tout droit et prends la première rue à droite. (Il y a une pâtisserie au coin qui s'appelle Le Petit Pain Doré.) Va tout droit jusqu'au carrefour et prends la deuxième rue à droite – c'est la rue principale. Le café est sur ta gauche à côté du syndicat d'initiative. Si tu as le temps, il y a une bonne confiserie au bout de la rue, entre la parfumerie et la charcuterie, où tu peux acheter des bonbons délicieux!

À tout à l'heure!

Sébastien

lire **2** **Mettez les directions en anglais dans l'ordre du texte ci-dessus.**

a Turn left and cross at the traffic lights.
b That's the high street.
c Get off in front of the town hall on Market Square.
d The café is on your left next to the tourist information office.
e Go straight on and take the first street on the right.
f The bus stop is opposite the flat, on the other side of the road.
g There's a good sweet shop between the perfume shop and the delicatessen.
h Go straight on as far as the crossroads and take the second on the right.
i There is a cake shop on the corner.

> ⭐ Look for words you already know (e.g. **autobus**, **marché**, **gauche**, **bonbons**) to help you to pick out the correct sentences in exercise 2.

écrire **3** **Écrivez les directions en français.**

Exemple: **1** devant la confiserie

Expo-langue →→→→

Prepositions are used to describe the position of things.
Some prepositions take **de** when followed by a noun: this changes to **du/de la/de l'/des** when used with a definite article.
à côté **du** syndicat d'initiative = next to the tourist information office

However, other prepositions do not use **de**.
devant l'hôtel de ville = in front of the town hall

Make a list of the prepositions in the text above and their meanings. Which ones take **de** and which do not?

1   **2**  **3**

4 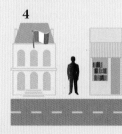 **5**  **6** 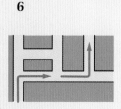 **7** 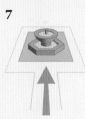 **8**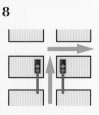

4 Écoutez et regardez le plan. Où va-t-on? (1–6)

A	le commissariat de police
B	le syndicat d'initiative
C	la bibliothèque
D	la pharmacie
E	la boîte aux lettres
F	la pâtisserie
G	la charcuterie
H	la confiserie
I	l'arrêt d'autobus
J	la piscine
K	l'hôtel de ville
L	le parc
M	la gare routière
N	l'hôpital
O	la gare SNCF
P	la boulangerie
Q	le centre commercial
R	la patinoire
S	la librairie
T	les WC

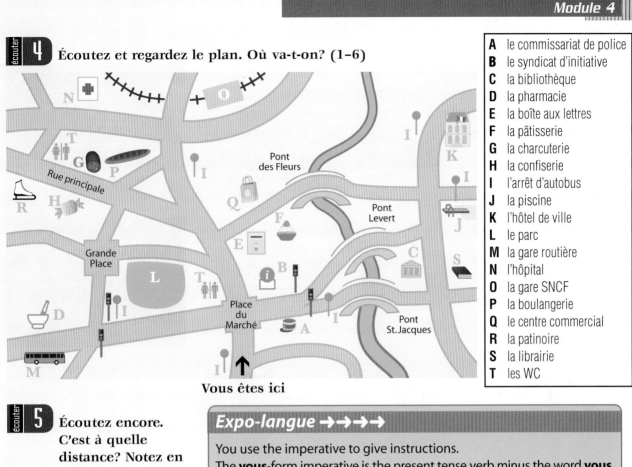

Pont des Fleurs · Pont Levert · Pont St. Jacques · Rue principale · Grande Place · Place du Marché

Vous êtes ici

5 Écoutez encore. C'est à quelle distance? Notez en français. (1–6)

6 À deux. Faites un dialogue en utilisant le plan ci-dessus. Utilisez *vous*.

Expo-langue →→→→

You use the imperative to give instructions.
The **vous**-form imperative is the present tense verb minus the word **vous**.
The **tu**-form imperative is the present tense verb minus the word **tu**.
–er verbs also drop the **s** at the end of the verb.
Traversez le pont, **allez** tout droit et **prenez** la première rue à gauche.
Traverse le pont, **va** tout droit et **prends** la première rue à gauche.
(Cross the bridge, go straight on and take the first street on the left.)

Où est/se trouve le/la/l'…, s'il vous/te plaît?
Où sont/se trouvent les …, s'il vous/te plaît?
Pour aller au/à la/à l'/aux …, s'il vous/te plaît?
Est-ce qu'il y a un/une/des … près d'ici, s'il vous/te plaît?
Allez/Va tout droit/jusqu'au/à la/a l'/aux …
Traversez/Traverse (le pont).
Prenez/Prends la (première/deuxième/troisième) rue à gauche/droite.
C'est sur votre/ta gauche/droite.
Pouvez-vous/Peux-tu répéter, s'il vous/te plaît?
C'est loin d'ici/à quelle distance?
(Non,) c'est (tout) près d'ici./C'est (assez/très) loin.
C'est à (deux cents) mètres/un kilomètre/(cinq minutes) à pied (environ/à peu près).

7 Écrivez à un copain/une copine la direction pour aller à ces endroits. Utilisez le plan ci-dessus.

1 la piscine   2 la gare SNCF
3 la patinoire   4 la librairie
5 le centre commercial

Remember to use the **tu**-form imperative when giving directions to a friend.

écouter **1** Lucy et ses copains vont au festival de rock. Mettez ces phrases dans l'ordre dans lequel vous les entendez.

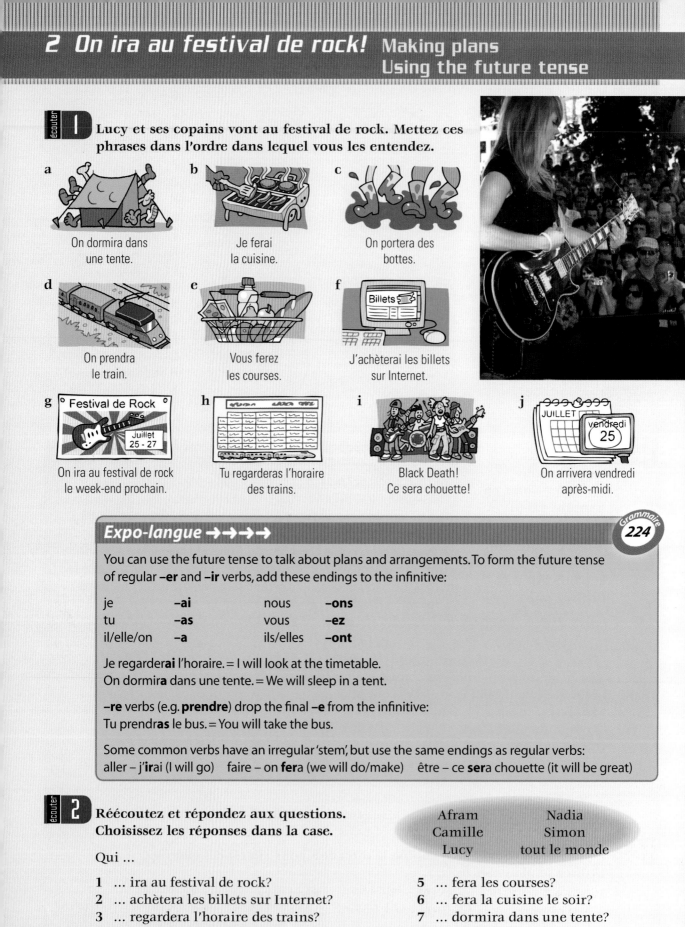

a On dormira dans une tente.

b Je ferai la cuisine.

c On portera des bottes.

d On prendra le train.

e Vous ferez les courses.

f J'achèterai les billets sur Internet.

g On ira au festival de rock le week-end prochain.

h Tu regarderas l'horaire des trains.

i Black Death! Ce sera chouette!

j On arrivera vendredi après-midi.

Expo-langue →→→→

Grammaire 224

You can use the future tense to talk about plans and arrangements. To form the future tense of regular **–er** and **–ir** verbs, add these endings to the infinitive:

je	**–ai**	nous	**–ons**
tu	**–as**	vous	**–ez**
il/elle/on	**–a**	ils/elles	**–ont**

Je regarder**ai** l'horaire. = I will look at the timetable.
On dormir**a** dans une tente. = We will sleep in a tent.

–re verbs (e.g. **prendre**) drop the final **–e** from the infinitive:
Tu prendr**as** le bus. = You will take the bus.

Some common verbs have an irregular 'stem', but use the same endings as regular verbs:
aller – j'**ir**ai (I will go)   faire – on **fer**a (we will do/make)   être – ce **ser**a chouette (it will be great)

écouter **2** Réécoutez et répondez aux questions. Choisissez les réponses dans la case.

Afram	Nadia
Camille	Simon
Lucy	tout le monde

Qui ...

1 ... ira au festival de rock?
2 ... achètera les billets sur Internet?
3 ... regardera l'horaire des trains?
4 ... mangera dans le train?

5 ... fera les courses?
6 ... fera la cuisine le soir?
7 ... dormira dans une tente?
8 ... portera des bottes?

parler 3 À deux. Imaginez que vous allez au festival. Faites un dialogue.

■ Alors, on va au festival. Je/Tu 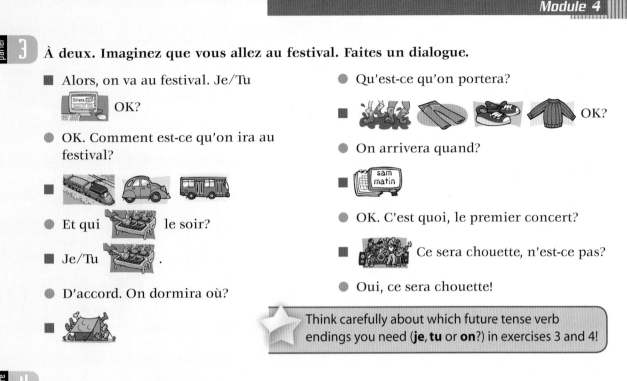 OK?

● OK. Comment est-ce qu'on ira au festival?

■

● Et qui 🔥 le soir?

■ Je/Tu 🔥 .

● D'accord. On dormira où?

■

● Qu'est-ce qu'on portera?

■ 👟 OK?

● On arrivera quand?

■ sam matin

● OK. C'est quoi, le premier concert?

■ Ce sera chouette, n'est-ce pas?

● Oui, ce sera chouette!

> ⭐ Think carefully about which future tense verb endings you need (**je**, **tu** or **on**?) in exercises 3 and 4!

écrire 4 Imaginez que vous décidez de faire un pique-nique sur la plage avec un groupe de copains. Écrivez un e-mail pour organiser ce que tout le monde fera.

On fera un pique-nique sur la plage samedi prochain. D'accord? On ira à la plage en … Alex, tu achèteras/feras/regarderas … Matthew et Sean, vous … Je … Après le pique-nique, on jouera/écoutera/fera …

lire 5 Copiez le bon mot pour chaque numéro. Utilisez un dictionnaire si nécessaire.

1
2
3
4
5
6
7

13
12
11
10
9
8

une baguette   de la bière
des champignons   du cidre
des framboises   du pâté
des haricots verts   du riz
de l'huile d'olive   des pâtes
de la moutarde   des saucisses
du saucisson

> ⭐ Listen for the difference between **saucisses** and **saucisson**, and **pâté** and **pâtes**.

écouter 6 Écoutez Farida et Nicolas. Qu'est-ce qu'ils achèteront pour le barbecue? Copiez et complétez la grille en francais.

choses à acheter	quantité
saucisses	1 kilo

parler 7 Imaginez que vous préparez une fête. Qu'est-ce que vous mangerez? Qu'est-ce que vous achèterez et où? Mentionnez aussi les quantités.

À la fête, on mangera … J'irai … et j'achèterai …

1 Léna et Karim vont à Bordeaux pour une fête sur la plage.
Écoutez et notez les phrases dans l'ordre du dialogue.

Fête sur la plage à
Bordeaux!
sam. 21 juillet
14h00–18h00
Barbecue, volley-ball,
disco, surf
Afram, Camille,
Farida & Nicolas

Options

a un aller-retour

b Il arrive à Bordeaux à quelle heure?

c Est-ce qu'il faut changer de train?

d Le train part à quelle heure?

e deuxième classe   **f** l'horaire des trains

g avec la carte d'étudiant

h Le train part de quel quai?

i Ça coûte combien, les billets?

2 Trouvez l'équivalent en français dans l'exercice 1.

1   second class
2   with a student card
3   Do you have to change trains?
4   Which platform does the train leave from?
5   a return ticket

6   When does the train leave?
7   How much are the tickets?
8   train timetable
9   When does it arrive in Bordeaux?

3 À deux. Complétez la conversation au guichet en utilisant des
phrases de l'exercice 1.

■ Je voudrais aller à Bordeaux, s'il vous plaît.

● Vous voulez un aller simple ou **(1)** ⸻?

■ **(2)** ⸻, s'il vous plaît.

● Première ou **(3)** ⸻?

■ **(4)** ⸻, s'il vous plaît.

(5) ⸻?

● Ça coûte 17 euros.

■ Merci, voilà. **(6)** ⸻?

● Il y a un train toutes les heures.
Le prochain train part à 11h25.

■ Et **(7)** ⸻?

● À 13h05.

■ **(8)** ⸻?

● Non, c'est un train direct.

■ Et **(9)** ⸻, s'il vous plaît?

● Du quai numéro huit.

4 Refaites le dialogue en utilisant les détails ci-dessous.

Rouen   26€
départ: 15h30
arrivée: 16h45
1ère classe   quai 5

Strasbourg   12€50
↔   départ: 19h15
2ème classe   arrivée: 21h25
quai 2

Marseille   9€30

départ: 13h05
1ère classe   arrivée: 16h50
quai 7

lire 5 Reliez les phrases aux panneaux de la gare SNCF. Utilisez un dictionnaire si nécessaire.

1 *J'ai faim et j'ai soif!*

2 *Moi, je vais acheter les billets!*

3 *Où est-ce qu'on peut laisser les bagages?*

4 *Je vais trouver un coin tranquille pour lire mon roman!*

5 *On arrive à Paris à quelle heure?*

6 *J'ai perdu mon parapluie!*

7 *Attention! Il y a un incendie! Il faut sortir tout de suite!*

8 *Le train part à quelle heure?*

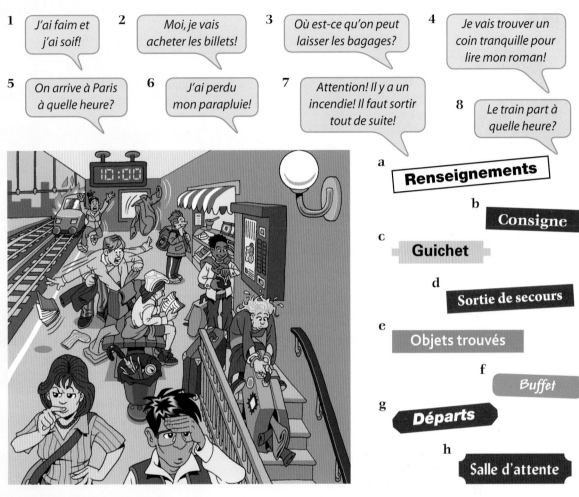

a **Renseignements**

b **Consigne**

c **Guichet**

d **Sortie de secours**

e **Objets trouvés**

f *Buffet*

g **Départs**

h **Salle d'attente**

écrire 6 Imaginez que vous avez pris le train pour aller à Paris avec un groupe d'amis. Décrivez le voyage.

You could include:
- when you went to Paris (*hier/samedi dernier*), who you went with and why (*pour faire des courses/pour visiter la tour Eiffel*)
- what sort of tickets you bought (*J'ai/On a acheté …*) and where (*au guichet/sur Internet*)
- when the train left and arrived (see Expo-langue)
- what you had to eat and drink during the journey (*Il y avait un buffet dans le train. J'ai/ On a acheté/mangé/bu …*)
- what you did to pass the time (*Pendant le voyage, j'ai/on a lu …/joué …/fait …/dormi …*)
- how long the journey lasted (*Le voyage a duré …*)
- what it was like (*C'était très/assez/un peu …*)

Expo-langue →→→→ *Grammaire* **210**

Most verbs to do with travelling take **être** in the perfect tense:

Je **suis allé**(e)/On **est allé**(e)s …
Le train **est parti/arrivé** …/
On **est parti**(e)s/**arriveé**(e)s …

You could also use:
On **est monté**(e)s dans le train.
= We got on the train.
On **est descendu**(e)s du train.
= We got off the train.

Remember to use agreement with **être** verbs in the perfect tense.

4 C'est la fête! Describing special occasions
Imperfect tense of *avoir* and *être*

écouter **1** Écoutez et lisez les textes. (1–3)

1

La semaine dernière, c'était mon anniversaire. J'ai eu quinze ans, donc samedi soir, on a fait une grande fête chez nous et j'ai invité une trentaine de mes copains. Mes parents étaient un peu nerveux, mais ça s'est bien passé. J'ai reçu beaucoup de cadeaux et il y avait aussi un délicieux gâteau d'anniversaire. Une copine qui est DJ a apporté ses CD et on a dansé jusqu'à minuit. C'était extra! Une de nos voisines n'était pas très contente du bruit, mais on s'est bien amusés quand même. L'année prochaine, je vais fêter mes seize ans et je vais avoir un scooter! **Lucas**

2

Il y a deux ans, j'étais à Nice pour la fête nationale, le quatorze juillet. Nous étions là en vacances, ma famille et moi, et il y avait beaucoup de monde, puisque c'est un jour de congé en France. Il y avait un grand défilé tout le long de la Promenade des Anglais. C'était assez drôle parce que tout le monde était déguisé en clown, en animal, etc. Après, il y avait un bal en plein air. Le soir, il n'y avait pas de place dans les restaurants, donc on a fait un pique-nique sur la plage, en regardant les magnifiques feux d'artifice, ce qui était bien agréable. Je vais y retourner avec mon frère l'année prochaine. **Mériem**

3

L'année dernière, comme d'habitude, on a fêté Noël en famille. La veille de Noël, on s'est offert des cadeaux et, puisqu'on est catholiques, ma mère est allée à la messe de minuit avec mes grands-parents. Moi, j'étais trop fatigué pour ça et j'avais un peu mal à la tête, donc je me suis couché de bonne heure. Puis, le jour de Noël, on a mangé le grand repas traditionnel: il y avait des huîtres, du foie gras, de la dinde et, comme dessert, la bûche de Noël. C'était délicieux. Mais cette année, on va faire quelque chose de différent à Noël. On va aller chez mon oncle au Québec! C'est génial, non? **Jean-Pierre**

lire **2** Traduisez en anglais les mots et les phrases en bleu dans le texte. Utilisez un dictionnaire, si nécessaire.

> Use context and logic to guess or work out meanings. For example, you might not know **le bruit**, but you can probably guess its meaning from the fact that the text is about a birthday party and Lucas says it is the reason why **une de nos voisines n'était pas très contente**.

Expo-langue →→ *Grammaire* 212

You use the imperfect tense of **avoir** and **être** to describe things in the past. The imperfect tense of **il y a** is **il y avait** (there was/there were).

avoir	être
j'avais	j'étais
tu avais	tu étais
il/elle/on avait	il/elle/on était
nous avions	nous étions
vous aviez	vous étiez
ils/elles avaient	ils/elles étaient

3 **Relisez les textes. Écrivez V (Vrai), F (Faux) ou ? (pas mentionné) à côté de chaque phrase.**

1 Last week Lucas celebrated his sixteenth birthday.
2 He received CDs as a gift.
3 Lucas's parents were nervous about the party.
4 One of Lucas's neighbours made too much noise.
5 Mériem and her family spent the fourteenth of July in Nice.
6 They went to an open-air ball.
7 They watched the fireworks from the balcony of their hotel.
8 Usually Jean-Pierre's family give each other gifts on the 24th December.
9 Last year Jean-Pierre didn't go to midnight mass.
10 Next year the family is going to spend Christmas in Canada.

4 **Écoutez et complétez les phrases. (1–3)**

Thierry
a Le quatorze juillet, il y a ▭ dans son ▭ en Bretagne.
b Ce soir-là, Thierry et ses ▭ peuvent ▭ plus tard que d'habitude.
c On ▭ des crêpes, ▭ du cidre et tout le monde ▭.

Laure
d À Noël, elle va aller chez ▭, qui ▭ Toulouse.
e Comme ▭, Laure va acheter ▭ pour sa grand-mère.
f On va manger de ▭ et le père de Laure, qui est pâtissier, va préparer une ▭.

Arthur
g Pour fêter ▭, d'abord, il est allé au ▭ avec ▭.
h Le soir, en boîte ▭ trop de monde et ▭ très chaud, mais c'était ▭.
i Arthur ▭ une chaîne hi-fi de ses parents et un ▭ de son frère.

5 **Vidéoconférence. Préparez vos réponses aux questions suivantes.**

■ Comment as-tu fêté ton dernier anniversaire?
■ Qu'est-ce que tu as reçu comme cadeaux?
■ Décris une fête nationale ou religieuse importante. Comment l'as-tu fêtée la dernière fois? C'était comment?
■ Comment vas-tu la fêter la prochaine fois?

6 **À deux. Interviewez votre partenaire. Si possible, enregistrez la conversation.**

7 **Décrivez une fête ou une occasion spéciale. Écrivez au présent, au passé composé, à l'imparfait et au futur proche.**

D'habitude, je fête mon anniversaire en famille.
Je vais/fais/mange … *ou* On va/fait/mange …
Mais l'année dernière, j'ai fait …/je suis allé(e) …
Il y avait/J'avais/J'étais/C'était …
L'année prochaine, je vais/on va aller …

écouter 1 Écoutez. Qu'est-ce qu'on veut acheter et quel est le problème?
Notez les *deux* bonnes lettres et les *deux* problèmes pour chaque dialogue. (1–5)

a un blouson   b une casquette   c une ceinture   d un chapeau   e une cravate

f des chaussettes   g des gants   h un imperméable   i un maillot de bain   j un manteau

trop ... grand(e)(s) serré(e)(s) long(ue)(s) cher/chère(s)
petit(e)(s) large(s) court(e)(s) démodé(e)(s)

Expo-langue →→→→

Grammaire 227

Like other adjectives and pronouns, the adjectives and pronouns below must agree with the noun they refer to or replace:
Tu aimes **ce** blouson/**ces** chaussettes? = Do you like this jacket/these socks?

	singular		plural	
	masculine	feminine	masculine	feminine
this/those	**ce** (**cet** in front of vowel or silent **h**)	**cette**	**ces**	**ces**
which one(s)?	**lequel?**	**laquelle?**	**lesquels?**	**lesquelles?**
this/that/these/those one(s)	**celui-ci/-là**	**celle-ci/-là**	**ceux-ci/-là**	**celles-ci/-là**

parler 2 À deux. Complétez le dialogue dans le magasin de vêtements. Utilisez les idées ci-dessous ou vos propres idées.

Vendeur/euse: Bonjour, monsieur/mademoiselle. Je peux vous aider?/Que désirez-vous?
Client(e):   Je voudrais/J'aimerais un/une/des ... , s'il vous plaît.
Vendeur/euse: Bien sûr, monsieur/mademoiselle. Voilà.
Client(e):   Il est/Elle est/Ils sont/Elles sont un peu trop grand(e)(s)/cher(s)/chère(s) pour moi. Avez-vous/Je préférerais quelque chose de plus petit/moins cher, s'il vous plaît(?)
Vendeur/euse: Nous avons aussi celui-ci/celle-ci/ceux-ci/celles-ci, en cuir/laine/rouge/noir ...
Cliente(e):   J'aime bien le/la/les rouge(s)/noir(e)(s)/bleu(e)(s) ...
Vendeur/euse: Lequel/Laquelle/Lesquels/Lesquelles, monsieur/mademoiselle?
Client(e):   Celui/Celle/Ceux/Celles-ci/-là. Je peux l'/les essayer, s'il vous plaît?
Vendeur/euse: Bien sûr. Les cabines d'essayage sont au fond/là-bas.
              ...
Vendeur/euse: Il/Elle vous va bien/Ils/Elles vous vont bien, monsieur/mademoiselle.
Client(e):   Merci. Je le/la/les prends.

écouter 3 Écoutez et répétez aussi vite que possible!

Oui, celui en cuir gris est pour lui.

To pronounce the sound **–ui**, as in *oui*, *cuir* and *celui*, whistle silently as you say it!

écrire 4 Imaginez que vous êtes très riche et que vous avez un 'personal shopper'. Laissez un mot pour lui dire quels vêtements vous voudriez.

> Je voudrais acheter un blouson en cuir noir, pas trop serré, pour aller au barbecue de Tom Cruise samedi prochain. J'aimerais de nouvelles baskets aussi, pointure 40. Comme marque, je préférerais des Nike ou ... Pour la soirée des Oscars, je voudrais porter ...

Expo-langue →→→→

Grammaire **224**

You use the conditional to say what you would like or prefer. The conditional ending for **je** is **–ais**. You can use the conditional of verbs such as **aimer**, **préférer** and **vouloir** with a noun or with the infinitive of another verb.

J'**aimerais** porter une longue robe bleue. = I'd like to wear a long, blue dress.
Comme marque, je **préférerais** Armani. = As a brand, I'd prefer Armani.

lire 5 Lisez le guide du grand magasin et le texte dans les bulles. C'est à quel étage?

1 Je voudrais acheter des chaussures pour mon petit garçon.

2 Où se trouve le rayon des fruits et légumes, s'il vous plaît?

3 Il me faut acheter un nouveau frigo. C'est à quel étage?

4 Je cherche une bouteille de parfum pour ma femme.

5 On aimerait voir des canapés et des fauteuils.

6 J'aimerais acheter Les Choristes en DVD.

4ème étage:	Meubles Électroménager
3ème étage:	Audio-visuel Informatique
2ème étage:	Rayon hommes Rayon enfants
1er étage:	Rayon femmes Bijouterie
Rez-de-chaussée:	Alimentation
Sous-sol:	Librairie-papeterie Cadeaux Parfumerie

10 J'ai besoin d'un paquet d'enveloppes et d'un stylo.

9 Mon mari veut acheter un pull d'hiver.

8 Ma mère m'a demandé d'acheter une clé de mémoire USB pour son ordinateur.

7 Je voudrais acheter des boucles d'oreilles pour aller avec cette robe.

écouter 6 Écoutez. C'est la bonne direction? Répondez par oui ou non. (1–7)

1 Écoutez et lisez. Au sujet de la mode, chaque personne a une attitude positive (P), négative (N) ou positive-négative (P/N)? (1–4)

La mode est-elle importante pour toi?

1 **Liane**

J'aime lire des magazines de mode et j'adore les grandes marques comme Ralph Lauren. Malheureusement, ça coûte cher et je n'ai pas beaucoup d'argent, donc je n'achète pas souvent de vêtements de marque.

3 **Julie**

La mode est complètement ridicule! Pourquoi doit-on s'habiller tous de la même manière? Si j'achète un vêtement, ce n'est pas parce qu'il est à la mode, c'est parce que j'aime ça.

2 **Damien**

La mode est importante dans mon groupe de copains: il faut s'habiller comme les autres pour être accepté. J'économise tout mon argent de poche pour acheter les dernières baskets Nike, par exemple.

4 **Clément**

J'aime la mode, mais je ne la suis pas à la lettre. Il est important de trouver ton propre style et d'être à l'aise dans tes vêtements.

2 Qui a dit ça?

1 If I buy a piece of clothing, it's not because it's fashionable.
2 You have to dress like the others to be accepted.
3 I don't often buy designer clothes.
4 I like fashion, but I don't follow it to the letter.
5 It's important to find your own style and to be at ease in your clothes.
6 Why do we all have to dress in the same way?
7 Unfortunately, it's expensive and I don't have much money.
8 I save all my pocket money to buy the latest trainers.

3 Écoutez et complétez la grille en anglais. (1–3)

	Opinion about fashion	What (s)he normally wears	Last piece of clothing (s)he bought	What (s)he wore to the last party (s)he went to
1	Loves it, …	Designer jeans, …		

un haut – top   un sweat à capuche – hoodie   un collant – pair of tights
(bleu) clair – light (blue)   (bleu) foncé – dark (blue)

parler 4 À deux. Répondez aux questions de l'exercice 3.

■ La mode est-elle importante pour toi?
● ....
■ Qu'est-ce que tu portes le soir ou le week-end?
● Normalement/D'habitude, je porte ...
■ Quel vêtement as-tu acheté récemment?
● J'ai acheté/C'était un/une/des ...
■ Qu'est-ce que tu as porté, la dernière fois que tu es allé(e) à une fête?
● J'ai porté ...

> Add interest to what you say or write by using several adjectives together, e.g. un **vieux** pantalon **large** et **vert foncé**
>
> Most adjectives go *after* the noun, but **petit**, **grand**, **beau**, **joli**, **vieux** and **nouveau** go *in front* of the noun.

Expo-langue →→→→

The present, perfect and imperfect tenses

Infinitive	Present	Perfect	Imperfect
acheter (to buy)	j'achète (I buy)	j'ai acheté (I bought)	j'achetais (I used to buy)
porter (to wear)	je porte (I wear)	j'ai porté (I wore)	je portais (I used to wear)
s'habiller (to dress)	je m'habille (I dress)	je me suis habillé(e) (I dressed)	je m'habillais (I used to dress)

lire 5 Lisez le blog de Nathan. Ensuite, choisissez les quatre phrases qui sont correctes.

J'ai quinze ans et j'aime m'habiller à la mode. J'adore les vêtements de marque, surtout les jeans Diesel et les chemises Lacoste. Ça coûte cher, mais j'ai un petit job dans un restaurant et avec mon argent j'achète des vêtements.

La semaine dernière, j'ai acheté une chemise Lacoste bleu foncé, dans les soldes. Le samedi soir, je suis allé à la fête d'un copain et j'ai porté ma nouvelle chemise, avec un beau pantalon noir et des chaussures noires. J'ai reçu beaucoup de compliments, surtout de la part des filles!

Mais bien sûr, je ne m'habille pas comme ça tout le temps! D'habitude, je porte un jean, un tee-shirt blanc et des baskets. Mon style a beaucoup changé. Quand j'étais plus jeune, je ne m'habillais pas à la mode. Je portais un vieux jean moche et démodé et un sweat à capuche horrible. Mais maintenant que je suis plus grand, je m'habille bien.

1 Nathan likes buying designer clothes.
2 Last week, he bought a pair of Diesel jeans.
3 He earns money by working in a shop.
4 He wore a new shirt to go to the party.
5 He also wore jeans and white trainers.
6 He doesn't wear designer clothes all the time.
7 Today, he is wearing old jeans and a hoodie.
8 When he was younger, he didn't dress fashionably.

écrire 6 Imaginez que vous êtes une célébrité. Écrivez un blog pour décrire votre style.

● Mention your attitude towards fashion.
● Adapt Nathan's blog and describe:
  – what you normally wear (present tense)
  – what you bought recently or wore to a special occasion (perfect tense)
  – what you used to wear, when you were younger (imperfect tense).

You are going to have a conversation with your teacher about birthdays and other special occasions. Your teacher will ask you the following:

- What do you normally do on your birthday?
- Do you prefer spending your birthday with your family or with your friends? Why?
- What presents did you receive for your last birthday? What did you think of them?
- What else did you do on your last birthday?
- How are you planning to celebrate your next birthday?
- What other special occasions are important in your family? How do you celebrate them?

You will also have to respond to something that you have not yet prepared.

The dialogue will last a maximum of six minutes.

Controlled assessment conversation

1 **You will hear a model conversation. Below are some of the sentences, split in half, which Tom uses to answer the first two questions in the assessment task above. Predict how the sentence halves will match up, then listen to check.**

1 Normalement, au petit déjeuner ...	a ... je sors avec mes copains.
2 Mon anniversaire est en juillet, donc s'il fait beau, ...	b ... fêter mon anniversaire en famille.
3 Quelquefois, le soir de mon anniversaire, ...	c ... on va au cinéma ou au bowling.
4 Je trouve ça un peu barbant de ...	d ... on fait un barbecue dans le jardin, ou on va à la plage.
5 C'est plus amusant de ...	e ... le fêter avec mes copains.
6 Par exemple, parfois ...	f ... je reçois beaucoup de cartes et de cadeaux de ma famille.

2 **Listen again and note down in English how Tom answers the first two questions in the assessment task.**

3 **Listen to the second part of Tom's conversation and fill in the gaps.**

■ Qu'est-ce que tu as reçu comme cadeaux pour ton dernier anniversaire?

● J'ai eu beaucoup de chance parce que **(1)** ▇▇▇ une console de jeux de la part de mes parents et ma sœur m'a offert deux jeux électroniques. J'adore jouer à des jeux de console, donc **(2)** ▇▇▇ parfait pour moi. De plus, de la part de ma grand-mère j'ai reçu de l'argent **(3)** ▇▇▇ une nouvelle paire de baskets, alors j'étais très **(4)** ▇▇▇!

■ Et qu'est-ce que tu as fait aussi pour fêter ton dernier anniversaire?

● C'était mon quatorzième anniversaire et mes parents m'ont **(5)** ▇▇▇ la permission de faire une fête chez nous. J'ai invité une vingtaine de mes copains et ma sœur est **(6)** ▇▇▇ aussi, avec une de ses copines. **(7)** ▇▇▇ un délicieux gâteau d'anniversaire **(8)** ▇▇▇ mon père a préparé, puisqu'il est boulanger-pâtissier, et beaucoup d'autres bonnes choses à manger. Tout le monde a apporté des CD et on a dansé **(9)** ▇▇▇ minuit. C'était génial et on s'est **(10)** ▇▇▇ amusés.

4 Now listen to the final part of Tom's conversation and answer the questions.

1 Tom uses the future tense (see page 72) to say how he is planning to celebrate his next birthday. How many of the six future tense verbs he uses can you spot?

2 Which tense does Tom use to answer the question about what other special occasions are important in his family?

3 What is the unprepared question that the teacher asks him?

4 Tom uses three examples of the conditional (see page 79) to answer this question. Note them down.

le Nouvel An – New Year

5 Now it's your turn! Prepare your answers to the task opposite, then have a conversation with your teacher or partner.

● Use the Grade Studio and your answers to exercises 1–4 to help you.
● Adapt what Tom said to talk about yourself, but add your own ideas.
● Prepare your answers to the questions in the task opposite and try to predict what the unprepared question will be.
● Record the conversation. Ask a partner to listen to it and say how well you performed.

Award each other one star, two stars or three stars for each of these categories:

● pronunciation
● confidence and fluency
● range of tenses
● variety of vocabulary and expressions
● using longer sentences
● taking the initiative.

What do you need to do next time to improve your performance?

GradeStudio

◆ To produce a good answer, you need to use **time and frequency expressions**. Tom uses the following. What do they all mean?
normalement, quelquefois, d'habitude, parfois
Make up new sentences, using each of these words, which you could include in your conversation.

◆ To go a step further, you need to create **longer and more complex sentences**. An easy way of extending sentences is to use *ou* (or), and if you also show you can use a range of verbs correctly, your answer will be more sophisticated: *D'habitude, on fait un barbecue dans le jardin, **ou** on va à la plage*. Make up a different example like this, which you could use.

◆ You can also use *si* **(if)** to create more complex sentences: *S'il fait beau, on fait un pique-nique à la campagne*. Make up a new sentence with *si* that you could use in your conversation.

◆ Include the **future tense** (what you will do or are planning to do) and the conditional (what you would like to do).

◆ Don't just stick to *je*. Use **on** or **nous** and **il/elle/ils/elles**, making sure you use the correct forms of the verb. Look back at how Tom did this.

For a really impressive answer:

◆ use a **relative pronoun** (see page 223), e.g. *un gâteau **que** mon père a préparé* (a cake **which/that** my father made), *mes grands-parents, **qui** sont vraiment sympas* (my grandparents, **who** are really nice).

◆ use a **direct object pronoun** (see page 220), e.g. *Mon anniversaire? Je préfère **le** fêter avec mes copains* (My birthday? I prefer celebrating **it** with my friends).

Brille à l'oral!

◆ Try using *non seulement … , mais aussi …* (not only … , but also …), e.g. Tom says he likes Christmas: *… parce que tout le monde est là: **non seulement** mes parents et ma sœur, **mais aussi** mes grands-parents*.

Ma famille est démodée!

Gagnez un changement de look pour votre famille!

Écrivez-nous pour expliquer pourquoi votre famille a besoin de changer son look.

Je m'intéresse beaucoup à la mode et j'adore les grandes marques, mais je suis lycéenne et ça coûte trop cher pour moi. De temps en temps, j'achète des vêtements de marque, mais la plupart du temps je porte une jupe, avec un haut en coton. Mes couleurs préférées sont le bleu clair et le rose. Le dernier vêtement que j'ai acheté est un jean Levis que j'ai trouvé en solde.

Moi, je suis toujours bien habillée. Mais ma famille, c'est un désastre! Question mode, mon père n'a aucune idée. En été, il porte des chemises hawaïennes et un short horrible. De plus, en hiver, il porte tout le temps un vieux jogging marron très moche. C'est affreux! Pourquoi pas un costume Armani avec une belle chemise?

Ma mère fait plus d'efforts, mais elle porte trop de bijoux en or et une robe trop serrée. Quand elle était plus jeune, elle était mince, mais maintenant elle a quelques kilos en trop et elle a l'air ridicule! À mon avis, il faut changer complètement son look.

Finalement, il y a mon frère aîné. Lui, il s'habille toujours en noir. Il ne porte jamais de couleurs. Je

voudrais le voir avec un tee-shirt blanc et un beau jean bleu.

Si on gagne votre concours, on sera une famille à la mode et je serai très contente. J'espère qu'on aura de la chance!

Julie

---

1 **Find the French equivalent of these phrases in the text and copy them out.**

1 most of the time
2 well-dressed
3 it's a disaster!
4 my father has no fashion sense
5 an Armani suit
6 too much gold jewellery
7 she looks ridiculous
8 we need to completely change her look
9 He always wears black
10 I would like to see him in

2 **How many adjectives can you find in the text? Copy out ten or more with their meanings and write MS (masculine singular), FS (feminine singular), MP (masculine plural) or FP (feminine plural) next to each one.**

avoir besoin de – to need to
un(e) lycéen(ne) – a secondary-school student
avoir quelques kilos en trop – to be a bit overweight
J'espère qu'on aura de la chance – I hope we will be lucky

3 **Are the following sentences True (T), False (F) or not mentioned (?)?**

1 Julie often buys designer clothes.
2 Her favourite colours are light blue and red.
3 She bought her Levi jeans in a sale.
4 Her father always wears a tracksuit in winter.
5 She likes the way her father dresses.
6 Julie's mother used to be slim.
7 Julie's mother buys a lot of clothes.
8 Julie would like her brother to wear more colours.

4 You might be asked to write about fashion or to describe what you and others wear as a controlled assessment task. Use the Grade Studio to help you prepare.

GradeStudio

To produce a good answer, you need to show that you can use a variety of tenses, structures and expressions.

◆ Julie uses colours and other **adjectives** to describe what she and her family wear. Remember, adjectives must agree with the noun they refer to.

◆ Julie uses the **present tense** to describe what she and others wear, the **perfect tense** to say what she bought and the **future tense** to say what will happen if she wins the competition.

◆ Try to include *Il faut* + **infinitive**. Look at how Julie uses this to say what needs to be done about her mother's look.

To go a step further, you should be able to write correctly about other people, as well as yourself, and use other tenses.

◆ Julie uses the **imperfect tense** to describe how her mother *used* to look, and the **conditional** to say what she *would like* her brother to wear.

◆ Look at how Julie has used interesting **connectives** (e.g. *de plus*) to link her sentences and plenty of **time and frequency expressions** (e.g. *de temps en temps*).

For a really impressive answer:

◆ include less common **negatives**, such as *ne … jamais* (never) and *ne … aucun* (not … any). Look at how Julie has done this.

◆ use **direct object pronouns** to replace nouns you have already mentioned, e.g. *Je voudrais **le** voir avec …*

Brille à l'écrit!

◆ Try combining several adjectives in a sentence. Make sure you position them correctly (before or after the noun) and use agreement where necessary, e.g. *un **vieux** jogging **marron** très **moche**.*

5 Now write a competition entry to win a fashion makeover for you and your family.

● Adapt Julie's text and use language from *Déjà vu 2* exercise 10 and units 5 and 6.

● Write at least 200 words.

● Look at the blue box on the right. Start by writing about yourself. Make this your opening paragraph.

● Then write a paragraph about each member of your family.

● Finish with a short paragraph about why it is important that you win the competition and a punchy concluding line, as Julie has done.

Introduction

Say what you think of fashion. Describe the sort of clothes you wear most of the time/when you go out. What was the last item of clothing you bought?

Main paragraphs

Describe how the members of your family dress. What do you think of what they wear? Say how you would like to change their look.

Conclusion

Say why you want to win this competition. What will happen if you win this competition? How will you feel if you win?

Check what you have written carefully. Check:

● adjective endings and position

● spelling, especially words with lots of vowels (*couleur, beaucoup, pourquoi*)

● accents: Don't confuse grave accents (*frère, très*) with acute accents (*préféré, désastre*). Don't forget cedillas (*ça*) and circumflexes (*coûte*)

● tense formation, especially verb endings (*j'achète, j'ai acheté, j'achèterai*).

Où est/sont … ? — Where is/are … ?

le centre commercial	shopping centre	la piscine	swimming pool
le collège	(secondary) school	la poste	post office
le stade	sports stadium	l'église (f)	church
la bibliothèque	library	les magasins (m)	shops
la gare (SNCF/routière)	(train/bus) station	Tu tournes/Vous tournez …	You turn …
la patinoire	ice-skating rink	à gauche/à droite	left/right

L'alimentation — Food

Je voudrais …	I'd like …	des chips (f)	crisps
du beurre	butter	des fraises (f)	strawberries
du café	coffee	des œufs (m)	eggs
du fromage	cheese	des pêches (f)	peaches
du jambon	ham	des petits pois (m)	peas
du jus d'orange	orange juice	des poires (f)	pears
du lait	milk	des pommes (f)	apples
du pain	bread	des pommes de terre (f)	potatoes
du poisson	fish	des raisins (m)	grapes
du poulet	chicken	cinq cents grammes	half a kilo
du yaourt	yoghurt	une tranche	a slice
de la confiture (à la fraise)	(strawberry) jam	une boîte/une bouteille	a tin/a bottle
de la salade	salad/lettuce	un paquet/pot	a packet/a pot/jar
de l'eau (f) minérale	mineral water	un litre	a litre

Au magasin de vêtements — At the clothes shop

un haut	a top	un sweat	a sweatshirt
un jogging	a tracksuit	une chemise verte	a green shirt
un maillot de foot	a football top	une jupe marron	a brown skirt
un pantalon	a pair of trousers	une robe	a dress
un polo	a polo shirt	une veste	a jacket
un pull	a jumper/sweater	des baskets (f) blanches	white trainers
un short	a pair of shorts	des chaussures (f)	shoes

Les directions — Directions

Où est/se trouve … ?	Where is … ?	C'est sur ta/votre gauche/droite.	It's on your left/right.
Où sont/se trouvent … ?	Where are … ?	C'est loin d'ici?	Is it far from here?
le commissariat de police	police station	C'est à quelle distance?	How far away is it?
le syndicat d'initiative	tourist information office	C'est à cinq minutes/200m.	It's five minutes/200m away.
l'arrêt d'autobus (m)	bus stop	C'est tout près d'ici.	It's very near here.
l'hôtel de ville (m)	town hall	C'est assez loin.	It's quite far.
la librairie	bookshop	après	after
Pour aller au/à la/à l'/aux … ?	How do you get to … ?	dans	in
Est-ce qu'il y a un(e) … près d'ici?	Is there a … near here?	derrière	behind
Tourne/Tournez aux feux rouges.	Turn at the traffic lights.	devant	in front of
		entre	between
Va/Allez tout droit.	Go straight on.	sous	under(neath)
Prends/Prenez …	Take …	sur	on
		jusqu'à	until, as far as
la première/deuxième rue (à gauche/droite)	the first/second road (on the left/right)	à côté de	next to
		au bout de	at the end of
Traverse/Traversez le pont.	Cross the bridge.	au coin (de)	on the corner (of)
Continue/Continuez jusqu'au carrefour.	Continue to the crossroads.	au fond (de)	at the bottom, at the back (of)

Qui fera quoi?

J'acheterai (les billets).	I'll buy (the tickets).
Je ferai (la cuisine).	I'll do (the cooking).
On dormira …	We'll sleep …
On ira …	We'll go …
On portera (des bottes).	We'll wear (boots).
On prendra (le train).	We'll take (the train).
Vous ferez (les courses).	You'll do (the shopping).
Ce sera chouette!	It'll be great!
du cidre	cider
du pâté	pâté

du riz	rice
du saucisson	salami
de la bière	beer
de la moutarde	mustard
de l'huile (f) d'olive	olive oil
des champignons (m)	mushrooms
des framboises (f)	raspberries
des haricots (m) verts	green beans
des pâtes (f)	pasta
des saucisses (f)	sausages

Le voyage — Travel

un aller simple/ aller-retour	a single/return ticket
première/deuxième classe	first/second class
Le train part/arrive à quelle heure?	When does the train leave/arrive?
Est-ce qu'il faut changer de train?	Do I need to change train?
Le train part de quel quai?	Which platform does the train leave from?
J'ai perdu …	I've lost …

Les fêtes — Special occasions

On a fait une grande fête.	We had a big party.
On a dansé.	We danced.
J'ai reçu beaucoup de cadeaux.	I received lots of presents.
On a fait un pique-nique.	We had a picnic.
Il y avait des feux d'artifice.	There were fireworks.
On a fêté Noël en famille.	We had a family Christmas.
On s'est offert des cadeaux.	We exchanged presents.
On a mangé le grand repas traditionnel.	We had a big traditional dinner.
L'année prochaine, je vais …	Next year, I'm going to …
avoir un scooter	get a scooter
y retourner	go back there
aller chez mon oncle	go to my uncle's

Ça me va? — Does it suit me?

Le blouson est trop large.	The jacket is too baggy.
Le manteau est trop court.	The coat is too short.
La ceinture est trop longue.	The belt is too long.
La cravate est démodée.	The tie is old-fashioned.
Les gants sont un peu serrés.	The gloves are a bit tight.
un chapeau	a hat

un imper(méable)	a raincoat
un maillot de bain	a swimming costume/ trunks
une casquette	a cap
des chaussettes (f)	socks
en coton/cuir/laine	cotton/leather/woollen
Je peux l'/les essayer?	Can I try it/them on?

À la mode — In fashion

des magazines (m) de mode	fashion magazines
des vêtements (m) de marque	designer clothes
ça coûte cher	it's expensive
les dernières baskets	the latest trainers
s'habiller comme les autres	to dress like everyone else
je ne la suis pas à la lettre	I don't follow it to the letter

je ne m'habillais pas à la mode	I didn't use to dress fashionably
être à l'aise	to be at ease
un sweat à capuche	a hoodie
un collant	a pair of tights
(bleu) clair	light (blue)
(bleu) foncé	dark (blue)

L'emploi du temps Expressions of time
Referring to the past, the present and the future

Déjà vu 1

écouter 1 Écoutez. Copiez et complétez l'emploi du temps.

	lun	mar	mer	jeu	ven
8h00	espagnol	**d**	sciences phys	français	technologie
9h00	**a**	histoire-géo	technologie	**g**	latin
10h00			récré		
10h15	anglais	maths	**f**	anglais	anglais
11h15	étude	français	EPS	maths	français
12h15			déjeuner		
13h30	histoire-géo	SVT		espagnol	**i**
14h30	**b**	**e**		**h**	sciences phys
15h30	**c**	maths		latin	**j**

lire 2 Quel jour sommes-nous?

> SVT – sciences et vie de la terre
> (sciences naturelles/biologie)
> EPS – éducation physique et sportive

1 *Aujourd'hui, j'ai un cours de latin en fin de journée quand on est déjà fatigués. Le même jour, j'ai deux cours de français, un cours d'anglais et un cours d'espagnol. Comme je ne suis pas forte en langues, ce n'est pas ma journée préférée.*

2 *Ma matière préférée, c'est le dessin. Aujourd'hui, j'ai deux heures de dessin. En ce moment, on fait une BD. Nous écrivons l'histoire et faisons les dessins nous-mêmes. J'aime ça.*

3 *Cet après-midi, on a sport directement après le déjeuner, suivi par deux heures de matières sérieuses où il faut se concentrer. Je trouve ça difficile.*

4 *Je déteste la musique et je n'aime pas tellement l'EPS, mais j'aime la techno et on finit à midi … alors, c'est ma journée préférée.*

écouter 3 Que pensent-ils des différentes matières? Pour chaque personne, mettez le symbole et le numéro de la bonne raison dans la grille. (1–4)

1 J'ai trop de contrôles à préparer.
2 On n'a pas (trop) de devoirs.
3 On a trop de devoirs.
4 Le prof est sévère.
5 C'est difficile.
6 C'est intéressant.
7 Ce n'est pas mon truc.
8 Je suis fort(e) en …
9 Je suis faible en …
10 C'est ennuyeux/euse.

Opinions
matière préférée ✔✔
aime ✔
bof —
n'aime pas ✗

	maths	français	anglais	sciences	sport
1	✗ 5				
2					

parler 4 À deux. Posez et répondez aux questions.

- Quelles matières étudies-tu?
- Quelle est ta matière préférée?
- Pourquoi?
- Es-tu fort(e) en maths?
- Quelles autres matières aimes-tu?
- Pourquoi?
- Quel est ton jour préféré?
- Aimes-tu le sport?
- Quelle est la matière que tu détestes le plus?
- Pourquoi?
- Quelles autres matières n'aimes-tu pas?
- Pourquoi?

> Remember to use **le/la** or **les** in front of school subjects when talking about them and to include intensifiers (**assez, très, trop, un peu**) when expressing your opinions.
>
> J'aime/Je déteste **le** français. C'est **un peu/assez/trop/très** difficile/ facile/intéressant/ennuyeux.

écrire 5 Utilisez ce que vous avez fait dans l'exercice 4 pour écrire un petit discours sur vos matières.

écouter 6 Quelle heure est-il? Choisissez la bonne horloge. (1–8)

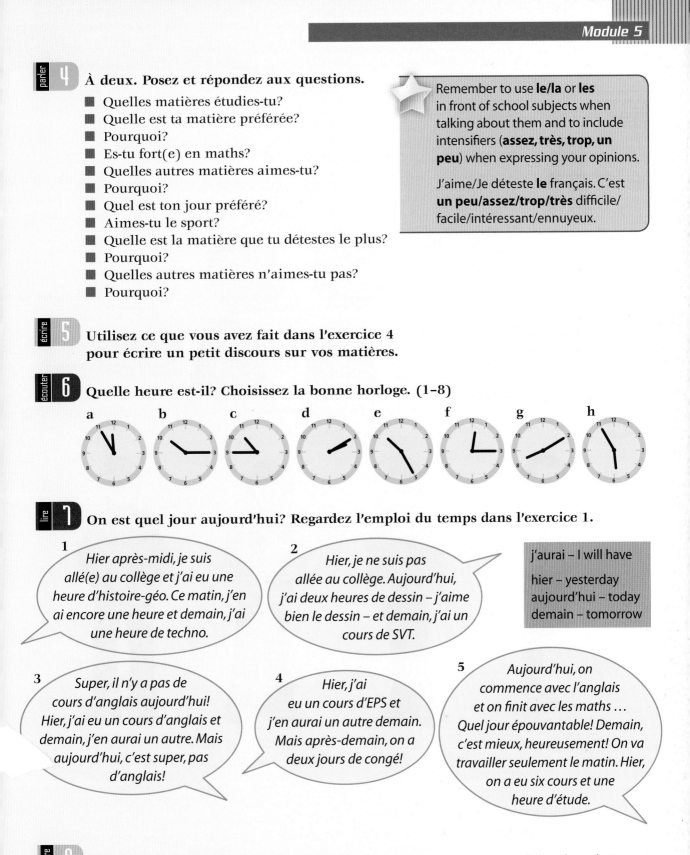

a b c d e f g h

lire 7 On est quel jour aujourd'hui? Regardez l'emploi du temps dans l'exercice 1.

1 *Hier après-midi, je suis allé(e) au collège et j'ai eu une heure d'histoire-géo. Ce matin, j'en ai encore une heure et demain, j'ai une heure de techno.*

2 *Hier, je ne suis pas allée au collège. Aujourd'hui, j'ai deux heures de dessin – j'aime bien le dessin – et demain, j'ai un cours de SVT.*

j'aurai – I will have

hier – yesterday
aujourd'hui – today
demain – tomorrow

3 *Super, il n'y a pas de cours d'anglais aujourd'hui! Hier, j'ai eu un cours d'anglais et demain, j'en aurai un autre. Mais aujourd'hui, c'est super, pas d'anglais!*

4 *Hier, j'ai eu un cours d'EPS et j'en aurai un autre demain. Mais après-demain, on a deux jours de congé!*

5 *Aujourd'hui, on commence avec l'anglais et on finit avec les maths … Quel jour épouvantable! Demain, c'est mieux, heureusement! On va travailler seulement le matin. Hier, on a eu six cours et une heure d'étude.*

écrire 8 Qu'as-tu fait hier, que fais-tu aujourd'hui et qu'est-ce que tu vas faire demain?

Hier matin/après-midi, j'ai (eu un cours de …)
Aujourd'hui, j'ai (un cours de …)
Demain, je vais faire (un cours de …)

L'uniforme scolaire
Talking about what you wear for school
Adjectives of colour

Déjà vu 2

écouter 1 Que portent-ils? (1–4)

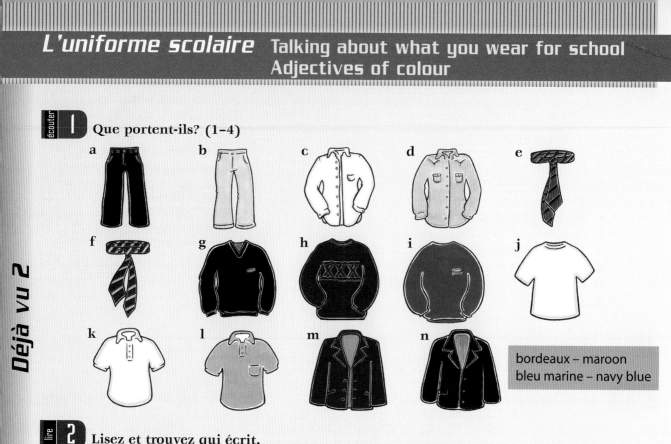

a   b   c   d   e

f   g   h   i   j

k   l   m   n

bordeaux – maroon
bleu marine – navy blue

lire 2 Lisez et trouvez qui écrit.

a   b   c   d

1 *Pour aller au collège, il faut porter une jupe marron, une chemise blanche, un collant marron, un pull marron et une cravate à rayures marron et jaunes. C'est affreux! Les garçons portent un pantalon noir, une chemise grise, la même cravate que les filles et une veste marron. Ce n'est pas très chic!*

2 *Notre uniforme consiste en un pantalon noir, une chemise rouge, une cravate à rayures rouges et noires, un pull noir et une veste rouge. Les filles portent une jupe rouge ou un pantalon noir, une chemise blanche et un pull noir. On ne peut pas porter de baskets. Il faut porter des chaussettes grises et des chaussures marron!*

parler **3** À deux. Décrivez: (a) ce que vous portez au collège, (b) ce que vous portez d'habitude le week-end, (c) ce que vous portez pour le sport.

Expo-langue →→→→

Grammaire **206**

Remember: colour adjectives come after the noun they describe and agree with it.

singular		plural	
masculine	feminine	masculine	feminine
noir	noir**e**	noir**s**	noir**es**
rouge	rouge	rouge**s**	rouge**s**
blanc	blan**che**	blanc**s**	blan**ches**

Some colour adjectives don't change:

- when the colour is made up of two parts:
  bleu marine, bleu clair, vert pistache, etc.

- when the colour is derived from a noun:
  beige – beige, bordeaux – maroon, corail – coral,
  lilas – lilac, marron – brown, orange – orange

un chandail – cardigan
un collant – tights
un jean – jeans
un maillot – (football) shirt
un pantalon – trousers
un polo – polo shirt
un pull – jumper
un short – shorts
un sweat – sweatshirt
un tee–shirt – tee-shirt
une chemise – shirt
une cravate – tie
une jupe – skirt
une robe – dress
une veste – jacket

des baskets (f) – trainers
des chaussures (f) – shoes
des chaussettes (f) – socks
des sandales (f) – sandals

écrire **4** Décrivez votre uniforme.

Pour le collège, les garçons portent ... et les filles portent ...
Pour le sport, il faut porter ....

parler **5** À deux. Regardez les images et décrivez ce qu'ils portent.

long(ue) – long
court(e) – short
étroit(e) – narrow, tight
large – wide, baggy
délavé(e) – washed out/faded

en jean – denim
en coton – cotton
en laine – woollen
en cuir – leather

écrire **6** Décrivez un nouvel uniforme pour votre collège.

Mon nouvel uniforme
Pour les garçons, ...
Pour les filles, ...
J'ai choisi la couleur ... parce que ...
C'est plus chic/pratique/confortable ...

lire 1 La formation à la française. Lisez le texte et répondez aux questions en français.

En France, les petits vont en maternelle à l'âge de trois ans. Ils passent en primaire à l'âge de six ans.

À l'école primaire, les élèves ne vont pas à l'école le mercredi, mais en revanche, ils y vont le samedi matin. D'abord, ils apprennent l'alphabet et les chiffres. Plus tard, ils apprennent à lire et font des exercices de compréhension et des exercices de calcul.

À l'âge de onze ans, les élèves vont au CES (collège d'éducation supérieure). Ils entrent en sixième.

À partir de quinze ou seize ans, les élèves vont au lycée. Ils choisissent le lycée technique ou le lycée général. D'habitude, ils passent le bac entre dix-sept et dix-neuf ans. S'ils réussissent le bac, ils peuvent aller à l'université.

Les élèves qui ne travaillent pas bien redoublent: ils refont une année d'école. Les élèves de seize ans peuvent quitter l'école.

> passer – to take (an exam)
> réussir – to pass (an exam)
> redoubler – to repeat a year in the same class

D'habitude ...

1 À quel âge vont les enfants en maternelle?
2 À quel âge vont-ils au CES?
3 À quel âge vont-ils au lycée?
4 À quel âge peuvent-ils quitter l'école?
5 À quel âge passent-ils le bac?
6 Qu'est-ce qu'ils choisissent à l'âge de 16 ans?
7 Que font-ils à l'école primaire?

écouter 2 Écoutez et remplissez les blancs.

Mes frères jumeaux (1) _____ cinq ans. Ils (2) _____ en maternelle. Quand ils (3) _____, ils (4) _____ bonjour à l'institutrice, ils (5) _____ leur sac par terre et (6) _____ leurs pantoufles.

En classe, ils (7) _____ l'institutrice, (8) _____ des livres et (9) _____ des mots simples. Ils (10) _____ des puzzles, (11) _____ des chansons et (12) _____ des poésies par cœur.

À midi, ils (13) _____ à la cantine où ils (14) _____ un plat et un dessert et (15) _____ de l'eau.

Expo-langue →→→→

Grammaire 200

In the present tense, the **ils/elles** form of the verb (the 3rd person plural) usually ends in **–ent**. This ending is not pronounced.
ils/elles parl**ent**, ils/elles choisiss**ent**, ils/elles veul**ent**
Note the important exceptions: ils/elles **vont/font/sont/ont**.

Always look for patterns to help you remember the **ils/elles** forms.

● Some verbs in **–ir** and **connaître** add **–ss–**.
  ils/elles choisi**ss**ent fini**ss**ent rempli**ss**ent
           réussi**ss**ent connai**ss**ent

● Some verbs in **–nir** (**venir**, **tenir**) and **prendre** double the **n**.
  ils/elles vie**nn**ent tie**nn**ent pre**nn**ent

● Some verbs in **–ire** add **–s–** or **–v–**.
  ils/elles di**s**ent (dire) li**s**ent (lire)
  ils/elles écri**v**ent (écrire) boi**v**ent (boire)

● These modal verbs change the stem:
  vouloir – ils/elles **veu**lent
  pouvoir – ils/elles **peu**vent
  devoir – ils/elles **doi**vent

3 À deux. Posez des questions sur le texte de l'exercice 2 et répondez-y.

■ Quel âge ont ses frères? …

> Où …?
> Que …?
> Qu'est-ce qu'ils …?
> Quel/Quelle … ?

 4 Faites la comparaison.

En France, les petits enfants vont à l'école à l'âge de …
Chez nous, ils y vont …
En France, ils n'y vont pas le mercredi, mais en revanche …
…

5 Le collège Louis Pasteur. Lisez et répondez aux questions.

Notre collège s'appelle Louis Pasteur en hommage à cet homme qui a découvert la pasteurisation et qui est né assez près d'ici. Il y a environ mille deux cents élèves et plus de soixante profs.

Le matin, les cours débutent à 8h et se terminent à 16h30. Il y a une récré à 10h qui dure un quart d'heure et nous avons une heure et demie à midi pour le déjeuner. Le matin, il y a quatre cours et l'après-midi, trois cours. Nous n'avons pas de cours le mercredi après-midi. Pendant la journée, il y a bien souvent des heures de «trou» où les élèves n'ont pas cours. Dans ce cas, ils ont une heure d'étude où ils en profitent pour faire leurs devoirs et s'avancer pour le reste de la semaine. S'ils doivent proposer un exposé à leur classe, ils peuvent aller au CDI, la «bibliothèque» du collège où ils trouvent tous les renseignements nécessaires à leur recherche.

D'habitude le soir, j'ai au moins deux heures de devoirs. Et toi? Combien d'heures de devoirs as-tu?

1 Louis Pasteur était un (**a**) politicien (**b**) joueur de foot (**c**) chercheur scientifique.
2 Les cours commencent à (**a**) huit heures (**b**) huit heures et demie (**c**) neuf heures.
3 Ils finissent à (**a**) quatre heures (**b**) quatre heures et quart (**c**) quatre heures et demie.
4 D'habitude, il y a (**a**) cinq (**b**) six (**c**) sept cours par jour.
5 Ils n'ont pas de cours (**a**) le mercredi après-midi (**b**) le samedi (**c**) le mercredi.
6 Le CDI est (**a**) un cours de sport (**b**) un centre de documentation (**c**) un centre d'initiatives.

6 À deux. Discutez.

■ Quelles différences y a-t-il entre le collège en France et chez vous?

D'habitude chez nous, les collèges prennent le nom de la ville ou du quartier.
En France, ils prennent le nom …
En France, les cours débutent …

7 Faites un exposé: *Mon collège.*

Notre collège s'appelle (Newtown High School d'après …)
C'est un collège (mixte) …
Il y a environ (800) élèves et …

 8 Vidéoconférence. Préparez une présentation de votre collège.

Notre collège s'appelle …

> Si possible, enregistrez votre présentation!

1 Une journée scolaire. Lisez et écrivez
V (Vrai), F (Faux) ou ? (pas mentionné)
à côté de chaque phrase.

Le matin, je me réveille à six heures. Je me lève tout de suite, je me douche et je m'habille. Au petit déjeuner, je mange des céréales et une tartine, c'est-à-dire une tranche de pain avec du beurre, du Nutella ou de la confiture. Je bois du chocolat chaud.

Je me dispute avec ma petite sœur parce qu'elle m'embête, puis je dis au revoir à mes parents et je sors de la maison. Je vais à l'arrêt de bus. Il faut prendre le car de ramassage parce que mon collège est en ville. Comme ma petite sœur va à l'école primaire au village, elle peut encore rester une heure à la maison.

Au collège, je retrouve mes amis. On parle, on rigole et on vérifie nos devoirs. À huit heures, la cloche sonne et on va en classe. À la récré, on sort dans la cour. Je mange un fruit et je bois du yaourt liquide.

À midi, je mange à la cantine car ma maison est trop loin pour rentrer. Le soir, les cours finissent normalement à 16h et je rentre tout de suite.

Mardi, j'ai un cours de musique en ville. Je prends mon goûter avec moi et je reste en ville. Après la leçon de piano, mon père me ramène à la maison. Je finis mes devoirs et je me couche tout de suite parce que je suis fatiguée.

Amélie

1 Elle se lève à six heures.	5 Elle a une sœur aînée.
2 Elle mange du pain.	6 Les cours débutent à huit heures.
3 Elle boit du jus d'orange.	7 Elle n'habite pas près du collège.
4 Elle prend le car de ramassage.	8 À midi, elle mange un fruit.

2 La journée scolaire. Écoutez et notez les
réponses de Mélinda et Romain.

1 À quelle heure se réveillent-ils?
2 À quelle heure se lèvent-ils?
3 Que mangent-ils au petit déjeuner?
4 Que boivent-ils?
5 À quelle heure sortent-ils?
6 Comment vont-ils au collège?
7 À quelle heure rentrent-ils?
8 À quelle heure se couchent-ils?

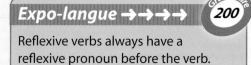

Expo-langue →→→→ *Grammaire* **200**

Reflexive verbs always have a
reflexive pronoun before the verb.

se lever – to get up

je **me** lève	nous **nous** levons
tu **te** lèves	vous **vous** levez
il/elle/on **se** lève	ils/elles **se** lèvent

3 À deux. Comparez la journée
de Mélinda et Romain.

Mélinda se réveille à … et
Romain se réveille à …

 4 Ma journée. Que faites-vous d'habitude
quand vous avez cours? Décrivez une
journée scolaire typique.

D'habitude, je me réveille …

lire 5 Lisez et remplissez les blancs.

Hier, je me suis réveillée à sept heures. Je me suis levée tout de suite. J'ai dû me dépêcher. Je me suis vite douchée, et je me suis habillée sans faire attention. Je suis sortie en courant sans avoir pris de petit déj, puis j'ai raté le bus et quand je suis arrivée au collège, mes copains se sont moqués de moi. J'avais mis le pull de Spider-Man de mon petit frère, et en plus, je l'avais mis à l'envers.
Cécile

1 ▨▨▨▨▨, elle s'est réveillée à sept heures.
2 Elle ▨▨▨▨ raté le bus.
3 Quand elle s'est habillée, elle n'a pas ▨▨▨▨ attention.
4 Elle n'a pas eu le temps de prendre son ▨▨▨▨.
5 Elle s'est trompée de ▨▨▨▨.
6 Ses copains se sont ▨▨▨▨ d'elle.

Expo-langue →→→→
Grammaire 210

You use the perfect tense refer to a single action or event in the past. All reflexive verbs use **être** as the auxiliary verb and so the past participle agrees with the subject.

je me suis réveillé(e)	nous nous sommes réveillé(e)s
tu t'es réveillé(e)	vous vous êtes réveillé(e)(s)
il/elle/on s'est réveillé(e)(s)	ils/elles se sont réveillé(e)s

écouter 6 Écoutez et choisissez les bonnes images pour Vincent et Pascaline. (1–2)

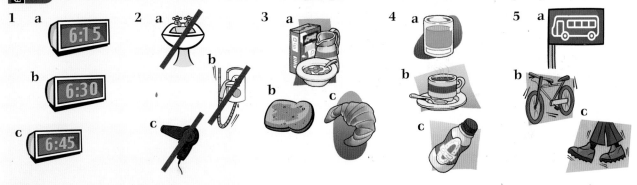

écrire 7 Choisissez Vincent ou Pascaline et comparez ce que vous avez fait hier.

Hier, Vincent/Pascaline s'est levé(e) à … et moi, je me suis levé(e) à …
Il/Elle a mangé …

parler 8 À deux. Posez et répondez aux questions.

Hier …
1 À quelle heure tu t'es levé(e)?
2 Qu'est-ce que tu as mangé au petit déj?
3 Qu'est-ce que tu as bu?
4 À quelle heure es-tu sorti(e) de la maison?
5 Comment es-tu allé(e) au collège?
6 Où as-tu déjeuné?
7 À quelle heure es-tu rentré(e)?
8 Tu t'es couché(e) à quelle heure?

écrire 9 Vidéoconférence. Hier. Préparez cinq questions à poser et vos réponses par écrit.

■ À quelle heure tu t'es levé(e) hier?
● Hier, je me suis …

écouter **1**

Quels sont les avantages et quels sont les inconvénients? Écoutez et complétez les phrases.

1 His English partner only had friends …
2 He liked the fact that the English school starts at nine o'clock because …
3 He prefers the school in France because …
4 He did not like the uniform because …

écouter **2**

Porter un uniforme, pour ou contre? Qui est pour (P) et qui est contre (C)? (1–6)

1	Matthieu	4 Chloé
2	Thomas	5 Sabine
3	Sophie	6 Nicolas

If you know what a listening passage is going to be about, you can try to predict what will be said. You should also look at the questions before listening to the recording. This conversation is about schools in England and France.

● What are they likely to talk about?
● Which verbs are likely to be used to express opinions?
● What words and expressions would you expect to hear when people are comparing things?

● Listen to the voices. How much can you tell from the tone of voice?
● Listen for the 'opinion' words/phrases:
  à mon avis/selon moi/je trouve que/je pense que.
● Listen for the positive words and expressions to indicate a favourable opinion:
  C'est super/cool/bien/une bonne idée/génial.
● Listen for the disparaging words to indicate a negative opinion:
  Beurk, c'est stupide/moche/ridicule/un gaspillage.

écouter **3**

Réécoutez. Lesquelles de ces six phrases sont vraies?

1 Mathieu always knows what he is going to wear.
2 Thomas says his father has never worn a tie.
3 Sophie thinks that it hides social differences.
4 Chloé rather likes uniforms.
5 In Sabine's opinion, wearing a tie is fashionable.
6 Nicolas would like to wear a shirt and tie.

Expo-langue →→→→ *Grammaire* **218**

Comparing two things or people

plus = more	C'est plus grand. = It's bigger.
moins = less	C'est moins grand. = It's smaller.
mieux = better	C'est mieux. = It's better.
pire = worse	C'est pire. = It's worse.

Lire et écouter

lire 4 **Lisez et trouvez les expressions négatives.**

Mes parents ont déménagé en Angleterre il y a un an et je fréquente un collège anglais. Au début, ce n'était pas facile. Je ne pouvais guère comprendre ce qu'on me disait parce que les élèves et les profs avaient un fort accent. Maintenant ça va, mais c'est fatigant parce que je dois me concentrer tout le temps.

Le collège est moins grand que mon ancien collège en France. Il n'y a que 800 élèves. En France, il y avait 1200 élèves. Ici, il y a au maximum 30 élèves dans chaque classe. Je trouve ça mieux.

Heureusement, ce qu'on fait en cours est plus facile que chez nous, par exemple les sciences naturelles. Ce que j'étudie maintenant, je l'ai déjà fait en France l'année dernière. Il n'y a rien de vraiment nouveau. Ni les maths ni les sciences physiques ne sont difficiles. En plus, on peut faire de la musique pop ou du théâtre en cours facultatif. Je n'ai jamais fait de théâtre au collège en France et pourtant j'aime bien ça. Ce que je regrette, c'est qu'on fait beaucoup moins de sport. Ça c'est pire qu'en France.

En France, les cours commencent à huit heures. Ici, les cours ne commencent qu'à neuf heures. Il ne faut pas se lever aussi tôt qu'en France. Super! Les cours sont moins longs et les journées aussi. Il n'y a jamais de cours le samedi. C'est un jour de congé.

Je ne mange pas à la cantine. Je trouve la nourriture meilleure qu'en France mais c'est très cher. J'apporte des sandwichs.

J'ai eu de la chance. Dans ma classe, personne ne se moque de moi à cause de mon accent. Il y en a qui m'appellent «Frog», mais si on n'y fait pas attention, ils s'ennuient rapidement et ne le font plus. Ils me demandent si j'ai déjà mangé des escargots ou des cuisses de grenouille et quand je dis «oui», ils disent «beurk», mais c'est tout. Je m'entends bien avec la plupart des élèves de ma classe et on n'a jamais essayé de me racketter.

Damien

> **Watch out for negatives – it's easy to miss them. If you don't notice them you will think the sentence means the exact opposite!**
>
> - **ne/n'** usually comes before the verb and tells you that there is going to be a negative statement.
> - Sometimes the **ne** is omitted, especially in answer to a question.
>   Pas aujourd'hui. = Not today.
>   Jamais de la vie ! = Never in my life!
>   rien de bon = nothing good
>   «Il y a quelqu'un?» «Personne!» = 'Is there anyone there?''No one!'

Expo-langue →→→→ *Grammaire* **216**

Negatives

ne … pas = not
ne … plus = no longer
ne … jamais = never
ne … personne = nobody
ne … guère = hardly
ne … que = only
ne … rien = nothing
ni … ni … = neither … nor …

lire 5 **Relisez le texte et écrivez Vrai (V), Faux (F) ou pas mentionné (?).**

1 Damien's French school was bigger than the English one.
2 He finds the English school subjects easier.
3 He has to wear a uniform.
4 He used to do drama in France.
5 They do more sport in France.
6 The food in the canteen in France is better.
7 He gets on well with most people.
8 He has been bullied.

1 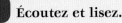 Écoutez et lisez.

Il faut …

1 être à l'heure

2 apporter son matériel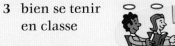

3 bien se tenir en classe

4 faire ses devoirs

5 apprendre ses leçons

6 cacher ses tatouages

❌ **Il est interdit de/d'…**

7 porter des bijoux, des piercings et du maquillage

8 utiliser son portable en classe

9 faire l'imbécile en classe

10 mâcher du chewing-gum/ bubble-gum

11 dire des gros mots

12 fumer

Si vous ne respectez pas les consignes du collège, vous pouvez recevoir:
- une retenue (une colle)
- une convocation pour vos parents
- un avertissement

un avertissement – warning
une convocation – meeting
une retenue – detention

---

2 Écoutez. Ils ont transgressé quelle règle? (1–5)

3 Choisissez ensemble les cinq règles les plus importantes selon vous.

Je crois que la règle la plus importante, c'est …
Selon moi, … est plus important que …
À mon avis, … n'est pas aussi important que …
D'accord./Je ne suis pas d'accord.

Expo-langue →→ *Grammaire* **214**

Il faut + infinitive means 'You have to/must'.
Il faut éteindre son portable. = You have to switch off your mobile.

Il est interdit de + infinitive means 'It is forbidden to'.
Il est interdit de fumer. = Smoking is forbidden.

4 Faites une liste de dix règles pour votre collège.

Il faut …   Il est interdit de …

5 Lisez et écrivez V (Vrai), F (Faux) ou ?
(pas mentionné) à côté de chaque phrase.

Les contrôles sont imminents et je suis stressé parce que je me sens surchargé. Je ne réussis pas à retenir ce que j'apprends. Mes parents ne peuvent pas m'aider. Qu'est-ce que je peux faire? Mon père me tuera si je n'ai pas de bonnes notes. La plupart de mes copains ont le même problème.

Toby

D'abord, tu exagères – ton père ne te tuera pas, mais il y a des moyens pour éviter le stress et pour mieux réussir au collège. Au pire, tu devras redoubler l'année! Il y a des méthodes pour mieux apprendre et éviter le stress, il faut seulement les utiliser, toi et tes copains!

Nicolas

1 Toby veut avoir des conseils.
2 Il ne s'entend pas bien avec ses copains.
3 Il a été racketté.
4 Ses copains se sentent surchargés.
5 Toby doit redoubler.
6 Il oublie tout ce qu'il apprend.
7 Ses parents ne l'aident pas avec les devoirs.
8 Son père le tuera.

6 Écoutez. Que font-ils? (1–4) Copiez la grille et mettez ✓ (bien),
– (bof) ou ✗ (pas assez bien).

name	eat	sleep	exercise	revise regularly
1 Yanis				
2 Gabriel				
3 Lena				
4 Camille				

7 Discutez à deux: que faites-vous pour bien apprendre?

Mangez-vous sainement?	Je mange …/Je mange trop de …/ Je ne mange pas assez de …
Organisez-vous bien votre travail?	Oui: d'habitude, je révise régulièrement. Non: je n'en fais que quand j'ai un contrôle.
Faites-vous de l'exercice?	D'habitude, j'en fais deux fois par semaine. Je fais/Je joue régulièrement …
Vous vous couchez de bonne heure?	D'habitude, je me couche à/vers … De temps en temps, je me couche …

8 Écrivez des conseils à Toby.

Il faut …   Il ne faut pas …

écouter **1** Écoutez et lisez le texte. Trouvez les 22 verbes au futur.

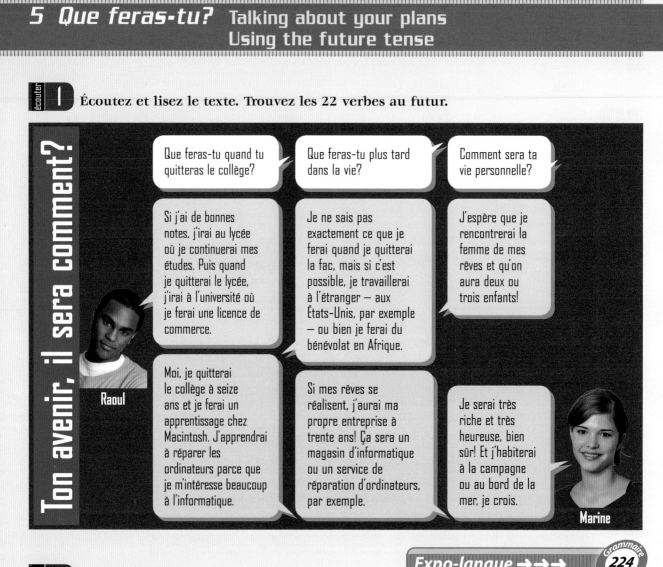

Ton avenir, il sera comment?

Que feras-tu quand tu quitteras le collège?

Si j'ai de bonnes notes, j'irai au lycée où je continuerai mes études. Puis quand je quitterai le lycée, j'irai à l'université où je ferai une licence de commerce.

Raoul

Moi, je quitterai le collège à seize ans et je ferai un apprentissage chez Macintosh. J'apprendrai à réparer les ordinateurs parce que je m'intéresse beaucoup à l'informatique.

Que feras-tu plus tard dans la vie?

Je ne sais pas exactement ce que je ferai quand je quitterai la fac, mais si c'est possible, je travaillerai à l'étranger – aux États-Unis, par exemple – ou bien je ferai du bénévolat en Afrique.

Si mes rêves se réalisent, j'aurai ma propre entreprise à trente ans! Ça sera un magasin d'informatique ou un service de réparation d'ordinateurs, par exemple.

Comment sera ta vie personnelle?

J'espère que je rencontrerai la femme de mes rêves et qu'on aura deux ou trois enfants!

Je serai très riche et très heureuse, bien sûr! Et j'habiterai à la campagne ou au bord de la mer, je crois.

Marine

lire **2** Relisez le texte et écrivez V (Vrai), F (Faux) ou ? (pas mentionné) à côté de chaque phrase.

1 Dans cet article, on parle de l'avenir.
2 Raoul ne quittera pas le collège si ses notes sont bonnes.
3 Il continuera ses études au lycée.
4 Il ira à l'université à Paris pour faire sa licence.
5 Marine ira au lycée pour faire son apprentissage.
6 Elle fera un apprentissage de réparation de voitures.
7 Raoul travaillera comme professeur en Afrique.
8 Marine aura peut-être son propre magasin d'informatique.
9 Si ses rêves se réalisent, Raoul aura des enfants.
10 Si elle est riche, Marine habitera à Paris.

Expo-langue →→→ *Grammaire* 224

To talk about your plans, you can use either **aller** + the infinitive (*going to …*) or the future tense (*will …*).
The future tense is formed from a stem plus the future tense endings (**–ai, –as, –a, –ons, –ez, –ont**).

For regular verbs, the stem is the infinitive (**–er** and **–ir** verbs) or the infinitive minus the final **–e** (**–re** verbs): **quitter**ai, **finir**as, **apprendr**a

je quitterai	nous quitterons
tu quitteras	vous quitterez
il/elle/on quittera	ils/elles quitteront

Some verbs are irregular, so you need to learn the stem separately:
aller – j'**ir**ai   avoir – j'**aur**ai
être – je **ser**ai   faire – je **fer**ai

écrire **3** **Copiez et complétez le texte.**

Quand je (**1**) ▭ le collège à seize ans, j'(**2**) ▭ au lycée où je (**3**) ▭ mes études. Après, j'(**4**) ▭ en faculté où je (**5**) ▭ une licence de marketing. Mais mon copain Thomas n'(**6**) ▭ pas au lycée. Il (**7**) ▭ un apprentissage chez Citroën où il (**8**) ▭ à réparer les voitures. Plus tard dans la vie, je (**9**) ▭ dans le marketing et j'(**10**) ▭ à la campagne, mais Thomas espère qu'il (**11**) ▭ son propre garage. J'espère qu'on (**12**) ▭ tous les deux riches et heureux!

> You usually only pronounce **s, t** and **x** at the end of a word if the next word begins with a vowel sound.

parler **4** **Prononcez les paires de phrases. Attention aux lettres en gras!**

J'irai au**x** magasins.
J'irai au**x** États-Unis.

Ils son**t** amis.
Ils son**t** frères.

Je continuerai me**s** études.
Je continuerai me**s** devoirs.

écouter **5** **Écoutez et vérifiez.**

parler **6** **À deux. Répondez aux trois questions de l'exercice 1. Parlez de vous-même ou utilisez les détails ci-dessous.**

16 ans: quitter collège
apprentissage (salon de coiffure)
(apprendre à couper les cheveux des clients)
35 ans: propre salon de coiffure
rencontrer homme/femme de mes rêves
2 enfants
appartement centre-ville

quitter collège → lycée
université (licence français et commerce)
bénévolat en Inde
30 ans: propre entreprise: librairie
rencontrer partenaire de mes rêves
pas d'enfants, 2 chiens
maison bord de la mer

écrire **7** **Imaginez que vous êtes Bart ou Lisa Simpson, ou un(e) autre enfant célèbre. Écrivez un paragraphe sur votre avenir. Utilisez votre imagination!**

Mentionnez:
- à quel âge vous quitterez le collège et si vous continuerez vos études
- ce que vous ferez comme travail après avoir fini les études
- comment sera votre vie personnelle (famille, domicile, etc.).

Imagine you are visiting a school in France. The French teacher is asking you to tell the pupils about your school and the differences between your school and the French school.

Your teacher will take the role of the French teacher and will ask you the following:
- Tell us about your school.
- In your opinion, what is the most striking difference?
- What differences are there in the school day?
- Is it true that you have to wear a uniform?
- What other differences are there?
- What are you going to do next year?

You will also have to respond to something that you have not yet prepared.

The dialogue will last a maximum of six minutes.

Controlled assessment conversation

1 **You will hear a model conversation. Below are some of the sentences, split in half, which Kevin uses to answer the first two questions in the assessment task above. Predict how the sentence halves will match up, then listen to check.**

1 D'habitude, chez nous …	**a** … changer d'école.
2 On peut rester …	**b** … disent «bonjour» aux élèves.
3 Il n'est pas nécessaire de …	**c** … les élèves de ma classe et nos profs.
4 Je ne connais que …	**d** … on va au collège à l'âge de onze ans.
5 Il y a seulement 800 élèves …	**e** … et tout le monde se connaît.
6 Même les profs …	**f** … dans le même établissement jusqu'à dix-huit ans.

2 **Listen again and note down the French words and phrases that Kevin uses to say the following.**

1 easily	**4** until	**7** only
2 usually	**5** far bigger	**8** everybody
3 like	**6** on the other hand	**9** often

3 **Listen to the second part of Kevin's conversation and fill in the gaps.**

■ Est-ce que c'est vrai que vous devez porter un uniforme?

● Oui, (**1**) ▬▬▬ c'est normal. (**2**) ▬▬▬ collège a un uniforme différent. Nous, nous (**3**) ▬▬▬ un pantalon gris, une chemise grise, un sweat rouge et une veste noire. Les filles portent une chemise blanche et il est interdit de mettre du maquillage, mais elles en mettent quand même. (**4**) ▬▬▬, l'avantage c'est qu'on sait toujours quoi porter, mais (**5**) ▬▬▬ c'est simplement que je déteste notre uniforme! Je préfère porter un jean et un sweat comme ici, c'est beaucoup plus confortable.

■ Quelles différences y a-t-il en ce qui concerne la journée scolaire?

● Alors … d'abord, chez nous les cours (**6**) ▬▬▬ à neuf heures, pas à huit heures! Et ils (**7**) ▬▬▬ toujours à quatre heures. Quand nous n'avons pas de cours, nous (**8**) ▬▬▬ rester au collège. Nous n'avons (**9**) ▬▬▬ cours le samedi. Ici, la journée est plus longue, mais (**10**) ▬▬▬ on a beaucoup de jours de congés et les vacances sont beaucoup plus longues! Je préfère ça!

4 Now listen to the final part of Kevin's conversation and answer the questions.

1 Which phrase meaning 'for example' does he use to steer the conversation onto his hobby of music?

2 How does he then use the past and near future tenses to talk about music?

3 Which phrase meaning 'that depends …' does he use to make his answer more interesting?

4 How does he say what he'd like to do in future? (There are two examples of this.)

5 What is the unprepared question that the teacher asks Kevin?

6 How does Kevin say 'there are several'?

5 Now it's your turn! Prepare your answers to the task opposite, then have a conversation with your teacher or partner.

● Use the Grade Studio and your answers to exercises 1–4 to help you.

● Adapt what Kevin said to talk about yourself, but add your own ideas.

● Prepare your answers to the questions in the task opposite and try to predict what the unprepared question will be.

● Record the conversation. Ask a partner to listen to it and say how well you performed.

Award each other one star, two stars or three stars for each of these categories:

● pronunciation
● confidence and fluency
● range of tenses
● variety of vocabulary and expressions
● using longer sentences
● taking the initiative.

What do you need to do next time to improve your performance?

GradeStudio

◆ To produce a good answer, you could mention something that happened in the **past** and something that is going to happen in the **near future**. Listen to where Kevin talks about what he has done and what he is going to do.

◆ Listen to how Kevin uses **noises and phrases to give him time to think** of what he's going to say next and to help to make it flow: *euh, ben, par exemple, c'est-à-dire*.

◆ Use a variety of **modal verbs** with the infinitive, e.g. *on peut …* and *il faut …*

To go a step further, use:

◆ the **comparative** – *plus* or *moins* + adjective – to make comparisons between the French and English school systems

◆ a variety of **negative statements**. Look at how Kevin uses *ne … jamais* to say he **never** has lessons on a Saturday and *ne … que* to say he **only** knows the pupils in his classes.

◆ a variety of phrases to give your **opinion**, e.g. *selon moi, à mon avis, en revanche, ça dépend*

◆ the **future tense** to say what you will do, or the conditional to say what you would like to do.

For a really impressive answer, use:

◆ a **relative pronoun**. Listen to how Kevin uses *qui* to say 'clubs **that** are organised' and *que* to say 'subjects **that** he has failed' (see page 223).

◆ **adverbs** to make your descriptions more interesting, e.g. *seulement, simplement*.

Brille à l'oral!

◆ Put several grammar points together to make a complex sentence, like this one containing a *si* clause, a future tense and a relative pronoun: *mais si je ne réussis pas, je referai les matières que j'ai ratées.*

Le collège Louis Pasteur

Notre collège a été fondé en 1978 et s'appelle le collège Louis Pasteur, d'après l'homme qui a découvert la pasteurisation.

Les locaux sont grands. Ils s'étendent sur trois étages, mais ne sont pas modernes. Il y a quatre labos de sciences, un CDI, un gymnase et deux salles d'informatique. Les vestiaires ont besoin d'être modernisés et le bâtiment est trop petit parce qu'il a été construit pour 800 élèves, mais maintenant, il y a environ 1.200 élèves et 60 profs.

Les cours débutent à 8h00 du matin et finissent à 16h00 ou 17h00. Un cours dure une heure. D'habitude, en France on n'a pas de cours le mercredi mais on a cours le samedi matin. L'année dernière, chez nous, on a décidé de ne plus avoir cours le samedi parce qu'on ne voulait pas travailler le week-end. En revanche, nous avons cours le mercredi matin et si on a fait des bêtises, la retenue c'est le mercredi après-midi.

Pour moi, ce qu'il y a de mieux, c'est qu'on peut choisir le sport comme option facultative. Mes matières préférées sont les sciences et le sport. L'année dernière, j'ai fait du basket et du hockey sur gazon, cette année je fais de l'escalade et du foot, et l'année prochaine, au lycée, je vais faire de l'escalade et de l'escrime.

Notre collège est jumelé avec deux collèges, un aux États-Unis et un à la Martinique, aux Caraïbes. L'année dernière, on a organisé un échange scolaire pour les élèves de troisième avec le collège aux États-Unis. Nos élèves sont allés là-bas et cette année les Américains vont nous rendre visite. L'année prochaine, nos élèves iront à la Martinique. Quelle chance! Je voudrais bien y aller mais malheureusement je dois réviser pour les contrôles.

L'année prochaine, on va construire un nouveau centre de sports, mais ce sera trop tard pour moi: je serai au lycée!

Matthieu

> les locaux (m) – the premises
> s'étendre sur – to be spread over
> l'escrime (f) – fencing

1 **Find the French equivalent of these phrases in the text and copy them out.**

   1 was founded in
   2 need to be modernised
   3 on the other hand
   4 we have lessons on Wednesday morning
   5 detention
   6 for me, the best thing is
   7 it will be too late for me
   8 I will be

2 **This is mainly about 'advertising' your school, not about what you do, so a lot of the verbs are in the third person plural, i.e. the *ils* form.**

   1 Find five examples of the *ils* form in the present tense.
   2 Find one in the perfect tense and one in the future tense.

3 **Are the following statements True (T), False (F) or not mentioned (?)?**

   1 Louis Pasteur is a famous author.
   2 The building is not modern.
   3 The lessons last one hour.
   4 Matthieu goes to school on Wednesday.
   5 Martinique is a town in the United States.
   6 Matthieu doesn't like sport.
   7 He often gets detention.
   8 They no longer have lessons on a Saturday.

4 You might be asked to write an article or a brochure about your school as a controlled assessment task. Use the Grade Studio to help you prepare.

GradeStudio

To produce a good answer, you need to show you can use key tenses correctly. Look at how Matthieu does this.

◆ He uses the **present tense** to talk about what his school is like.
◆ He uses the **perfect tense** to say when it was founded and to talk about last year.
◆ He uses the **future tense** to say what he is going to do and to talk about next year.

To go a step further, you should aim for accuracy in a range of verb endings.

◆ Use the **third person singular and plural** correctly: *débuter – il/elle débute, ils/elles débutent; aller – va/vont, avoir – a/ont, être – est/sont, faire – fait/font ; finir – finit/finissent* (for more, see page 92). Look at how Matthieu has used the **third person plural** to say how long the lessons are, when they start and when they finish.
◆ Use a variety of **modal verbs** correctly with the infinitive: *on peut choisir, je dois réviser.*

For a really impressive answer:

◆ use the **pronoun y** (there): *je voudrais bien y aller* (I'd really like to go there)
◆ use the correct **plural possessive adjectives**: *notre/nos* (our).

Brille à l'écrit!

◆ Include the expressions *Ce qu'il y a de mieux, c'est qu'on peut …* (The best thing is you can …) or *Le pire, c'est qu'on ne peut pas …* (The worst is that you can't …).

5 Now write your article. Adapt Matthieu's text to write about your own school.

● Write at least 200 words.
● Look back at Module 3 for descriptions of places.
● If you need to write something which is not in the book, keep it simple.
● When you look a new word up in French, it is a good idea to cross-check by looking up the French word you find in English to make sure it is the word you need.
● Structure your work carefully. Organise it into paragraphs.

Introduction

Give the name of the school (including any details on how it got its name) and what sort of school it is.
Le collège s'appelle Newtown High School, du nom de la ville.
C'est un collège mixte qui est spécialisé dans l'enseignement du sport et de la musique.

Main paragraphs

Talk about the facilities.
Mention some of the more interesting subjects studied, but don't give long lists as this will get you low marks.
Give details of the length of the school day.
Describe the uniform if you have one, including details of the colours.
Mention any special features, such as clubs, events or connections with schools abroad.

Conclusion

Talk about the past and the future, mentioning something that used to happen (e.g. l'année dernière) and something that will happen (e.g. l'année prochaine) at your school, so that you can demonstrate your ability to use the different tenses.

Check what you have written carefully. Check:

● agreement of adjectives (gender and number) with the noun they qualify
● plurals of nouns and adjectives (most make the plural by adding –s, but words which end in –al, –au and –eau make it with –x: *régional/ régionale; régionaux/ régionales; nombreux/ nombreuses*)
● verb endings.

Les matières — *Subjects*

Ma matière préférée, c'est ...	*My favourite subject is ...*	les SVT/sciences (f) et vie de la terre	*natural sciences/ biology*
le français	*French*	l'histoire-géo (f)	*history-geography*
le théâtre	*drama*	l'allemand (m)	*German*
les sciences (f) physiques	*physical sciences*	l'espagnol (m)	*Spanish*
la biologie	*biology*	Hier matin, j'ai eu un cours d'EPS.	*Yesterday morning I had a PE lesson.*
la chimie	*chemistry*	Aujourd'hui, j'ai deux heures d'anglais.	*Today I have two hours of English.*
la physique	*physics*	Demain, je vais faire un cours de dessin.	*Tomorrow I'm going to have an art lesson.*
la technologie	*technology*		
les maths (f)	*maths*		
les sciences	*science*		

Mon opinion — *My opinion*

j'adore	*I love*	facile	*easy*
j'aime bien	*I like*	ennuyeux	*boring*
je déteste	*I hate*	Je suis fort(e) en langues.	*I am good at/strong in languages.*
c'est ...	*it's ...*	Je suis faible en sciences	*I am weak at science.*
intéressant	*interesting*	Ce n'est pas mon truc.	*It's not my thing.*
difficile	*difficult*		

L'uniforme — *Uniform*

Il faut porter ...	*You have to wear ...*	une veste	*a jacket*
un chandail	*a cardigan*	des baskets (f)	*trainers*
un collant	*tights*	des chaussures (f)	*shoes*
un jean	*jeans*	des chaussettes (f)	*socks*
un maillot (de foot)	*a (football) shirt*	des sandales (f)	*sandals*
un pantalon	*trousers*	C'est chic/pratique/ confortable.	*It's stylish/practical/ comfortable.*
un polo	*a polo shirt*	Un uniforme doit être ...	*A uniform should be ...*
un pull	*a jumper*	pas trop cher	*not too expensive*
un short	*shorts*	en coton/cuir/jean/laine	*cotton/leather/ denim/woollen*
un sweat	*a sweatshirt*		
un tee-shirt	*a tee-shirt*	en tissu facile à laver	*in an easy to wash material*
une chemise	*a shirt*		
une cravate	*a tie*	en tissu qui n'a pas besoin de repassage	*in a material that doesn't need ironing*
une jupe	*a skirt*		
une robe	*a dress*		

Les couleurs — *Colours*

blanc(he)	*white*	rose	*pink*
bleu(e)	*blue*	rouge	*red*
bordeaux	*maroon*	vert(e)	*green*
gris(e)	*grey*	bleu clair	*pale blue*
jaune	*yellow*	bleu foncé	*dark blue*
noir(e)	*black*	bleu marine	*navy blue*
orange	*orange*	à rayures	*striped*

La formation

Ils vont à l'école primaire.

Ils vont au collège à l'âge de ...

Notre lycée s'appelle ...

C'est un collège mixte.

Il y a environ ... élèves.

Les cours débutent à ...

Education

They to to primary school.

They go to secondary school at the age of ...

Our college is called ...

It's a mixed secondary school.

There are around ... pupils.

Lessons start at ...

Les collèges prennent le nom ...

l'instituteur/institutrice

le/la professeur

le directeur/la directrice

le comportement

la discipline

les devoirs

la récré

Schools take the name ...

primary teacher

secondary teacher

headmaster/ headmistress

behaviour

discipline

homework

break

Ma journée

Je me réveille à 7 heures.

Je me lève tout de suite.

Je me douche et je m'habille.

Je me couche vers 10 heures.

Hier, je me suis réveillé(e) ...

je me suis levé(e)

je me suis douché(e)

My day

I wake up at seven o'clock.

I get up straight away.

I have a shower and get dressed.

I go to bed at about ten.

Yesterday I woke up ...

I got up

I had a shower

je me suis habillé(e)

je me suis couché(e)

Au petit déjeuner, j'ai mangé du pain.

J'ai bu du chocolat chaud.

Je suis sorti(e) à 8h15.

Je suis allé(e) au collège en car.

Je suis rentré(e) à 16h30.

I got dressed

I went to bed

For breakfast I had some bread.

I drank some hot chocolate.

I left at 8.15.

I went to school by bus.

I came home at 4.30.

Au négatif

ne ... pas

ne ... plus

ne ... que

ne ... jamais

In the negative

not

no longer

only/not until

never

ne ... rien

personne ne ...

ni ... ni ...

nothing

nobody

neither ... nor ...

Les consignes

Il faut ...

Il ne faut pas ...

Il est interdit de ...

un avertissement

une convocation

une retenue/une colle

Instructions

You have to ...

You mustn't ...

You're not allowed to .../ It is forbidden to ...

warning

meeting

detention

Je crois que la règle la plus importante, c'est ...

être racketté(e)

se sentir surchargé(e)

redoubler

I think the most important rule is ...

to be bullied into giving money

to feel overburdened

to retake a year at school

Que feras-tu?

Si j'ai de bonnes notes, ...

J'irai au lycée/ à l'université.

Je ferai une licence de commerce.

Je ferai un apprentissage chez Citroën.

Je travaillerai à l'étranger.

Je ferai du bénévolat.

J'aurai ma propre entreprise.

What will you do?

If I get good results ...

I will go to college/ university.

I will do a business degree.

I will do an apprenticeship with Citroën.

I will work abroad.

I will do voluntary work.

I will have my own business.

Je serai très riche.

J'habiterai aux États-Unis.

Je continuerai mes études.

Je rencontrerai le/la partenaire de mes rêves.

Je ne sais pas exactement ce que je ferai quand je quitterai le collège.

Je m'intéresse beaucoup à ...

I will be very rich.

I will live in the USA.

I will continue my studies.

I will meet the partner of my dreams.

I don't know exactly what I'll do when I leave college.

I'm very interested in ...

Déjà vu

1 Reliez les images et les phrases.

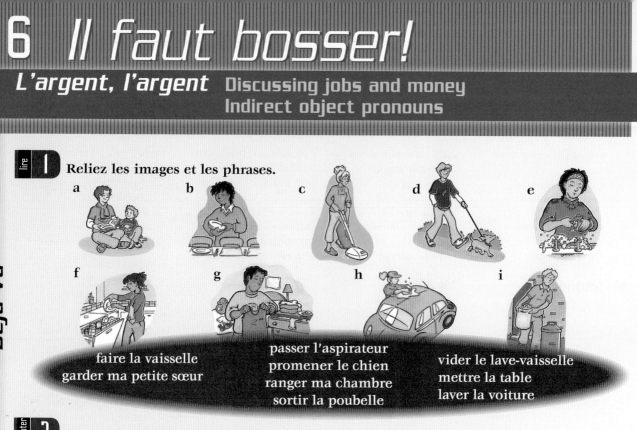

faire la vaisselle
garder ma petite sœur

passer l'aspirateur
promener le chien
ranger ma chambre
sortir la poubelle

vider le lave-vaisselle
mettre la table
laver la voiture

2 On parle de l'argent de poche et du travail à la maison. Écoutez et complétez la grille. Utilisez les lettres des images de l'exercice 1. (1–5)

	argent de poche	travail à la maison	content(e) O ou pas content(e) N?
1	10€ par semaine	g (2 x par sem.) ...	

3 À deux. Choisissez deux personnes de l'exercice 2 et faites un dialogue en utilisant les questions ci-dessous.

- Qu'est-ce que tu fais pour aider à la maison?
- Est-ce qu'on te donne de l'argent de poche?
- En es-tu content(e)?

Ma mère/Mon père/Mes grands-parents ...
... me donne(nt) (10)€ par semaine/mois comme argent de poche.
... ne me donne(nt) pas d'argent de poche.
... paie(nt) mes affaires scolaires/mes vêtements.
(Pour ça,) je dois aider (beaucoup/un peu) à la maison. Je dois ranger ma chambre ...
.... tous les jours/deux fois par semaine/avant le dîner ...
Je suis (assez/très) content(e)./Je trouve ça pas mal/ assez généreux.
Je ne suis pas (du tout) content(e)./Je trouve ça un [peu?] dur/injuste.
[C'est?] pas juste!/J'ai quand même besoin d'argent!

4 Écrivez un paragraphe sur deux des personnes de l'exercice 2.

Ses parents lui donnent ... Pour ça, il/elle doit ... Il/Elle trouve ça ...

Expo-langue →→→→ **Grammaire 220**

Me, **te** and **lui** are indirect object pronouns and go in front of the verb. They mean 'to me','to you' and 'to him/her', but the word 'to' is not always used in English.

	indirect object pronoun
(to) me	me
(to) you	te
(to) him/her	lui

Mes parents **me** donnent 10€ par semaine.
= My parents give (to) me €10 a week.
On ne **lui** donne pas d'argent de poche.
= They don't give (to) him/her any pocket money.

5 Écoutez ce qu'ils achètent avec leur argent de poche.
Combien de fois est-ce qu'on mentionne chaque chose?

Exemple: **a** 2 fois

a des bonbons ou des chocolats

b des magazines

c des cadeaux

d du maquillage

e du matériel scolaire

f des CD ou des DVD

g des jeux de console

h des baskets

6 Vidéoconférence. Répondez aux questions en utilisant les phrases ci-dessous. Utilisez un dictionnaire, si nécessaire.

■ Qu'est-ce que vous achetez avec votre argent?
■ Faites-vous des économies? Si oui, pourquoi?

> Avec mon argent, je dois acheter …
> À part ça, j'achète/j'ai besoin de …
> J'économise/Je fais des économies/
> Je mets de l'argent de côté pour …
> J'essaie d'économiser/de mettre de côté
> … livres par semaine/mois pour
> acheter … parce que …

Expo-langue →→→→

You use **du/de la/de l'/des** ('some') when talking about what you buy, even though 'some' isn't always used in this context in English.

J'achète **du** maquillage et **des** magazines. = I buy (some) make-up and (some) magazines.

If you need to look up new vocabulary in a dictionary, make sure you choose the right word! If you want to say you are saving up for a pair of boots, make sure you chose the word for what you wear on your feet, not the boot of a car, etc. Look for any example sentences and check the English meanings of the word you choose in the French–English section of the dictionary.

7 Écrivez un paragraphe sur ce que vous achetez avec votre argent. Mentionnez aussi si vous mettez de l'argent de côté et si oui, pourquoi. Essayez d'utiliser ces mots et expressions:

> j'en achète beaucoup – I buy a lot (of it/them)
> avec l'argent qui me reste – with the money that's left
> à part ça – apart from that
> quelquefois/parfois – sometimes
> toujours – always
> coûte(nt) assez/très cher – cost(s) (quite) a lot
> les marques comme … – brand names/labels such as …

écouter 1 Qui fait quel job? Écoutez et trouvez les bonnes images. (1–8)

a   b   c   d

e   f   g   h

écouter 2 Écoutez encore une fois. Copiez et complétez la grille en français. (1–8)

	jour(s)/fréquence	horaires	salaire
1	tous les samedis	de 13h à 18h	32,50€

lire 3 Trouvez les paires de phrases pour les images de l'exercice 1.

Exemple: a 13, …

1 Mon petit boulot, c'est dans un supermarché.

2 Je dois passer l'aspirateur et faire le café pour les clients.

3 J'ai un petit job dans un fast-food.

4 Je dois donner à manger aux animaux.

5 Je travaille à la caisse.

6 Je livre des journaux.

7 Mon travail, c'est dans l'épicerie de mon oncle.

8 Je fais des livraisons aux maisons près de chez moi.

9 J'ai un job dans une ferme.

10 On doit servir des hamburgers aux clients.

11 J'ai un petit boulot dans un salon de coiffure.

12 Je dois ranger l'équipement sportif.

13 Je m'occupe des enfants de mes voisins.

14 Je travaille dans un centre de loisirs.

15 Je dois remplir les rayons du magasin.

16 Je fais du baby-sitting.

parler 4 À deux. Imaginez que vous êtes une des personnes de l'exercice 1. Faites un dialogue en utilisant ces questions.

- As-tu un job/un petit boulot?
- …
- Quand fais-tu ça?
- Je fais ça tous les samedis/le dimanche matin/deux fois par semaine …
- Quels sont les heures de travail?
- Je travaille de … à …/Je commence à … et je finis à …/Je fais trois heures de travail …

- Tu gagnes combien?
- Je gagne …/Je reçois …/On me paie …
- Qu'est-ce que tu dois faire?
- …

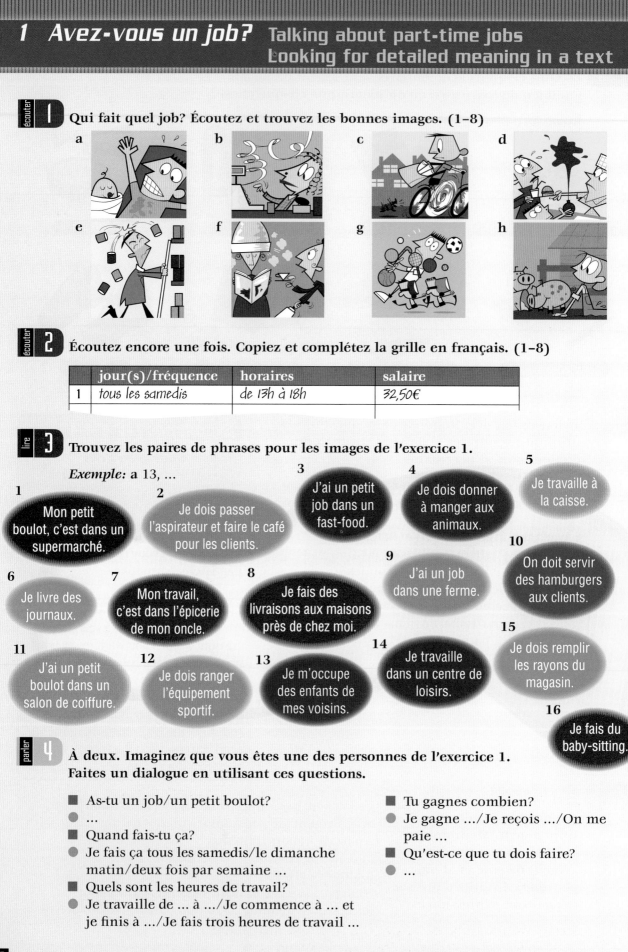

lire **5** **Lisez les textes. Puis regardez les phrases en dessous. Pour chaque personne, écrivez P (Positive), N (Négative) ou P/N (Positive-Négative).**

Exemple: 1 Lin **(a)** le salaire N, **(b)** ...

> When you do an exam-style task like this, it is important to look very closely at the text in order not to miss small words which can completely change the meaning of a sentence. Look for:
>
> - negatives (e.g. même si ce **n'**est **pas** très bien payé)
> - words like **trop** (too) and **sauf** (except), which turn a positive statement into a negative one
> - adjectives which have a positive meaning (e.g. **intéressant**) or a negative one (e.g. **monotone**)
> - expressions which contrast one thing with another, such as **parfois ... , mais d'habitude** (sometimes ... , but usually), **même si** (even if), **par contre** (on the other hand) and **malgré cela** (in spite of that).

1

J'aime bien mon job au fast-food, même si ce n'est pas très bien payé. Mes collègues sont sympas et on s'amuse bien ensemble. Mon patron, Monsieur Rachid, est parfois un peu sévère, mais en général, il est gentil.

Lin

2

Mon petit boulot au garage ne me plaît pas beaucoup et je m'ennuie. Je trouve ça monotone de nettoyer des voitures toute la journée. Et les heures sont trop longues aussi. La seule bonne chose, c'est que le salaire est assez intéressant.

Clément

3

La patronne du magasin où je travaille est toujours souriante et elle a un bon sens de l'humour. L'inconvénient, c'est que je dois me lever très tôt le samedi parce que je commence le travail à huit heures. Par contre, je finis à midi et c'est bien d'avoir l'après-midi libre.

Mathilde

4

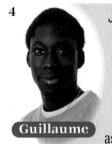

Je suis tout à fait content de ce qu'on me paie pour mon travail au marché. Je m'entends bien avec les autres marchands avec qui je travaille, sauf le fils du propriétaire qui est arrogant et qui m'énerve. Malgré cela, je suis assez satisfait de mon job.

Guillaume

1 Lin: **(a)** le salaire **(b)** la personne pour qui elle travaille **(c)** les gens avec qui elle travaille
2 Clément: **(a)** le genre de travail **(b)** les heures de travail **(c)** le salaire
3 Mathilde: **(a)** la personne pour qui elle travaille **(b)** les heures de travail
4 Guillaume: **(a)** le salaire **(b)** les gens avec qui il travaille

parler **6** **Préparez une présentation d'une minute sur votre job. Si vous n'avez pas de job, utilisez les détails ci-dessous. Mentionnez:**

- ce que vous faites comme job
- les horaires de travail et le salaire
- les avantages et les inconvénients.

A *magasin de vêtements*
samedi 9h–17h ☹
passer l'aspirateur/remplir et ranger les rayons
salaire 45€ ☺   patronne ☺
collègues ☺

B *restaurant*
dimanche 10h–14h30 ☺
servir les clients/faire la vaisselle
salaire 20€ ☹   propriétaire ☹
collègues ☺ ☹

écrire **7** **Écrivez un paragraphe sur votre job, réel ou imaginaire. Adaptez les textes de l'exercice 5, si vous voulez.**

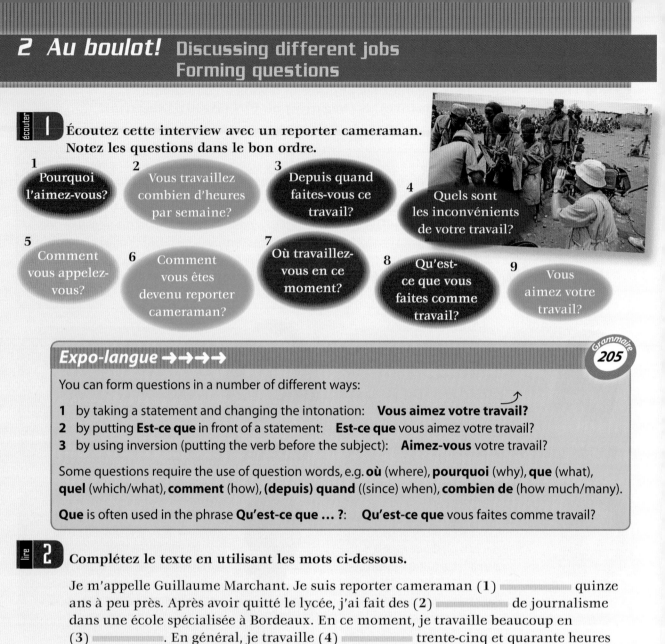

1 Écoutez cette interview avec un reporter cameraman.
Notez les questions dans le bon ordre.

1 Pourquoi l'aimez-vous?

2 Vous travaillez combien d'heures par semaine?

3 Depuis quand faites-vous ce travail?

4 Quels sont les inconvénients de votre travail?

5 Comment vous appelez-vous?

6 Comment vous êtes devenu reporter cameraman?

7 Où travaillez-vous en ce moment?

8 Qu'est-ce que vous faites comme travail?

9 Vous aimez votre travail?

Expo-langue →→→→

Grammaire 205

You can form questions in a number of different ways:

1 by taking a statement and changing the intonation: **Vous aimez votre travail?**

2 by putting **Est-ce que** in front of a statement: **Est-ce que** vous aimez votre travail?

3 by using inversion (putting the verb before the subject):   **Aimez-vous** votre travail?

Some questions require the use of question words, e.g. **où** (where), **pourquoi** (why), **que** (what), **quel** (which/what), **comment** (how), **(depuis) quand** ((since) when), **combien de** (how much/many).

Que is often used in the phrase **Qu'est-ce que … ?**:   **Qu'est-ce que** vous faites comme travail?

2 Complétez le texte en utilisant les mots ci-dessous.

Je m'appelle Guillaume Marchant. Je suis reporter cameraman (**1**) _____ quinze ans à peu près. Après avoir quitté le lycée, j'ai fait des (**2**) _____ de journalisme dans une école spécialisée à Bordeaux. En ce moment, je travaille beaucoup en (**3**) _____. En général, je travaille (**4**) _____ trente-cinq et quarante heures par (**5**) _____. Ce que j'aime surtout, c'est la (**6**) _____ du travail. D'ailleurs, j'aime beaucoup (**7**) _____; je n'aimerais pas être enfermé dans un bureau. Et c'est assez bien (**8**) _____ aussi! Les (**9**) _____ sont qu'on n'est pas souvent à la maison et que quelquefois, on (**10**) _____ travailler le week-end.

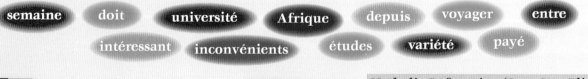

semaine   doit   université   Afrique   depuis   voyager   entre

intéressant   inconvénients   études   variété   payé

3 À deux. Faites une interview de Nathalie Lafontaine ou Jean-Luc Blier en utilisant les renseignements à droite.

Nathalie Lafontaine/Jean-Luc Blier
infirmière/infirmier depuis 7 ans
lycée → l'IFSI (institut de formation en soins infirmiers)
travaille dans un hôpital à Paris
30 heures par semaine
♥ son travail
♥ aider les gens malades
✘ pas bien payé; travailler la nuit

4 Écrivez un paragraphe pour Nathalie ou Jean-Luc. Adaptez le texte de l'exercice 2.

lire 5 **Trouvez la bonne image pour chaque texte.**

a

médecin

b

fermier/fermière
(agriculteur/agricultrice)

c

agent de police

d

facteur/factrice

e

chef de cuisine

1 C'est dur de travailler toute l'année en plein air, surtout en hiver. Mais c'est bien si on aime les animaux et si on a horreur d'être enfermé dans un bureau.

2 C'est un métier qui est parfois dangereux. Cependant, c'est bien de pouvoir faire quelque chose pour améliorer la société et on a beaucoup de contacts avec les gens.

3 Ce n'est pas très bien payé, c'est un peu monotone et on doit faire des kilomètres à pied ou à vélo. Par contre, on n'a pas trop de responsabilités et on a pas mal de temps libre.

4 Le salaire est bon. De plus, guérir et même sauver la vie des gens malades, c'est quelque chose de très gratifiant. Mais c'est souvent stressant comme métier.

5 C'est bien si on s'intéresse à l'alimentation et si on est propriétaire du restaurant. Mais on doit travailler le soir et on a souvent très chaud dans la cuisine.

lire 6 **Trouvez, dans le glossaire ou dans un dictionnaire, l'équivalent en anglais des mots en bleu dans l'exercice 5.**

écouter 7 **Écoutez. Donnez au moins un avantage et un inconvénient de chaque métier. Complétez la grille en français. (1–5)**

	avantages	inconvénients
1 caissier/caissière de supermarché	contact avec les gens …	monotone …
2 chauffeur de poids lourds		
3 boulanger/boulangère		
4 coiffeur/coiffeuse		
5 garçon de café (serveur) /serveuse		

parler 8 **À deux. Quels métiers voudriez-vous ou ne voudriez-vous pas faire?**

■ Quel métier voudrais-tu faire et pourquoi?
● Je voudrais bien travailler comme … parce que …
■ Quel métier est-ce que tu n'aimerais pas faire et pourquoi?
● Je n'aimerais pas être … parce que …

Lisez les offres d'emploi et répondez aux questions en anglais.

A

Devenez un de nos animateurs en club.
Vous souhaitez apprendre un métier valorisant vos aptitudes sportives et vos talents artistiques?
Devenez l'un de nos 15 animateurs h/f en formation professionnelle.
Après deux mois de formation à Vichy, vous rejoindrez les équipes de nos villages vacances (Caraïbes et bassin méditerranéen) pour une période de mise en pratique de cinq mois.
Début du contrat le 5 septembre 2010

Merci d'adresser votre dossier de candidature par courrier (CV + lettre de motivation sous la référence 2MN/CP) à Look Voyages, service format

B

Un CDI sans renoncer à vos vacances d'été
Hôtesses et Hôtes d'accueil
À temps partiel (après-midi ou matin) ou à temps complet
Votre rôle: vous avez en charge l'accueil visiteurs et téléphonique de sociétés prestigieuses basées à Paris, 78, 91, 92, 93, 94.
Vos atouts: excellente présentation, bon relationnel, maîtrise de l'anglais.
Contactez Isabelle Lepage au

C

You don't need to understand every word of the texts to tackle exercise 1. Look for clue words (e.g. **sport, sportive, temps, deux mois** …). Your answers to exercise 1 should then help you to find the words you need in exercise 2.

Leader mondial des jeux et équipements de loisirs renforce ses équipes et recrute dans le cadre de ses opérations sur le site de Disneyland© Resort Paris:
OPÉRATEURS D'ATTRACTIONS
PLEIN TEMPS – SAISON 2010 – (H/F)
Postes évolutifs en contrat CDI
Lieu de travail: MARNE-LA-VALLÉE
Qualités requises: Disponible le soir jusqu'à 2h et week-end – Dynamique –
Goût pour le sport – Sens du contact et de l'accueil
Langue: Une langue étrangère appréciée
Disponibilité: Immédiate ou ultérieure
Au-delà de votre formation, votre disponibilité et votre motivation feront la différence! Alors, rejoignez-nous!
Adressez CV, photo, lettre de motivation en précisant votre date de disponibilité à:
CIRSA AMUSEMENT France S.A.

In which job …
1. is an ability or liking for sports a requirement? (2 jobs)
2. is it important to have fluent English?
3. could you work either part-time or full-time?
4. will you be given two months' training?
5. do you need to be available to work at nights and at the weekend?
6. will you spend time at a holiday village in the Caribbean or the Mediterranean?
7. will you have to welcome visitors in person and on the phone?
8. would the ability to speak a foreign language be appreciated?
9. does it specify that you should send your letter of application by post?
10. are your availability and motivation key factors?

Écrivez l'équivalent en anglais de ces mots et expressions tirés des annonces de l'exercice 1. Devinez d'abord, puis vérifiez dans un dictionnaire.

1. vos aptitudes sportives
2. goût pour le sport
3. maîtrise de l'anglais
4. deux mois de formation
5. disponible le soir jusqu'à 2h et week-end
6. Caraïbes
7. l'accueil visiteurs
8. une langue étrangère appréciée
9. votre dossier de candidature
10. votre disponibilité

On téléphone pour avoir des renseignements sur quel emploi ci-dessus? A, B ou C? (1–3)

écouter 4 Écoutez et complétez le dialogue.

■ Allô, (1) _____ Cécile Moreau. Je peux vous aider?

● Bonjour, madame. Je voudrais (2) _____ à Mademoiselle Chagny, s'il vous plaît.

■ Je (3) _____, monsieur, mais elle n'est pas là en ce moment. Vous voulez (4) _____ un message?

● Oui, je veux bien, s'il vous plaît.

■ C'est de la (5) _____ de qui, monsieur?

● C'est de la part de Mathieu Gesbert.

■ Gesbert, ça (6) _____ comment, s'il vous plaît?

● G-E-S-B-E-R-T.

■ (7) _____ est votre numéro de téléphone, s'il vous plaît, monsieur?

● C'est le 06 10 77 34 30.

■ Et quel est votre message?

● C'est que je (8) _____ un peu en retard pour notre réunion cet après-midi parce que mon train a une demi-heure de (9) _____.

■ Bon, merci. Je lui passerai (10) _____ message. Elle vous rappellera plus tard.

● Merci, madame. Au revoir.

■ De rien, monsieur. Au revoir.

retard
numéro
serai
s'écrit
parler
quel
laisser
écouter
part
votre
ici
regrette

parler 5 À deux. Pratiquez le dialogue de l'exercice 4.

Expo-langue

Remember to use **vous** and **votre/vos** in a formal, work-related situation. French people also use **monsieur**, **madame** and **mademoiselle** a lot in order to be polite. You need to use these in formal letters, as well as the proper starting and signing off expressions (see below).

parler 6 Adaptez le dialogue de l'exercice 4 en changeant les mots en bleu. Utilisez les détails ci-dessous.

Gérard/Geneviève Lenoble
Madame Renault
Christophe/Christine Papignon
01 39 85 43 19
malade – ne peut pas venir à la réunion
de 10h30

Pascal/Pascale Dubois
Monsieur Léon
Sayed/Suraya Djamal
03 55 71 40 29
arrivera à la gare SNCF à 15h25

écrire 7 Posez votre candidature! Adaptez la lettre à droite en utilisant l'annonce A ou B de l'exercice 1. Inventez certains détails, si vous voulez.

20 mai 2009

Madame/Monsieur,

J'ai vu votre annonce dans le journal d'hier et je voudrais poser ma candidature pour le poste d'opérateur d'attractions chez Cirsa.

Comme vous verrez dans mon CV, j'ai déjà travaillé comme animateur de sport pour enfants dans une colonie de vacances. J'ai aussi un petit boulot comme garçon de café le samedi après-midi, donc j'ai de l'expérience avec les clients. J'aime beaucoup travailler en équipe et surtout travailler avec les enfants.

Je suis assez sportif et je participe à des compétitions de natation. Je parle bien l'anglais, puisque j'apprends cette langue depuis sept ans. Quant à mon caractère, je suis travailleur, agréable et poli. Je m'entends bien avec les autres.

Veuillez trouver ci-joint mon CV.

Dans l'attente de votre réponse, madame/monsieur, je vous prie d'agréer l'expression de mes salutations sincères.

Samuel Rousseau

1 Trouvez les paires de phrases.

a — *Le chômage, c'est un problème qui démoralise les gens.*

b — *Une chose que je trouve tout à fait inacceptable est le sexisme au travail.*

c — *On ne doit jamais accepter de blagues racistes d'un collègue.*

d — *La discrimination contre les handicapés est quelque chose qu'il ne faut pas tolérer.*

e — *J'ai une copine en fauteuil roulant que le problème d'accès empêche de travailler.*

f — *Un patron ou une patronne qui tolère le racisme est quelqu'un qu'on ne peut pas respecter.*

g — *L'égalité des sexes est quelque chose qui n'existe pas toujours au travail.*

h — *Je connais des chômeurs pour qui le manque d'argent pose des difficultés.*

Expo-langue →→→→

Grammaire **223**

Qui refers to the *subject* of a sentence and means 'who', 'which' or 'that':
Il y a beaucoup de gens **qui** sont au chômage. = There are lots of people **who/that** are unemployed.

Que refers to the *object* of a sentence and means 'whom', 'which' or 'that'.
Que shortens to **qu'** in front of a vowel sound:
Mon patron est quelqu'un **qu'**on ne peut pas respecter. = My boss is someone **whom/that** you can't respect.
Look for examples of **qui** and **que** in exercise 1 and decide why each one has been used in each case.

2 Traduisez en français en adaptant les phrases de l'exercice 1.

1 Racism is something that you mustn't tolerate.
2 You must never accept a boss who makes sexist jokes.
3 A colleague who allows discrimination is someone you can't respect.
4 Something I find unacceptable is discrimination against handicapped people.
5 I have a friend for whom unemployment causes difficulties.

3 Écoutez et notez la bonne lettre. Pour chaque personne, le problème, c'est ... (1–5)

a le chômage
b le racisme au travail
c le sexisme au travail
d l'accès aux handicapés
e trop de travail

parler **4** **Prononcez les paires de mots français et anglais.**

1 sexisme   sexism
2 raciste   racist
3 discrimination   discrimination
4 problème   problem
5 inacceptable   unacceptable

Be careful with the pronunciation of French words that look similar to English words. For example, **–isme** in French (**racisme**, **sexisme**) is not pronounced the same as **–ism** in English. Also, the stress or emphasis in a French word often falls in a different place to the English (e.g. unac**cept**able, inaccept**able**).

écouter **5** **Écoutez et vérifiez. Répétez les mots si vous avez fait des erreurs de prononciation.**

parler **6** **Vidéoconférence. Préparez et mémorisez votre réponse aux questions ci-dessous.**

■ La discrimination, est-ce que ça existe dans ton collège?
■ Quelle est ton attitude concernant ce problème?

> À mon avis, le plus grand problème dans notre collège, c'est (le sexisme/le racisme/ la discrimination contre les handicapés). Par exemple, (je connais des gens qui font des blagues sexistes/les bâtiments ne sont pas adaptés aux gens qui sont en fauteuil roulant). Je crois qu'on ne doit jamais accepter …/C'est quelque chose qu'il ne faut pas tolérer/Je trouve que c'est une chose qui est tout à fait inacceptable …

écrire **7** **Écrivez un paragraphe sur le(s) problème(s) dont vous avez parlé dans l'exercice 6.**

lire **8** **Lisez et complétez ces lettres.**

Q Dans l'usine où je travaille, il y a pas mal d'immigrés d'origine tunisienne ou algérienne. Mon **(1)** _____ fait souvent des remarques ou des **(2)** _____ racistes et c'est **(3)** _____ que je trouve inacceptable. Mais qu'est-ce que je peux faire?

Q J'ai une copine qui est en **(6)** _____ roulant et qui travaille dans une épicerie. Elle a des **(7)** _____ parce que le magasin n'est pas adapté à l'accès aux **(8)** _____. Mais le propriétaire refuse de le changer et il dit que si elle insiste, elle **(9)** _____ au chômage. Vous pouvez me donner des conseils?

A Il ne **(4)** _____ jamais tolérer le racisme au travail. Vous devez parler au directeur ou à la directrice de **(5)** _____.

A C'est un préjugé contre les handicapés et un tel patron est quelqu'un qu'on ne peut pas **(10)** _____. Votre copine doit consulter un avocat.

l'usine

travaillera

bureau

fauteuil

handicapés

blagues

respecter

faut

quelque chose

sera

patron

difficultés

Mon stage en entreprise

écouter **1** Écoutez, et lisez les phrases dans les bulles. Qui parle? (1–6)

> J'ai fait mon stage dans le bureau d'une usine de produits électriques.

Lydie

> J'ai fait mon stage dans une agence de voyages.

Yann

> J'ai passé quinze jours dans une école maternelle.

Shazia

> J'ai fait mon stage dans un garage Citroën.

Ryan

> J'ai travaillé pendant deux semaines dans une banque.

Amélie

> J'ai fait mon stage dans un cabinet de vétérinaire.

Hakim

Expo-langue →→→→

Grammaire 212

You use the perfect tense for single events in the past.
J'**ai fait** mon stage dans un bureau. = I did my work experience in an office.

You use the imperfect tense to describe things which you did regularly in the past. It often means 'used to'.

Je **travaillais** à la caisse. = I worked/used to work on the till.
Les clients me **téléphonaient**. = Customers called/used to call me.

lire **2** Trouvez la seconde partie des phrases pour les personnes de l'exercice 1.

1 Ryan: J'aidais les mécaniciens à ...
2 Lydie: Je classais des fiches et je faisais ...
3 Hakim: Je m'occupais des animaux qui ...
4 Amélie: Je servais les clients avec ...
5 Yann: J'envoyais des brochures de vacances ...
6 Shazia: Je surveillais les enfants ...

a ... aux clients.
b ... pendant l'heure du déjeuner.
c ... un des employés permanents.
d ... des photocopies.
e ... réparer les véhicules.
f ... arrivaient pour des opérations.

écrire **3** Écrivez d'autres phrases à l'imparfait pour les personnes de l'exercice 1 en utilisant les verbes ci-dessous.

1 Ryan (ranger les outils; changer les pneus des voitures)
Je rangeais les outils et je ...
2 Lydie (prendre des commandes au téléphone)
3 Hakim (prendre les rendez-vous au téléphone; accompagner la vétérinaire dans ses visites à des fermes)
4 Amélie (travailler à l'ordinateur; devoir compter l'argent)
5 Yann (répondre au téléphone; faire le café pour les autres employés)
6 Shazia (jouer avec les enfants; les aider pendant leurs leçons)

4 Écoutez et notez si leur stage en entreprise était une expérience positive (P), négative (N) ou positive-négative (P/N), et pourquoi. Complétez la grille. (1–5)

	Expérience P, N ou P/N?	Pourquoi?
1	P	

Remember, when people are giving an opinion, their tone of voice, as well as the actual words they use, can help you to work out whether they are being positive, negative or neutral.

5 À deux. Pratiquez le dialogue ci-dessous.

- Où as-tu fait ton stage en entreprise?
- J'ai fait mon stage dans un magasin de vêtements.
- Tu l'as fait pendant combien de temps?
- J'ai fait ça pendant deux semaines, en mai.
- Qu'est-ce que tu devais faire?
- Je travaillais à la caisse, je servais les clients. Quelquefois, je remplissais les rayons et je rangeais les vêtements aussi.
- C'était comment?
- En général, c'était bien. Mes collègues étaient sympa et j'ai appris beaucoup de choses. Mais ma patronne était parfois de mauvaise humeur et j'étais souvent très fatigué(e) le soir.

6 Interviewez votre partenaire sur son stage en entreprise en changeant les détails en bleu dans le dialogue ci-dessus. Si vous n'avez pas fait de stage, inventez les détails.

C'était une expérience positive/ une perte de temps totale.
Ce n'était pas complètement positif.
J'étais un peu déçu(e)/très satisfait(e).
J'ai beaucoup apprécié mon stage.
J'ai appris beaucoup de choses.
Je n'ai pas appris grand-chose./ Je n'ai rien appris.
D'une part … D'autre part …
Il n'y avait pas grand-chose à faire pour moi.
J'avais beaucoup/trop de travail à faire.
Le travail était varié/monotone.

On me donnait des choses intéressantes à faire.
Mon/Ma patron(ne)/Le/La propriétaire (n') était (pas) …
Mes collègues étaient (tous) (toujours/ souvent)
   gentil(le)(s)/(dés)agréable(s)/de bonne humeur.
… avait/avaient un bon sens de l'humour.
Je m'entendais bien avec …
   (sauf un/une qui était …)
On s'amusait bien ensemble.
Je me suis ennuyé(e).
Je me sentais un peu exploité(e).

7 Vous avez lu un article dans un magazine «*Les stages en entreprise: une bonne chose ou une perte de temps?*». Écrivez une réponse au magazine en français en donnant vos idées et vos opinions sur les stages. Mentionnez:

- où vous avez fait votre stage et pendant combien de temps
- ce que vous deviez faire comme travail
- si c'était réussi: pourquoi/pourquoi pas?
- votre opinion sur les stages en entreprise.

Your teacher is going to interview you for a summer job. The job is at a sports and activities centre for children, in France.

Your teacher will ask you the following:

- What sports do you play?
- What other sorts of activities are you interested in?
- Do you have a part-time job? Describe it and give your opinion of it.
- Have you done any work experience? What did you do, and what was it like?
- Why are you interested in the job at the sports and activity centre in France?
- What are your plans for the future? Further study? Job? Career?

You will also have to respond to something that you have not yet prepared.

The interview will last a maximum of six minutes.

1 You will hear a model interview. Liam is taking part in the above task with his teacher. Listen to Liam's answers to the first three questions and choose the correct answers.

1 Je suis membre de l'équipe de basket de mon collège depuis *un an/deux ans/ trois ans*.

2 De plus, je fais de la natation *une fois/deux fois/trois fois* par semaine.

3 J'apprends à jouer *du piano/de la guitare/ de la batterie*.

4 J'ai un cours tous les mercredis *matins/ après-midis/soirs*.

5 J'aime la lecture aussi, surtout les livres *d'aventure/de science-fiction/d'horreur*.

6 Je travaille tous les samedis de neuf heures à *quinze/seize/dix-sept* heures dans un supermarché.

7 Je dois remplir les rayons et *passer l'aspirateur/aider les clients/faire le café*.

8 Je m'entends bien avec *ma patronne/ les clients/les autres employés*.

2 Listen again and note down in English what other information Liam gives in answer to questions 1 and 3.

3 Listen to the second part of Liam's interview and fill in the gaps.

■ Avez-vous fait un stage en entreprise?

● Oui, (1) ▬▬▬, j'ai fait un stage en entreprise dans une école primaire. J'ai fait ça (2) ▬▬▬ deux semaines. C'était intéressant et le travail était assez (3) ▬▬▬. Le matin, je (4) ▬▬▬ aider les enfants pendant leurs leçons, puis je les surveillais pendant l'heure du déjeuner. Et quelquefois je (5) ▬▬▬ au foot ou au basket avec les enfants pendant les cours d'éducation physique. J'ai (6) ▬▬▬ beaucoup de choses et c'était une expérience très positive (7) ▬▬▬.

■ Et pourquoi ce travail au centre de sports et d'activités en France vous intéresse-t-il?

● Ce poste (8) ▬▬▬ parce que j'aime beaucoup travailler en (9) ▬▬▬ et surtout travailler avec des enfants. (10) ▬▬▬ aussi travailler en France pour améliorer mon français.

surveiller – to supervise
améliorer – to improve

4 Now listen to the final part of Liam's interview and answer the questions.

1 Liam uses the future tense to talk about his plans. Identify the four future tense verbs he uses.

2 He also uses the conditional, to say what he would like to do one day. Note down in French the phrase he uses for this.

3 What is the unprepared question that the teacher asks Liam?

4 Which five adjectives does Liam use to answer this question? If Liam was a girl, which of these adjectives would change and how?

5 Liam also uses the negative *ne ... jamais* (never). Note down the whole phrase he uses.

5 Now it's your turn! Prepare your answers to the task opposite, then take part in an interview with your teacher or partner.

● Use your answers to exercises 1–4 and the Grade Studio to help you.

● Adapt what Liam says and include your own ideas.

● Try to predict what the unprepared question will be: it might not be the same as Liam's!

● Record the interview. Ask a partner to listen to it and say how well you performed.

Award each other one star, two stars or three stars for each of these categories:

● pronunciation
● confidence and fluency
● range of tenses
● variety of vocabulary and expressions
● using longer sentences
● taking the initiative.

What do you need to do next time to improve your performance?

GradeStudio

To produce a good answer, you need to:

◆ know when to use *tu* and when to use *vous*, as well as the correct verb endings for each. This is a formal situation, so which one does Liam use?

◆ show that you can use a range of **different structures** correctly. For example, Liam uses:

● *Je suis ...*
● *J'aime* (+ noun or infinitive) ...
● *Je fais ...*
● *Je travaille ...*
● *Je dois* (+ infinitive) ...
● *C'est* (+ adjective) ...

For each of these structures, come up with a sentence you could use in your interview.

● try using expressions of frequency (e.g. *tous les samedis, deux fois par semaine*).

To go a step further:

◆ try using:

● *de plus* (what's more), *surtout* (especially), *parfois* (sometimes)
● *depuis* with the present tense, to say how long you have been doing something
● *j'apprends à* (+ infinitive) to refer to something that you are learning to do.

Look at how Liam uses these and make up a sentence that you could use for at least three of them.

◆ show that you can use the **imperfect**, the **future** and the **conditional**. Look at how Liam uses these tenses and write down five sentences you could include in your interview.

For a really impressive answer, borrow the following from Liam:

◆ (noun or infinitive) + *m'intéresse ...*
◆ *J'ai décidé que* (+ phrase)
◆ *ne ... jamais* (never)
◆ a complex sentence with *si* or *quand*, e.g. *Si j'ai de bonnes notes, j'irai à la fac*; *Quand on travaille avec les enfants, il faut avoir beaucoup de patience.*

Brille à l'oral!

◆ If you need to repeat something, try using *Comme je l'ai déjà dit ...* (As I've already said ...). Check how Liam uses this, in the final part of his interview.

Mon stage en entreprise

Dans mon collège, tous les élèves de troisième ont fait un stage en entreprise au mois de mai. Le stage a duré quinze jours et j'ai eu de la chance de trouver une place dans un garage Toyota dans la ville où j'habite. Je m'intéresse beaucoup aux voitures et un jour, je voudrais devenir mécanicien ou même avoir mon propre garage, donc je pensais que ce serait une bonne expérience pour moi.

Dans l'ensemble, mon stage a été très positif et j'ai appris beaucoup de choses. Le travail était assez varié. Je n'avais pas le droit de réparer les véhicules tout seul, mais j'aidais les mécaniciens qualifiés et on me laissait changer les pneus. Quelquefois, je sortais en camionnette avec un de mes collègues pour aider les clients dont la voiture était en panne. De temps en temps, je devais faire des petits boulots moins intéressants, comme laver les voitures, passer l'aspirateur et faire le café pour mes collègues, mais ça ne me dérangeait pas.

Je m'entendais bien avec mes collègues qui étaient tous sympas et on s'amusait bien ensemble. Mon patron, le propriétaire du garage, n'était pas toujours de bonne humeur, mais il a dit qu'il était très content de mon travail et il m'a proposé de faire un apprentissage chez lui. Je ne sais pas encore si je continuerai mes études après mes examens GCSE ou si je quitterai le collège à dix-sept ans, mais j'ai beaucoup apprécié mon stage au garage et je voudrais bien retourner y travailler.

Lucas

1 Find the French equivalent of these phrases in the text and copy them out.
  1 all Year 10 pupils did work experience in May
  2 the work experience lasted a fortnight
  3 I am very interested in cars
  4 I would like to become a mechanic
  5 I learned a lot of things
  6 the work was quite varied
  7 from time to time, I had to do some less interesting chores
  8 I got on well with my workmates
  9 my boss, the garage owner, wasn't always in a good mood
  10 I really enjoyed my work experience

2 Which tenses are used in the sentences in exercise 1? For each sentence, write 'present', 'perfect', 'imperfect' or 'conditional'.

3 Find the four correct statements.
  1 Lucas spent a week working in the Toyota garage.
  2 He'd like to have his own garage one day.
  3 He wasn't allowed to change tyres.
  4 He went out in the van to help customers who had broken down.
  5 He also had to do the vacuuming and make the coffee.
  6 His boss was not happy with Lucas's work.
  7 Lucas doesn't know yet whether he will continue his studies next year.
  8 He would not like to go back to the garage to work.

4 You might be asked to write about your work experience as a controlled assessment task. Use the Grade Studio to help you prepare.

Grade Studio

You need to use key tenses correctly and express opinions to produce a good answer.
- ◆ Lucas uses the **present tense** to say he is interested in cars.
- ◆ Look at how Lucas uses the **perfect tense** to say where he did his work experience, how long it lasted, what he learned and how much he enjoyed it.
- ◆ To talk about your future plans (e.g. to continue studying next year or to leave school), use either *aller* + infinitive or the **future tense**.

To go a step further, you should use other tenses, too, such as the imperfect and the conditional.
- ◆ Look at how Lucas uses the **imperfect tense** to describe what kind of jobs he had to do.
- ◆ Lucas uses the **conditional** + **infinitive** to say that he would like to be a mechanic one day.
- ◆ Make sure you **refer to other people**, using the *il/elle/ils/elles* forms of the verb correctly. Lucas does this when he describes his workmates and his boss.
- ◆ Make sure your account reads well by using a variety of **connectives** and **time and frequency expressions**.

For a really impressive answer:
- ◆ include a **complex sentence with *si* (if)**, which combines more than one tense. Look at how Lucas does this towards the end of his text.
- ◆ use **relative pronouns** (*qui, que* or *dont*). Look at how Lucas uses two of these to refer to his workmates and customers whose cars had broken down.

Brille à l'écrit!
- ◆ Include a sentence with *comme* + infinitive (like doing something). See how Lucas uses this to describe the less interesting chores he had to do.

5 Now write an account of your work experience.
- ● Adapt Lucas's text and use language from pages 118–119. Write at least 200 words.
- ● If you need to write something which is not in the book you can produce a more sophisticated answer by including some complex sentences, but use a dictionary carefully, especially if you need specialised vocabulary such as 'computer parts': *des pièces d'ordinateur*.
- ● Structure your text carefully. Organise what you write in paragraphs:

Introduction

Background to your work experience: When did you do it? (In which school year? In which month?) How long did it last? Why did you choose to do your work experience in this particular place?

Main paragraphs

Say what types of jobs you had to do. Talk about the other staff and how you got on with them.

Conclusion

Say whether you would like to work there, or do a similar job, in the future. Say why.

Check what you have written carefully.
Check:
- ● spelling and accents
- ● gender and agreement (e.g. adjectives, past participles of *être* verbs)
- ● verb endings for the different persons: *il/elle/ils/elles*, etc.
- ● tense formation (e.g. *j'ai commencé/ je continuerai*).

Les tâches ménagères — *Household chores*

Je dois ...	*I have to ...*
aider à la maison	*help around the house*
faire la vaisselle	*do the washing-up*
garder ma petite sœur	*look after my little sister*
mettre la table	*lay the table*
passer l'aspirateur (m)	*do the vacuum-cleaning*
promener le chien	*walk the dog*
ranger ma chambre	*tidy my bedroom*
sortir la poubelle	*take the dustbin out*
vider le lave-vaisselle	*empty the dishwasher*

L'argent de poche — *Pocket money*

Je reçois (10 euros).	*I get (10 euros).*
Ma mère me donne/Mes parents me donnent (10 euros).	*My mother/My parents give(s) me (10 euros).*
par semaine/mois	*per week/month*
Mes parents paient ...	*My parents pay for ...*
mes affaires (f) scolaires	*my school things*
mes vêtements (m)	*my clothes*
Je suis content(e).	*I'm happy.*
C'est pas mal/assez généreux.	*It's not bad/quite generous.*
Je ne suis pas content(e).	*I'm not happy.*
Je trouve ça dur/injuste.	*I find it hard/unfair.*
Ce n'est pas juste.	*It's not fair.*
J'ai besoin d'argent.	*I need money.*
Avec mon argent, j'achète ...	*With my money, I buy ...*
du maquillage	*make-up*
du matériel scolaire	*school equipment*
des bonbons (m) et des chocolats (m)	*sweets and chocolates*
des cadeaux (m)	*presents*
des jeux de console (m)	*console games*
quelquefois/parfois	*sometimes*
toujours	*always*
J'économise/Je fais des économies pour ...	*I'm saving up for ...*
Je mets de l'argent de côté pour ...	*I put money aside for ...*

Les petits boulots — *Part-time jobs*

Je travaille dans ...	*I work in ...*
un centre de loisirs	*a leisure centre*
un fast-food	*a fast-food restaurant*
un salon de coiffure	*a hairdresser's*
un supermarché	*a supermarket*
Je fais du baby-sitting.	*I do babysitting.*
Je livre des journaux.	*I deliver newspapers.*
Je travaille de (9h00) à (17h30).	*I work from (9 a.m.) until (5.30 p.m.).*
Je gagne (5€) par heure.	*I earn (€5) an hour.*
Je fais le café pour les clients.	*I make coffee for the customers.*
Je travaille à la caisse.	*I work on the till.*
Je fais des livraisons.	*I do deliveries.*
Je sers les clients.	*I serve the customers.*
Je range l'équipement sportif.	*I tidy up the sports equipment.*
Je remplis les rayons.	*I fill the shelves.*

Les métiers — *Jobs/Professions*

l'agent (m) de police	*policeman/policewoman*
le/la boulanger/ère	*baker*
le/la caissier/ère	*cashier/checkout person*
le/la chauffeur de poids lourds	*lorry driver*
le/la chef de cuisine	*cook/chef*
le facteur/la factrice	*postman/postwoman*
le/la médecin	*doctor*
le serveur/le garçon de café	*waiter*
la serveuse	*waitress*
le steward/l'hôtesse (f) de l'air	*airline steward/stewardess*

Les avantages et les inconvénients — *Advantages and disadvantages*

Ce que j'aime surtout, ...	*What I like most of all ...*
c'est la variété du travail	*is the variety of work*
le/la patron(ne)	*boss*
mes collègues (m/f)	*my colleagues/workmates*
le salaire	*salary*
les heures (m) de travail	*hours of work*
les gens (m)	*the people*
sauf	*except*
même (si)	*even (if)*
C'est/Ce n'est pas bien payé.	*It is/It isn't well paid.*
monotone	*monotonous*
satisfait(e)	*satisfied*
sévère	*strict*
enfermé(e) dans un bureau	*shut up in an office*
fatigant(e)	*tiring*
gratifiant(e)	*rewarding*
sale	*dirty*
stressant(e)	*stressful*
On a/On n'a pas ...	*You have/don't have ...*
beaucoup de/pas mal de	*a lot of*

contact avec les gens (m)	contact with people	On reçoit un pourboire.	You get a tip.
responsabilité	responsibility	On travaille en équipe.	You work in a team.
temps libre	free time	On voyage beaucoup.	You travel a lot.
On doit se lever tôt.	You have to get up early.	Les heures (f) sont longues.	The hours are long.

Les offres d'emploi / Job adverts

l'aptitude (f) sportive	sporting ability	Comme vous verrez dans mon CV, ...	As you will see from my CV ...
la maîtrise de l'anglais	fluency in English	Veuillez trouver ci-joint ...	Please find attached ...
les langues (f) étrangères	foreign languages	Dans l'attente de votre réponse	Looking forward to hearing from you
J'ai vu votre annonce ...	I saw your advert ...	Je vous prie d'agréer l'expression de mes salutations sincères	Yours sincerely
Je voudrais poser ma candidature pour le poste de ...	I would like to apply for the job of ...		

Au téléphone / On the telephone

Ici, (Pierre Dupont).	(Pierre Dupont) speaking.	Ça s'écrit comment?	How do you spell that?
Je voudrais parler à ...	I'd like to speak to ...	Ne quittez pas.	Hold the line.
Je regrette. Il/Elle n'est pas là en ce moment.	I'm sorry. He/She isn't here at the moment.	Je vais vous passer (Madame Mériel).	I'll put you through to (Madame Mériel).
Vous voulez laisser un message?	Do you want to leave a message?	Quel est votre numéro (m) de téléphone/portable/fax?	What's your telephone/ mobile/fax number?
C'est de la part de qui?	Who's it from?	Je rappellerai demain.	I'll call back tomorrow.

Les problèmes au travail / Problems at work

Le plus grand problème, c'est ...	The biggest problem is ...	l'handicapé(e)	disabled person
		l'immigré(e)	immigrant
le racisme	racism	le/la musulman(e)	Muslim
le sexisme	sexism	il ne faut pas tolérer	you/we must not tolerate
les blagues (f) racistes	racist jokes	tout à fait inacceptable	completely unacceptable
la discrimination contre	discrimination against	le préjugé	prejudice

Les stages en entreprise / Work experience

J'ai fait mon stage dans ...	I did my work experience in ...	J'aidais les mécaniciens.	I helped the mechanics.
		Je rangeais les outils.	I put away the tools.
J'ai fait ça pendant une semaine.	I did it for a week.	Je faisais des photocopies.	I did the photocopying.
		Je classais des fiches.	I did the filing.
J'ai passé deux semaines dans ...	I spent two weeks in ...	Je prenais des commandes.	I took down orders.
		Je prenais des rendez-vous.	I booked appointments.
un garage	a garage	Je servais les clients.	I served customers.
une agence de voyages	a travel agency	Je travaillais à l'ordinateur.	I worked on the computer.
une banque	a bank	Je répondais au téléphone.	I answered the telephone.
une école primaire/ maternelle	a primary/nursery school	J'envoyais des brochures.	I sent out brochures.
une usine	a factory	Je faisais le café.	I made the coffee.
J'ai appris beaucoup de choses.	I learned a lot.	Je surveillais les enfants.	I watched the children.
		J'aidais pendant leurs leçons.	I helped in lessons.
Je n'ai pas appris grand-chose.	I didn't learn much.	Je n'avais pas grand-chose à faire.	I didn't have much to do.
Je n'ai rien appris.	I didn't learn anything.	Je (ne) m'entendais (pas) bien avec ...	I (didn't get) got on well with ...
C'était ...	It was ...	Je me suis ennuyé(e).	I was bored.
une perte de temps totale	a complete waste of time	Je me sentais un peu exploité(e).	I felt a bit exploited.
une expérience positive	a positive experience		
Ce n'était pas complètement positif.	It wasn't completely positive.		

Destinations touristiques Talking about holiday venues
Using the verb *aller*

Déjà vu 1

1 **C'est quel site touristique?**

Exemple: 1 c

a

les châteaux de la Loire

b
la tour Eiffel

c

Disneyland Paris

d

la Dordogne

e
la Bretagne

f
Futuroscope

g
le Mont-Blanc

h
la côte d'Azur

1 C'est un grand parc d'attractions avec beaucoup de manèges.
2 Ce monument a été construit en 1889 pour l'Exposition universelle à Paris. À cette époque, c'était la plus haute tour d'Europe.
3 C'est une rivière qui a donné son nom à cette région pittoresque et touristique du centre-ouest de la France.
4 Les maisons secondaires des rois et des nobles: en été, ils quittaient la capitale pour aller à la campagne et chasser.
5 C'est une région littorale appréciée de ceux qui font de la voile et pêchent. Cette région se trouve dans le nord-ouest de la France.
6 C'est un bâtiment futuriste qui abrite un parc d'attractions basé sur les médias et l'image.
7 C'est surtout une région de vacances appréciée pour ses plages et son climat chaud et ensoleillé.
8 C'est la plus haute montagne d'Europe, qui domine la vallée de Chamonix. C'est aussi un site privilégié pour le ski et l'alpinisme.

> You might not understand all the words in the text, but don't be put off. Use words you know as clues to work out the general meaning.

le manège – carousel
une exposition – exhibition
chasser – to hunt
littoral – coastal

Expo-langue

The irregular verb **aller** (to go) is very important. Make sure you know it.

Présent		Passé composé
je vais	nous allons	je suis allé(e)
tu vas	vous allez	*Futur proche*
il/elle/on va	ils/elles vont	je vais aller

2 **Où sont-ils allés l'année dernière et où vont-ils cette année?**

	l'année dernière	cette année
moi	Dordogne	Paris
Hugo et Didier	châteaux de la Loire	Mont-Blanc
Florence	côte d'Azur	côte d'Azur
Stéphane	Paris	Bretagne

lire **3** Où passe-t-on la nuit? Faites correspondre les images, les titres et les textes.

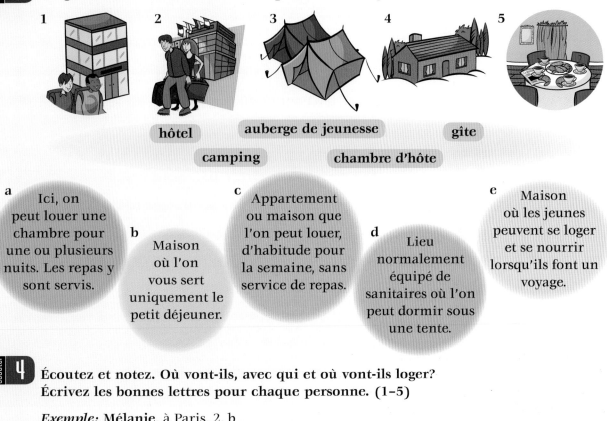

1   2   3   4   5

hôtel   auberge de jeunesse   gîte

camping   chambre d'hôte

a Ici, on peut louer une chambre pour une ou plusieurs nuits. Les repas y sont servis.

b Maison où l'on vous sert uniquement le petit déjeuner.

c Appartement ou maison que l'on peut louer, d'habitude pour la semaine, sans service de repas.

d Lieu normalement équipé de sanitaires où l'on peut dormir sous une tente.

e Maison où les jeunes peuvent se loger et se nourrir lorsqu'ils font un voyage.

écouter **4** Écoutez et notez. Où vont-ils, avec qui et où vont-ils loger?
Écrivez les bonnes lettres pour chaque personne. (1–5)

Exemple: Mélanie, à Paris, 2, b

Avec qui?

Mélanie
Nicolas
Jérôme
Sébastien
Delphine

1 ma famille
2 ma classe
3 mes grands-parents
4 mon père
5 ma mère

Destination?

à Paris
au bord de la mer
à Disneyland Paris
en Dordogne
les châteaux de la Loire

Logement?

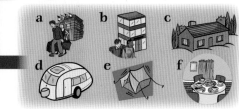

a   b   c
d   e   f

écrire **5** Imaginez que vous êtes Mélanie, Jérôme, etc. Écrivez un paragraphe sur les projets de vacances pour chaque personne.

Je pars avec ...
Nous allons à/en ...
On va loger dans ...

> The verb **visiter** is a false friend: you can use it to visit a place or building (e.g. a museum), but not a person. For this, use **aller voir** or **rendre visite à**.
> J'ai déjà **visité** la Dordogne.
> On **va visiter** les châteaux.
> Je **vais voir** mon correspondant.
> Je **vais rendre visite à** mon correspondant.

La météo Talking about the weather
Past, present and future tenses

Déjà vu 2

parler 1 À deux. Discutez. Mettez les phrases dans la grille.

	hier (imparfait)	aujourd'hui (présent)	demain (futur)
	il faisait beau	il fait beau	il fera beau

il
il y a
il fera
il faisait
il y aura
il fait
il y avait

pleut
neige
des nuages
neigeait
pleuvait
neigera
des orages
du brouillard
du vent
pleuvra
beau

Expo-langue

To talk about the weather:
- what it was like in the past: use the imperfect — *Il faisait beau.*
- what it is like now: use the present — *Il fait beau.*
- what it will be like in the future: use the future — *Il fera beau.*

écouter 2 Écoutez et vérifiez.

parler 3 À deux. Quel temps faisait-il, fait-il et fera-t-il?

le nord – north
le sud – south
l'est – east
l'ouest – west

Hier   Aujourd'hui   Demain

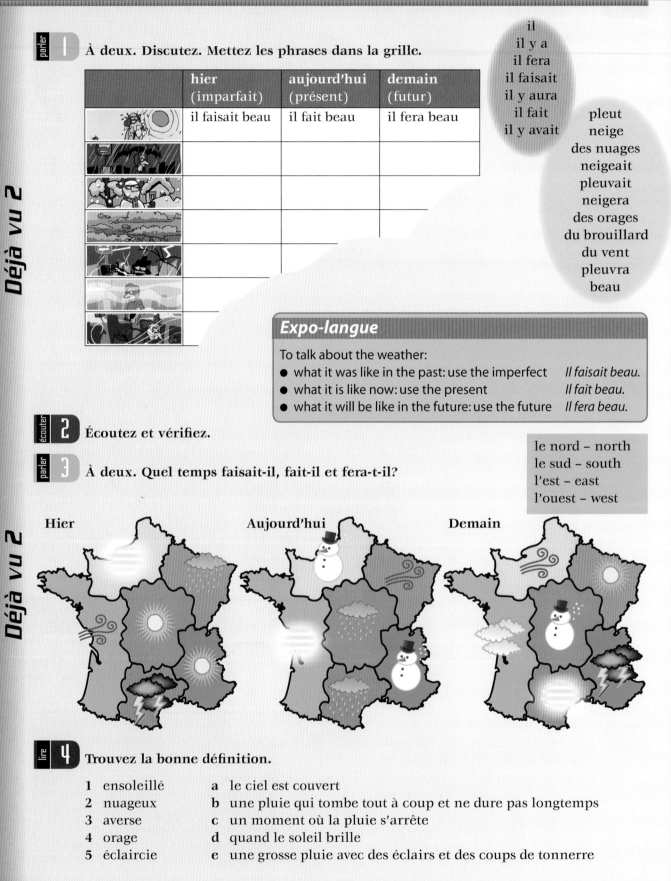

lire 4 Trouvez la bonne définition.

1 ensoleillé   a le ciel est couvert
2 nuageux   b une pluie qui tombe tout à coup et ne dure pas longtemps
3 averse   c un moment où la pluie s'arrête
4 orage   d quand le soleil brille
5 éclaircie   e une grosse pluie avec des éclairs et des coups de tonnerre

5 Écoutez la météo et choisissez les bons symboles pour chaque région.

Exemple: **1** b, c, h

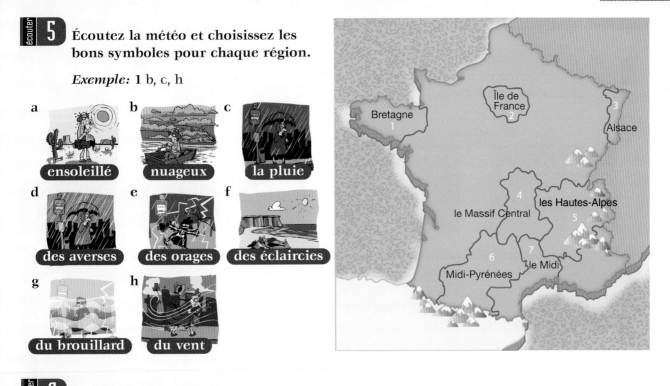

a — ensoleillé

b — nuageux

c — la pluie

d — des averses

e — des orages

f — des éclaircies

g — du brouillard

h — du vent

Bretagne 1
Île de France 2
Alsace 3
le Massif Central 4
les Hautes-Alpes 5
Midi-Pyrénées 6
le Midi 7

6 Le temps chez nous. Écoutez et lisez. C'est V (Vrai), F (Faux) ou PM (Pas Mentionné)?

1 En été, il pleut d'habitude le soir.
2 Le foehn est un type d'orage.
3 En automne, Alizée aime les couleurs des arbres.
4 En hiver, il fait très froid pendant la nuit.
5 En hiver, il fait quelquefois chaud pendant la journée.
6 Au printemps, il ne pleut pas.

> J'habite en montagne. D'habitude en été, il fait beau et il y a du soleil. De temps en temps, il y a un vent désagréable qui arrive du sud et qui s'appelle le foehn. Quelquefois, il y a de grands orages le soir, mais normalement, le mauvais temps passe vite.
>
> En automne, il y a souvent des nuages et il pleut beaucoup. C'est un moment un peu triste. Les feuilles tombent des arbres et il commence à faire froid.
>
> Un jour, en hiver, on se réveille et le monde est couvert d'une neige qui brille au soleil. Quelquefois, nous avons plus d'un mètre de neige en une nuit. Les jours d'hiver sont souvent ensoleillés et même chauds: il faut mettre de la crème solaire. En altitude, le soleil est dangereux!
>
> Le printemps arrive souvent en retard chez nous. La neige fond, les rivières débordent et nous avons beaucoup de brume et de précipitations, mais finalement, les fleurs apparaissent à nouveau sur les alpages et on peut de nouveau ranger ses pulls!
>
> **Alizée**

7 Écrivez la météo pour la Grande-Bretagne.

Au sud de l'Écosse, il y a/aura ....

Aujourd'hui

Irlande du Nord
Écosse
Pays de Galles
Angleterre

Demain

Irlande du Nord
Écosse
Pays de Galles
Angleterre

1 Mes projets pour les vacances
Making holiday plans
The future and conditional

a b

Lisez et trouvez les bonnes photos pour chaque personne.

Exemple: Max: f, ...

c d e f

1 Cette année, comme d'habitude, je passerai mes vacances chez mes grands-parents. Ils habitent une petite ferme à la campagne. Mes parents imaginent que j'aime passer les vacances au bout du monde. Je préférerais aller au bord de la mer avec mes copains, louer un appartement dans une station balnéaire avec une ambiance agréable. Quand je serai plus grand, j'irai au bord de la mer faire du camping avec mes copains. Pour le moment, c'est faire du kayak, aider à la ferme et faire du vélo avec mes petits cousins!

Max

2 Pendant les grandes vacances, je ferai des petits jobs pour gagner de l'argent. Puis je ferai un stage de surf. J'irai à Hossegor, au bord de l'océan Atlantique, avec mon copain. Les vagues y sont super pour faire du surf et puis après le stage, je resterai à Hossegor avec la famille de mon copain. Ils louent une grande caravane sur un terrain de camping, et Luc et moi dormirons sous une tente. Un soir, Luc et moi aimerions faire un feu sur la plage et dormir à la belle étoile, si ses parents nous le permettent.

Kévin

Relisez. Copiez et complétez la grille en anglais. Que feront-ils et qu'est-ce qu'ils voudraient faire?

	Will: go where?	Who with?	Would like: to do what?	Who with?
Max				
Kévin				

Expo-langue →→→→

Grammaire
224

The future tense (what you **will** do)
This is made from the infinitive of regular verbs and the future endings, which are the same as the present tense of **avoir: –ai –as –a –ons –ez –ont**

e.g. jouerai, joueras, jouera, jouerons, jouerez, joueront

The conditional tense (what you **would** do)
This is made from the infinitive of regular verbs

and the conditional endings, which are:
–ais –ais –ait –ions –iez –aient

e.g. jouerais, jouerais, jouerait, jouerions, joueriez, joueraient

Many common verbs are irregular, e.g.:

Infinitive	Future	Conditional
aller	j'irai	j'irais

3 Écoutez. Choisissez la bonne image pour chaque personne. (1–3)

Exemple: **1 a, g,** etc.

Où iront-ils?

a

b

c

d

e

Que feront-ils?

f

g

h

i

j

Ça sera comment?

k

l

m **OK**

n

o

4 Parlez de vos projets de vacances.

Cette année	j'irai	au bord de la mer/à la campagne/chez mes grands-parents
Comme d'habitude		à Paris/en Espagne /en France/aux États-Unis
Pour la première fois	je resterai à la maison parce que …	
… avec mes parents/mon copain/ma copine/ma classe …		
Je ferai	du sport/du VTT/de la natation/de l'équitation	
Je jouerai	au football/volley/tennis/basket	
Je me reposerai … je ne ferai rien!		
J'aurais préféré aller	aux États-Unis/au bord de la mer/à la montagne/en Italie	
J'aurais préféré faire	un stage d'équitation/de la planche à voile/du parapente …	
	du camping avec mes copains/copines …	

Expo-langue →→→→

To say what you would have preferred, you use the
perfect form of the conditional: **j'aurais préféré** + infinitive
j'aurais préféré aller = I would have preferred to go
j'aurais préféré manger = I would have preferred to eat
j'aurais préféré rester = I would have preferred to stay

5 Écrivez un paragraphe sur Françoise, Vincent et vous-même.

	Françoise	Vincent
Où iront-ils? Françoise/Vincent ira …		
Que feront-ils? Elle/Il fera/jouera …		
Ils auraient préféré: Elle/Il aurait préféré …		

Et toi? Où iras-tu? Que feras-tu? Et qu'est-ce que tu aurais préféré faire?

Pour vos vacances en Ardèche, choisissez un camping familial et vivant situé au cœur de la région.

Au pied des vignes et dans une immense forêt naturelle, le camping est conçu comme un jardin botanique où chaque emplacement exprime les charmes de l'Ardèche.

Sur le camping

- ◎ piscine 150m²
- ◎ pataugeoire
- ◎ épicerie et snack
- ◎ salle de jeux
- ◎ mini-golf et ping-pong
- ◎ ateliers pour les enfants
- ◎ aire de jeux

- ◎ terrain de pétanque et de volley
- ◎ randonnées
- ✳ commerces à 1 km
- ✳ supermarché à 4 km
- ✳ équitation à 15 km
- ✳ rafting à 7 km
- ✳ gorges de l'Ardèche à 15 km

lire **1** **Trouvez les mots/les phrases dans le dépliant.**

1 bowls	4 games room	7 paddling pool
2 children's workshops	5 grocer's	8 shops
3 play area	6 walks/hikes	

Expo-langue →→ *Grammaire* 206

notre/nos (*our*) always agrees with the noun it is with:
notre tente   **nos** bagages

Expo-langue →→→→

The **nous** form of the verb almost always ends in **–ons**.
(Exception: **être**: nous **sommes**)

présent	*passé composé*	*imparfait*	*futur*	*conditionnel*
nous faisons	nous avons fait	nous faisions	nous ferons	nous ferions

parler **2** **À deux. Décrivez ce que vous avez fait hier au camping.**

> Use the **nous** form here.
> Watch out for which tense to use.

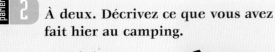

écrire **3** **Écrivez un e-mail à votre copain/copine. Dites-lui ce que vous avez l'intention de faire demain.**

4 Camping des Sapins. Écoutez les informations sur le camping et choisissez les bonnes réponses.

1	Situation:	(**a**) mer	(**b**) campagne	(**c**) montagne
2	Hébergement:	(**a**) caravanes	(**b**) tentes	(**c**) chalets
3	Distance des commerces:	(**a**) 2 minutes	(**b**) 5 minutes	(**c**) 7 minutes
4	Piscine:	(**a**) 75m^2	(**b**) 150m^2	(**c**) 180m^2
5	Pataugeoire:	(**a**) 20m^2	(**b**) 25m^2	(**c**) 50m^2
6	Animations enfants:	(**a**) tous les jours	(**b**) tous les matins	(**c**) tous les après-midis

5 Lisez la lettre et choisissez la bonne réponse.

1 Beth Fraser veut (**a**) se plaindre.
  (**b**) réserver un emplacement.
  (**c**) souhaiter de bonnes vacances.
2 L'emplacement était (**a**) à l'ombre.
  (**b**) près du parking.
  (**c**) près de la piscine.
3 Il n'y avait pas d'eau (**a**) assez près.
  (**b**) après 22h00. (**c**) propre.
4 Les sanitaires étaient (**a**) trop loin.
  (**b**) sales. (**c**) sans eau.
5 Elle veut (**a**) un remboursement.
  (**b**) une lettre d'excuses.
  (**c**) une lettre de confirmation.

> To say what something was like in the past, or that it didn't work, you use the imperfect tense.
> Il **était** … Il y **avait** ….
> Il/Elle ne **marchait** pas.
> Il/Elle ne **fonctionnait** pas.

Madame/Monsieur

Je vous écris pour me plaindre de mon séjour dans votre camping au mois d'août cette année.

J'ai réservé et payé d'avance, mais quand nous sommes arrivés dans le camping, celui-ci était complet et il n'y avait pas d'emplacement pour nous. Vous nous avez trouvé un emplacement en plein soleil et il y avait trop de bruit provenant du parking d'à côté.

Le branchement d'électricité fonctionnait à peine et nous avons dû aller à plus de 100m pour chercher de l'eau. Les sanitaires n'étaient pas propres et il y avait des feuilles dans la piscine. Malgré l'interdiction d'allumer la radio après 22h, il y avait beaucoup de gens qui le faisaient …

Nous avons payé pour deux semaines, mais vu que les conditions n'étaient pas acceptables, nous sommes partis après deux jours. J'attends donc un remboursement.

Dans l'attente de vous lire dans les meilleurs délais, je vous prie d'agréer, madame/monsieur, l'expression de mes sentiments les plus distingués.

Beth Fraser

> Dans l'attente de vous lire dans les meilleurs délais – Looking forward to hearing from you soon

6 Ils se plaignent de quoi? (1–5)

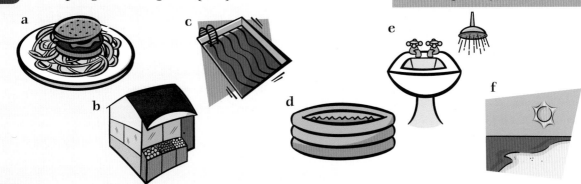

7 Imaginez. Vous avez passé de mauvaises vacances.
Écrivez une lettre pour vous plaindre.

3 Visitez la Côte d'Amour, Bretagne
Describing a destination
Using the perfect infinitive

La Baule

La station balnéaire de la Baule se vante d'être une des plus belles plages d'Europe, avec 9 kilomètres de sable fin et blond.

Située dans la banlieue du grand port de Saint Nazaire, elle bénéficie d'un climat doux. Dans un rayon de 25 km, vous trouverez 50 plages, six ports de pêche et de plaisance et plus de 100 courts de tennis, un terrain de golf qui met à votre disposition 45 trous (deux terrains à 18 trous et un à neuf trous), des kilomètres de sentiers pédestres, pistes cyclables et allées cavalières et des clubs où l'on peut apprendre ou pratiquer la voile et la planche à voile.

La ville est desservie par le train, le TGV direct à partir de Paris.

Visitez également:

- Le Croisic: le premier port français pour la pêche à la crevette rose
- La Turballe: le premier port pour l'anchois et la sardine. À ne pas manquer: le retour des chalutiers escortés par des goélands et des mouettes
- Guérande: une cité médiévale et ses remparts
- Les marais salants où on canalise et évapore l'eau de l'océan dans des bassins pour en récupérer «l'or blanc» (le sel)

Gastronomie

Dégustez les saveurs et recettes de Bretagne.

- Les crustacés et les coquillages: huîtres, coquilles St Jacques, langoustines, homards …
- La fameuse galette bretonne: une crêpe salée
- Les pommes de terre de la région
- Le gâteau au beurre et le gâteau aux pommes
- Le cidre de la région

Lire et écouter

lire 1 **Lisez et trouvez les mots.**

1 Find five French words in the text which are spelt the same as an English word.
2 Find five words which are related to these English words:
benefit, cavalry, evaporate, pedestrian, cycle
3 Find five more words which begin like a related English word.

- **Check the context.** Before you answer the questions, decide what sort of text it is, as this will help you to understand it better. Look for clues: read the titles, look at the layout, look at the photographs. What do they tell you?
- **Read for gist.** Think of what sort of language you would expect to find. For example, in a tourist brochure like this, you'd expect information on places of interest, local sights and – particularly in France – food and drink!
- **Read for detail.** Use what you already know about the way French works to deduce the meaning of words you don't know. Check if:
  - it's a noun, adjective, verb, etc.
  - it's related to an English word you know
  - any part of it is like an English word that would make sense in this context.
- You won't need to understand every word to answer the questions!

cent trente-quatre 134

2 Choisissez les quatre phrases qui sont vraies.

1 There are lots of opportunities for sport.
2 La Baule is a ski resort.
3 It has extreme weather conditions.
4 Brittany is famous for its beer.
5 A *galette* is a savoury pancake.
6 The beach at la Baule is 9 km long.
7 *Les marais salants* is where they catch the best prawns.
8 Apple cake is a local speciality.

> Are there still some words you need to know?
>
> ● Try saying the words aloud and see if that helps: **crustacés** (crustaceans), **coquillages** (cockles/shellfish), **plaisance** (pleasure).
> ● Read the questions. They may help!

> You will have to answer different sorts of listening questions in your GCSE exam, like the ones below. But however the questions are phrased, you can always make sure you get as many answers right as possible by following a few simple rules:
>
> ● Read all the statements or questions first, so that you have an overall understanding of the context.
> ● Read the statements again and predict what words you are likely to hear.
> ● If you are sure of the answers, do them straight away, but if you are not sure, remember that you will hear the recording a second time. Make notes beside the ones you don't know if that would be helpful.
> ● Check you have understood the question. There may be one key word that you might have missed when you read it the first time!
> ● When you have finished all the questions, go through your answers again and check you have crossed out any notes you have made.

3 Écoutez et choisissez: V (Vrai) ou F (Faux).

1 She stayed with her grandparents in Brittany.
2 In the evening, she went fishing.
3 They barbecued the fish on the beach.
4 She enjoyed eating the fish.

4 Écoutez et répondez aux questions.

1 Where did his parents sleep?
2 Where did he sleep?
3 Who with?
4 Why did he prefer it?

5 Écoutez et complétez les phrases.

1 His mother is from ▭.
2 What she cooks depends on ▭.
3 The speaker's favourite dish is ▭ …
4 … with a sauce made from ▭.

Expo-langue →→→→

The perfect infinitive

To say 'after having done something you went on to do something else', you use the perfect infinitive:
après + **avoir/être** + past participle.

après avoir mangé = after eating
après être arrivé(e) = after arriving

après avoir fini mes devoirs = after finishing my homework
après être rentré(e) = after getting home

écouter **1** Où vont-ils? Qu'est-ce qu'ils mangent? (1–4)

a   b   c

d   e   f

écouter **2** Écoutez Nicolas et Sophie au restaurant. C'est Vrai (V), Faux (F) ou Pas Mentionné (PM)?

1   Il a faim.
2   Ils vont boire du coca.
3   Elle va prendre une salade niçoise.
4   Il va prendre de la soupe.
5   Il va manger un poulet frites.
6   Ils n'aiment pas les choses sucrées.

Expo-langue →→→→ 224

Remember to use the conditional to translate 'would':
What *would* you *like*?   Que **voudrais**-tu?

To form the conditional, you add the imperfect endings to the future stem:
j'**aimerais**, je **voudrais**, j'**irais**

j'aimerais
tu aimerais
il/elle/on aimerait
nous aimerions
vous aimeriez
ils/elles aimeraient

3 À deux. Vous avez faim et soif et 35€ à vous partager!
Regardez le menu et décidez ensemble ce que vous allez commander.

Les boissons

Coca-cola, Orangina, limonade 2€
eaux minérales 1€
jus de fruits 1,50€
café express ou déca 1€
vin rouge 25cl 3€

Les entrées

soupe du jour 3€
salade de tomates 4€
salade verte 3€
pâté maison 4€

Les pâtes

spaghettis bolognaise 5€
tagliatelles carbonara 5,50€
lasagnes maison 6€

Les plats

faux-filet haché frites 6€
poulet frites 5€
steak frites 5€
côtelettes d'agneau, haricots et riz 7€
poisson du jour, carottes et riz 7€
salade niçoise 4,50€
omelette 4€

Le plateau de fromages

3€

Les desserts

mousse au chocolat 2€
tarte au citron 3€
tarte aux pommes 3€
crème brûlée aux prunes 3€
glaces: vanille, fraise, chocolat,
mangue, pistache 1,50€

– Qu'est-ce que tu prends?
– Je prends … (comme entrée)
  et puis … Et toi?
– Moi, je prends …
– Ça fait combien?
– …

4 Ils ont mangé où? Qu'est-ce qu'ils ont mangé? C'était comment? (1–3)

	Où?	plat 1	opinion	plat 2	opinion
1					

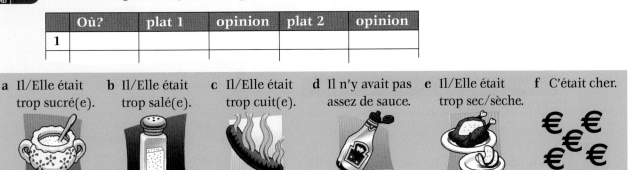

a Il/Elle était trop sucré(e). **b** Il/Elle était trop salé(e). **c** Il/Elle était trop cuit(e). **d** Il n'y avait pas assez de sauce. **e** Il/Elle était trop sec/sèche. **f** C'était cher.

5 À deux. Discutez: *En vacances.*

Quand tu pars en vacances …
■ Dînes-tu souvent en plein air?
■ Aimes-tu faire des pique-niques?
■ Préfères-tu dîner au restaurant, au fast-food ou à la pizzeria?
■ Avec qui préfères-tu dîner?
■ Qu'est-ce que tu aimes manger?
■ Que bois-tu?

D'habitude, …
Ça dépend. …
S'il fait beau, …
De temps en temps, …

6 Imaginez. Hier, c'était l'anniversaire de ta grand-mère. Vous êtes sortis dîner au restaurant. Où êtes-vous allés? Qu'est-ce que vous avez mangé? C'était comment? Écrivez un paragraphe.

1 Qu'est-ce qu'ils aiment faire et qu'est-ce qu'ils n'aiment pas faire?
Copiez et complétez la grille.

a b c d e f

g h i j k l

Les grandes vacances, c'est le meilleur moment de l'année. J'aime nager dans la mer ou dans une piscine et j'aime jouer au volley avec mes copains. Quand on était petits, on faisait des balades et des pique-niques en famille dans la forêt, mais maintenant, le plus important, c'est de revoir mes amis. Ce que je n'aime pas, c'est visiter les musées ou traîner dans une grande ville pendant que mes parents font du shopping!
Vincent

Je déteste les vacances en famille. Quand j'étais petit, ça allait, mais maintenant je m'ennuie. Je n'aime pas me reposer sur la plage. Je n'aime pas me bronzer. En fait, je dois même éviter de passer trop de temps au soleil. J'ai la peau sensible. Ce que j'aime, c'est faire du sport comme du parapente, de l'escalade ou de la randonnée en haute montagne. J'ai besoin d'un défi.
Sophie

Mon père et moi, nous aimons faire de la randonnée avec sac à dos et dormir à la belle étoile. J'adore ça, sauf quand il pleut! Quand j'étais petit, on allait à la plage avec ma mère, mais maintenant, mes parents sont séparés et je passe les grandes vacances avec mon père. Nous n'aimons pas la plage, les stations balnéaires avec les parcs d'attractions et leurs fast-foods et leurs boîtes en plastique que l'on retrouve partout par terre.
Christian

J'aime partir en vacances, mais cette année, on reste chez nous parce que mon père est au chômage. Ce que j'aime le plus, c'est aller à la piscine au parc aquatique. Je peux y aller en vélo. Il y a du monde et on s'amuse bien. On trouve toujours de nouveaux amis et on peut jouer au volley. Je n'aime pas rester à la maison et ne rien faire ou bien regarder la télé ou lire des livres. Je ne peux même pas envoyer des e-mails à mes amis parce qu'ils sont tous partis en vacances, et cela me donne trop envie de partir, moi aussi!
Coralie

défi – challenge

nom	aime	n'aime pas
Vincent	a, ...	c, ...

Expo-langue

Remember:
You use the *present* to say what you do or don't do **now** or **generally**.
You use the *imperfect* to say what you **used to** do.
And the *conditional* to say what you **would** or wouldn't do.

Present	Imperfect	Conditional
j'aime	j'aimais	j'aimerais
je préfère	je préférais	je préférerais
je veux	je voulais	je voudrais

2 Écoutez et notez. Relisez les textes de l'exercice 1 si nécessaire. (1–4)

a Who's speaking: Vincent, Sophie, Christian or Coralie?
b What does he/she usually do on holiday?
c What would he/she prefer to do?

3 À deux. Posez les questions et répondez-y.

■ Qu'est-ce que (Vincent/Sophie/Christian/Coralie) aime faire?
■ Et qu'est-ce qu'(il/elle) n'aime pas faire?
■ Qu'est-ce qu'(il/elle) faisait quand (il/elle) était petit(e)?
■ Qu'est-ce qu'(il/elle) préférerait faire maintenant? Pourquoi?
■ Et toi? Qu'est-ce que tu aimes/n'aimes pas faire?
■ Que faisais-tu quand tu étais petit(e)?
■ Qu'est-ce que tu préférerais faire maintenant?

lire **4** Lisez les textes et les phrases. C'est quel séjour?

1

Séjour sportif à la Martinique

Plongée sous-marine, kayak, trekking, baignades, équitation au bord de la mer ◆ Excursions, soirées
Ce séjour aux Caraïbes vous permettra de combiner la découverte de l'île et la détente au bord de la mer.
7 heures de vol de Paris et navette de l'aéroport jusqu'au lieu d'hébergement dans un hôtel quatre étoiles
Équipement fourni: combinaison de plongée, bouteilles, sac étanche

2

Séjour multi-activités Biarritz

Moto, karting, cyclisme, piscine, surf, beach-volley, judo, tennis, foot, excursions dans les Pyrénées
Hébergement hôtel familial deux étoiles
Le transport à l'hôtel sera effectué en minibus directement de la gare.
Ce séjour permettra aux jeunes d'expérimenter plusieurs sports.
Équipement fourni: vélo ou moto, casque, gants et genouillères

3

Visite culturelle *La découverte de la capitale*

Ce séjour permettra aux jeunes de découvrir la capitale à travers les monuments et les quartiers typiques de Paris.
La tour Eiffel, l'arc de Triomphe, Notre-Dame, la Cité des sciences et de l'industrie, visite des quartiers typiques, le parc d'attractions Parc Astérix
Les jeunes seront logés en auberge de jeunesse.
Le transport sera effectué en car grand tourisme.

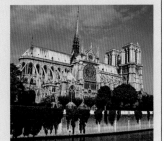

a Vous visiterez les monuments les plus importants avec un guide qualifié.
b Vous partirez de l'aéroport Charles-de-Gaulle à Roissy.
c Les déplacements seront effectués en car.
d Vous n'aurez pas besoin d'apporter un équipement spécial pour la plongée.
e L'auberge de jeunesse est à dix minutes du centre-ville.
f Vous pourrez apprendre un nouvel art martial.
g Il fera très chaud.
h Les chambres sont bien équipées avec balcon donnant sur la mer.
i Des randonnées en montagne sont au menu.

parler **5** À deux. Discutez. Donnez votre opinion sur chaque séjour.

> C'est super/cool/nul/ennuyeux.
> J'aimerais faire ce séjour parce que …
> Je n'aimerais pas faire ce séjour parce que
> … et c'est pas mon truc.

écrire **6** Mes vacances. Faites un résumé.

D'habitude, je vais …
En vacances, j'aime …
Je n'aime pas …

Quand j'étais petit(e), je …
Maintenant, je préférerais …
parce que …

1 Les vacances de Jérôme. Écoutez et lisez le texte.
Décidez: V (Vrai), F (Faux) ou PM (Pas Mentionné)?

L'année dernière, nous sommes allés en Bretagne chez mes grands-parents. J'avais voulu faire un stage de plongée avec mon copain, mais il coûtait trop cher. Le voyage était affreux. La voiture était pleine à craquer. Nous étions cinq personnes, le chien, tous les bagages, les vélos et deux planches à voile. Chose curieuse, ma sœur a toujours une grande valise, mais une fois qu'on est là-bas, elle ne porte que des bikinis!

Nous sommes partis à six heures du matin. Mais il y avait tellement de monde qui partait au même moment qu'il y avait des embouteillages partout sur l'autoroute. On a dû faire la queue pour l'essence et aux toilettes. Heureusement, nous avions emporté des sandwichs. Quand nous sommes arrivés, mes grands-parents dormaient dans leurs fauteuils devant la télé.

Le lendemain, il a plu et nous sommes allés faire du shopping à l'hypermarché, mais après, il y a eu du soleil presque tout le temps. La mer était un peu froide pour nager, mais nous avons mis une combinaison de plongée et mon frère et moi, nous avons joué dans l'eau et fait de la planche. Mon grand-père a un bateau à voile et il nous a appris à faire de la voile. Un jour, j'étais à peine rentré d'une promenade avec le chien quand une fille s'est approchée de moi. Elle m'avait vu sur le bateau de mon grand-père et elle voulait aussi apprendre à faire de la voile. Elle était super chouette. Nous nous entendions très bien. J'espère qu'elle viendra l'année prochaine. J'ai voulu lui envoyer des e-mails, mais j'ai perdu son adresse.

1 Jérôme a passé ses vacances au bord de la mer.
2 Ses grands-parents habitent en Bretagne.
3 Il est parti avec sa famille.
4 Il y est allé en car.
5 Il emporte toujours une grande valise.
6 Le voyage s'est passé sans difficultés.
7 Ils ont logé dans une auberge de jeunesse.
8 Il a fait de la planche à voile avec son père.
9 Il a trouvé une nouvelle petite copine.
10 Il lui envoie des e-mails.

Expo-langue →→→→

226

à peine – just/hardly

Look out for time markers which tell you to use a past tense:
hier, l'année dernière, la semaine dernière, etc.

When talking about what happened on a single occasion in the past, use the *perfect tense*:
Hier, j'**ai fait** du judo/j'**ai reçu** un e-mail de mon copain.
La semaine dernière, je **suis allé(e)** en France.

You use the pluperfect tense to say 'had done', 'had gone', etc. Like the perfect tense, it is formed using an auxiliary – **avoir** or **être** – plus a past participle, but the auxiliary is in the imperfect tense.
Elle m'**avait** vu sur le bateau. = She **had** seen me on the boat.
J'**étais** à peine rentré. = I **had** only just got back.

2 Écoutez et choisissez les bonnes lettres. (1–3)

● Ou sont-ils allés? ● Pour combien de temps? ● Avec qui? ● Comment y aller?

a aux États-Unis	**e** deux semaines	**i** mes parents	**m** en voiture
b en Espagne	**f** trois semaines	**j** ma classe	**n** en avion
c en Corse	**g** dix jours	**k** ma mère	**o** à pied
d chez la famille	**h** une semaine	**l** ma sœur	**p** en train

parler 3 Tour de France. À deux. Décrivez le voyage de Tom et Matthieu.

Jour 1. Ils sont partis de ...
Ils ont pris le train ...

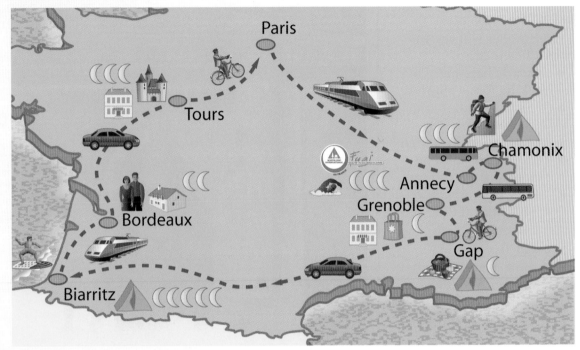

écrire 4 Imaginez. Vous êtes partis avec Tom et Matthieu. Décrivez vos vacances!

Nous sommes partis à 6h. Nous avons pris le train à ... Il faisait déjà chaud et il y avait du monde à la gare ... Nous nous sommes arrêtés à ....

écouter 5 Qu'est-ce qu'ils ont fait, font et feront? Copiez et complétez la grille. (1–3)

	l'année dernière	cette année	l'année prochaine
1	*un stage de planche à voile en Bretagne*		
2			

écrire 6 Écrivez. Qu'est-ce que vous avez fait l'année dernière, qu'est-ce que vous faites cette année et qu'est-ce que vous ferez l'année prochaine?

> You don't know what you're going to do? Say so.
> **Je ne sais pas encore ...**
> Say what you would like to do instead.
> **... mais j'aimerais ...**

Controlled assessment interview

Imagine you are working in a tourist information office in France. Your teacher is going to ask you about your area.

Your teacher will ask you the following:
- Can you help me? I am looking for a campsite.
- Which do you recommend?
- What is there to do here?
- Can you recommend where to shop and eat?
- Are there any special events here at the moment?

You will also have to respond to something that you have not yet prepared.

The dialogue will last a maximum of six minutes.

1 You will hear a model interview. Look at the names of the three campsites Zoe mentions. Which campsite do you think she is talking about in each of the phrases below? Listen to check.

A   CAMPING *les Dunes*

B   CAMPING LA FORÊT

C   CAMPING MUNICIPAL

1 Ce n'est pas cher.
2 Il est au bord de la mer.
3 C'est proche des commerces.
4 Ici c'est tranquille.
5 C'est bien pour les enfants.
6 Ici on peut faire des promenades.

2 In the interview, both speakers use the *vous* form because it is a formal situation. Listen again and note down the verbs you hear from both speakers, in the *vous* form.

3 Listen to the second part of Zoe's interview and fill in the gaps.

- ▮ Qu'est-ce qu'on peut faire ici?
- ● Alors ... il y a la plage (**1**) ▬▬▬▬ on (**2**) ▬▬▬▬ se baigner ou faire du surf. Il y a aussi l'Aquaparc avec cinq toboggans, et si on aime faire des promenades à pied ou en VTT il y a des sentiers appropriés. Si vous (**3**) ▬▬▬▬ intéressez à la culture et à l'histoire, il y a la vieille ville, le château et des musées à visiter, et (**4**) ▬▬▬▬ vous avez (**5**) ▬▬▬▬ tout cela vous pouvez aller dîner dans un restaurant typique de la région.
- ▮ Pouvez-vous me recommander où faire les achats et où dîner?
- ● Pour les achats il y a un hypermarché (**6**) ▬▬▬▬ est ouvert tous les jours en saison, même le dimanche matin. (**7**) ▬▬▬▬ un marché tous les jours mais maintenant c'est seulement le mardi et le vendredi. Si vous (**8**) ▬▬▬▬ des souvenirs, il y a des boutiques au centre-ville. Pour manger il y a (**9**) ▬▬▬▬ restaurants. Si vous voulez (**10**) ▬▬▬▬ les spécialités de la région, il y a des petits restaurants pas chers en face de la plage.

4 Now listen to the final part of Zoe's interview and answer the questions.

   1 What verb does she use to translate 'to try' or 'to taste'?

   2 What word does she use to say 'I have eaten too much *of it*'?

   3 What words does she use to say 'I haven't been there yet'?

   4 How does she say 'there is no lack of things to do'?

   5 What is the unprepared question?

5 Now it's your turn! Prepare your answers to the task opposite, then take part in an interview with your teacher or partner.

- Use the Grade Studio and your answers to exercises 1–4 to help you.
- Make sure you understand the French for the questions you will be asked.

- Adapt what Zoe said to answer questions about a holiday destination, but add new ideas of your own.
- Prepare your answers to the questions in exercise 1 and try to predict what the unprepared question will be.
- Record the interview. Ask a partner to listen to it and say how well you performed.

Award each other one star, two stars or three stars for each of these categories:

- pronunciation
- confidence and fluency
- range of tenses
- variety of vocabulary and expressions
- using longer sentences
- taking the initiative.

What do you need to do next time to improve your performance?

GradeStudio

To produce a good answer, you need to show that you can use a variety of verbs, structures and expressions. Use:
- **connectives** to make longer sentences. Listen to how Zoe uses *et*, *mais* and *ou*.
- **interesting adjectives**. Note how Zoe uses *tranquille* and *bruyant* to describe the campsites.
- expressions with **modal verbs**, such as *on peut* + infinitive, to say what you can do.

- To go a step further, you need to show you can use other tenses, such as the imperfect and future tenses. Zoe uses the **imperfect** to say there used to be a market every day and the **future** to say where she will go tonight.
- She also uses a **reflexive verb** in the phrase *si vous vous intéressez …*
- She uses the **comparative** to say 'nearer to the shops': *plus proche des commerces*.

For a really impressive answer, you should show that you can use the **relative pronouns** *qui* and *que*; **pronouns** *y* and *en*, and the **superlative**. Zoe uses:
- *qui* to say 'the campsite **which** is beside the sea': *qui* est au bord de la mer
- *y* to say 'I went **there**': *j'y suis allée*
- *en* to say she ate 'too much (**of it**)': *j'en ai trop mangé*
- *le plus tranquille* to say 'La Forêt campsite is **the quietest**'.

Brille à l'oral!

- Listen for some of the more unusual expressions that Zoe uses and see if you can use them:
  - *même sous la pluie* – even when it's raining
  - *Il ne manque pas de …* – There's no lack of …
  - *d'après la météo* – according to the forecast.

Mes vacances

L'année dernière, je suis allé en Espagne avec ma famille. Nous nous sommes levés à quatre heures du matin pour être à l'aéroport à l'heure, mais quand nous sommes arrivés en Espagne, il y avait une grève à l'aéroport et nous avons dû attendre pendant trois heures pour récupérer nos bagages. Quand nous sommes arrivés, nous étions fatigués et nous avions faim et soif.

Mon père avait loué un appartement dans un grand bâtiment moderne à dix minutes de la plage. Nous étions au troisième étage. Mon frère et moi avons dormi sur des canapés-lits. C'était grand et commode, en face de la plage et à deux minutes des commerces! En bas, il y avait trois piscines et une grande pataugeoire.

Le matin, on se levait tard, on déjeunait et faisait les courses. L'après-midi, nous restions autour de la piscine. Mon frère et moi, nous nous sommes faits des amis. Le soir, nous dînions au restaurant. Mes parents n'aiment pas la cuisine espagnole. On mangeait donc dans des restaurants avec une carte française. J'aurais préféré manger de la cuisine espagnole car j'aime les tapas. En Espagne, le soir, tout le monde sort se promener et l'ambiance est festive.

Un jour, nous sommes allés en car à un parc aquatique où il y avait plusieurs piscines, une piscine à vagues et six toboggans. Le toboggan «noir» était vraiment terrifiant. Nous l'avons pris plusieurs fois. Un autre jour, on est allés faire du karting. Je n'avais pas voulu aller en Espagne mais c'était sensass!

Cette année, on retourne en Espagne, mais l'année prochaine, nous irons rendre visite à nos grands-parents en Normandie. Je préférerais aller en Espagne parce que j'adore le soleil. J'apprendrai même l'espagnol! J'en connais déjà quelques mots! *¡Adiós!*

Vincent

> les canapés-lits (m) – sofa beds
> une pataugeoire – paddling pool
> le toboggan – slide/flume

1 Find the French equivalent of these phrases in the text and copy them out.

1 We got up
2 when we arrived
3 there was a strike
4 we were tired
5 we made some friends
6 everyone goes out
7 I hadn't wanted to go to Spain
8 I would prefer to go to
9 I love the sun
10 I will learn

2 Which tenses are used in the phrases in exercise 1? For each phrase, write 'present', 'perfect', 'imperfect', 'future', 'conditional' or 'pluperfect'.

3 Find the four correct statements.

1 Last year, they flew to Spain.
2 They had to wait for their luggage.
3 They arrived relaxed at their destination.
4 His parents don't like Spanish food.
5 Their apartment was near the shops.
6 He would prefer to spend his holidays in Normandy.
7 They did something different every day.
8 He was too scared to go down the black flume.

Controlled assessment practice

4 You might be asked to write about a holiday as a controlled assessment task. Use the Grade Studio to help you prepare.

GradeStudio

To produce a good answer, you need to use key tenses correctly and give opinions. Look at how Vincent does this.

◆ He uses the **present tense** to say what someone likes or dislikes.
◆ He uses the **perfect tense** to say when he went to Spain and when he got up that morning.
◆ He uses the **future tense** to say where he is going next year.
◆ Look for the **adjectives** he uses to describe his holiday.

To go a step further, you should use the **imperfect tense** and the *nous* form in the different tenses.
◆ Vincent uses the imperfect tense to talk about things he did every day: *on déjeunait et faisait les courses.*
◆ Use the perfect with *avoir. nous avons dû.*
◆ Use the perfect with *être: nous sommes allés.* (Remember to make the past participle agree.)
◆ Use the future: *nous irons.*

For a really impressive answer:
◆ look at how Vincent has used the **conditional** to say what he would prefer to do: *je préférerais* + infinitive
◆ use a **direct object pronoun** to say 'it': *Nous l'avons pris plusieurs fois*
◆ use the **pluperfect tense** to say what you had or hadn't done: *Je n'avais pas voulu* (I hadn't wanted).

Brille à l'écrit!

◆ To say what you would have preferred, you can use the expression: *J'aurais préféré* + infinitive (= the perfect tense of the conditional).

5 Now write an account of a holiday.

● Adapt Vincent's text and use language from pages 138–139. Write at least 200 words.
● Try to use or adapt some of the phrases from the texts on page 130 or from the rest of the module.
● Structure your text carefully. Use time markers to say when you are talking about.
● If you have to look up new words in a dictionary, make sure you choose the correct French word. Look carefully at any example sentences given. Cross-check by looking the French word up at the other end of the dictionary. What English translations are given?

Introduction

Where did you go?
Who with?
Did anything particular happen on the way?

Main section

Where did you stay?
What did you do?
What was it like?
Did anything special happen?
What was the weather like?.

Conclusion

Future plans: What are you going to do, or what would you like to do next year?

Check what you have written carefully. Check:

● spelling and accents
● gender and agreement (e.g. adjectives, past participles of *être* verbs)
● verb endings, especially *nous* forms (*–ons*)
● tense formation (e.g. *nous sommes allé(e)s/il faisait/ nous aimerions*).

En vacances — *On holiday*

le camping	*campsite*	Je pars avec ma famille/	*I'm going (away)*
le gîte	*holiday house*	ma classe/mes amis.	*with my family/my*
la caravane	*caravan*		*class/my friends.*
la chambre d'hôte	*bed and breakfast*	Nous allons à Paris/	*We're going to Paris/*
la tente	*tent*	en Dordogne.	*to the Dordogne.*
l'auberge (f)	*inn*	On va loger dans un hôtel.	*We're going to stay*
l'auberge (f) de jeunesse	*youth hostel*		*in a hotel.*
l'hôtel (m)	*hotel*	J'ai visité le Louvre.	*I visited the Louvre.*
		On va visiter les châteaux.	*We're going to visit*
			the castles/chateaux.

Le temps — *The weather*

la météo	*weather forecast*	Il y avait des orages.	*It was stormy.*
Il fait beau.	*It is fine.*	Il pleuvait.	*It rained.*
Il y a du brouillard.	*It is foggy.*	Il fera beau.	*It will be fine.*
Il y a des nuages.	*It is cloudy.*	Il y aura du vent.	*It will be windy.*
Il y a des orages.	*There are storms.*	Il neigera.	*It will snow.*
Il y a du soleil.	*It is sunny.*	au nord de l'Angleterre	*in the north of England*
Il y a du vent.	*It is windy.*	au sud de l'Écosse	*in the south of Scotland*
Il neige.	*It is snowing.*	à l'est de l'Irlande du Nord	*in the east of*
Il pleut.	*It is raining.*		*Northern Ireland*
Il faisait beau.	*It was fine.*	à l'ouest du Pays de Galles	*in the west of Wales*

Les saisons — *The seasons*

au printemps	*in spring*
en été/automne/hiver	*in summer/autumn/winter*

Les vacances — *Holidays*

les grandes vacances	*the summer holidays*	j'irai au bord de la mer	*I'll go to the seaside*
je passerai mes vacances …	*I'll spend my holidays …*	je ferai des petits jobs	*I'll do some part-time work*
je ferai du baby-sitting	*I'll do some babysitting*	je ferai un stage de (surf)	*I'll do a (surfing) course*
j'irai chez …	*I'll go to …'s house*	je préférerais passer mes vacances …	*I'd prefer to spend my holidays …*
je ferai de la pêche	*I'll go fishing*	quand je serai plus grand(e)	*when I'm older*
je ferai des balades en vélo	*I'll go for bike rides*	louer une caravane/ un appartement	*to hire a caravan/ apartment*
je ferai de la planche à voile	*I'll go windsurfing*		
je jouerai au tennis	*I'll play tennis*		

Au camping — *At the campsite*

la pataugeoire	*paddling pool*	le terrain de pétanque	*bowling area*
l'épicerie (f)	*grocery shop*	les randonnées (f)	*hikes*
la salle de jeux	*games room*		

Se plaindre

Je vous écris pour me plaindre de mon séjour.
complet/complète
Il/Ils fonctionnait/fonctionnaient à peine
Il n'y avait pas d'emplacements.
Les sanitaires n'étaient pas propres.
Il y avait trop de bruit.
vu que les conditions n'étaient pas acceptables
J'attends donc un remboursement.

Making a complaint

I'm writing to you to make a complaint about my stay.
full
It/they hardly worked
There weren't any sites.
The toilets weren't clean.
There was too much noise.
as the conditions weren't acceptable
So I expect a refund.

Un dépliant touristique

la Bretagne
breton/bretonne
une station balnéaire
se vante d'être
bénéficier de
un terrain de golf
   (à neuf trous)

A tourist brochure

Brittany
from Brittany
a seaside resort
claims to be
to enjoy
a (nine-hole) golf
   course

des sentiers (m) pédestres
des pistes (f) cyclables
des allées (f) cavalières
visitez ...
dégustez ...

footpaths
cycle paths
bridle paths
visit ...
try ... (food/drink)

La nourriture

au restaurant
au fast-food

à la pizzeria
à la crêperie
Que voudrais-tu?
Je voudrais ...
Qu'est-ce que tu prends?
Je prends ... (comme
   entrée).
le plat
la crêpe
le dessert
le plat du jour
le plateau de fromages
la salade (de tomates)
la soupe du jour
l'agneau (m)

Food

at the restaurant
at the fast-food
   restaurant
at the pizzeria
at the creperie
What would you like?
I'd like ...
What are you having?
I'm having ... (as a
   starter).
main course
crepe/pancake
dessert
dish of the day
cheese board
(tomato) salad
soup of the day
lamb

l'omelette (f)
les frites (f)
les lasagnes (f)
les boissons (f)
l'eau (f) minérale
le vin rouge/blanc
la tarte au citron/aux
   pommes
la glace
l'addition (f)

Il/Elle était trop ...
cuit(e)
salé(e)
sec/sèche
sucré(e)
Il n'y avait pas assez
   de sauce.

omelette
chips
lasagne
drinks
mineral water
red/white wine
lemon/apple tart

ice cream
the bill

It was too ...
well done
salty
dry
sweet
There wasn't enough
   sauce.

Mes vacances

Quand j'étais petit(e), ...
on faisait des balades
ça allait
Maintenant, j'aimerais ...
je préférerais
Je n'aimerais pas faire ce
   séjour parce que ...

L'année dernière, nous
   avons pris le train pour
   Paris.

My holidays

When I was little ...
we used to go for walks
that was OK
Now I would like ...
I would prefer
I wouldn't like to go
   on this holiday
   because ...
Last year, we took the
   train to Paris.

Nous sommes partis à 6h.
Il y avait du monde à la
   gare.
Nous nous sommes arrêtés
   à ...
L'année prochaine, j'irai
   aux États-Unis.
Je ferai un séjour
   d'escalade.

We left at 6 o'clock.
It was very busy at
   the station.
We stopped at ...

Next year I'll go to the
   United States.
I'll go on a climbing
   holiday.

Déjà vu 1

1 Écoutez Nicolas et Amélie. Que mangent-ils et que boivent-ils d'habitude?
Copiez et remplissez la grille. (1–2)

un biscuit	du jambon	du pain grillé	un steak haché
des céréales	du jus d'orange	des pâtes	une tarte aux
du chocolat chaud	du lait	de la pizza	pommes
de l'eau	des légumes	du poisson	une tartine
des frites	une mousse au	une pomme	un yaourt
du fromage	chocolat	du poulet	du yaourt liquide
un fruit	du Nutella	de la soupe	
un gâteau	du pain	de la salade	

	petit déjeuner	à midi	goûter	dîner
Nicolas				
Amélie				

2 Une journée scolaire. Choisissez ✔ ou ✘.
Qu'est-ce qu'il mange et qu'est-ce qu'il ne mange pas?

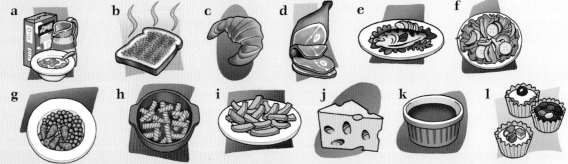

a   b   c   d   e   f

g   h   i   j   k   l

Le matin, je n'ai pas le temps de bien manger. Je suis toujours trop pressé. Je prends vite un bol de céréales et du jus d'orange et je quitte la maison, une tartine à la main. À midi, je mange à la cantine. Alors, ça dépend de ce qu'il y a: la viande est bonne en général, mais d'habitude, le poisson n'est pas bon et je n'en mange pas. D'habitude, je prends les pâtes, s'il y en a, ou des frites et un steak haché ou du poulet. Avec ça, je mange une salade verte (parce que les légumes sont dégueulasses) et du pain. Comme dessert, je préfère le fromage, mais quelquefois, il y a de la tarte au citron et c'est délicieux. Pour le goûter, ma mère fait souvent des petits gâteaux, mais je n'en mange pas. Je préfère un fruit parce que je ne veux pas prendre de kilo! D'habitude pour le dîner, je mange des pâtes, de la salade mixte et un yaourt.

Expo-langue →→→→   Grammaire 220

En means *(of) it/them*. It is used to replace a quantity with **de, du, de la, de l'** or **des**.

Manges-tu du fromage? Oui, j'**en** mange.
   Do you eat cheese? Yes, I do eat *it*.
Manges-tu des frites? Non, je n'**en** mange pas.
   Do you eat chips? No, I don't eat *them*.

Remember: you use **si** to say *yes* when you answer a negative question.
   Tu ne manges pas de poisson? – Don't you eat fish?
   Si, j'en mange. – Yes, I do eat fish.

parler **3**

À deux. Posez des questions et répondez-y.

- Manges-tu … pour le petit déj/à midi/pour le dîner?
- Oui, j'en mange …
- Non, je n'en mange pas …
- Ça dépend …
- Bois-tu … pour le petit déj/à midi/pour le dîner?
- D'habitude, j'en bois …
- J'en bois (de temps en temps).
- Si je ne suis pas trop pressé(e), …

écrire **4**

Que mangez-vous et buvez-vous d'habitude pendant une journée scolaire? Écrivez. Trouvez des mots et des expressions dans les exercices ci-dessus pour vous aider.

Pour le petit déj, …
À la récré, …
À midi, …
Pour le goûter, …
Pour le dîner, …

D'habitude, …
Quelquefois, …
Ça dépend …
Je préfère …
S'il y a … , j'en mange/je n'en mange pas.

lire **5**

Lisez et puis faites correspondre les phrases.

Le dimanche, on fait la grasse matinée. Quand je me lève, je vais à la boulangerie chercher du pain frais. Je mange un croissant et un pain au chocolat et je bois du chocolat chaud. D'habitude à midi, on a de la salade, puis de la viande (mon plat préféré, c'est le poulet rôti avec des pommes de terre et des légumes comme des haricots, des carottes ou du chou-fleur), puis le plateau de fromages et finalement, le dessert, de la tarte aux pommes (que j'adore) ou un pudding.

Le soir, on ne mange pas grand-chose parce qu'on a trop mangé à midi. D'habitude, je mange du pain avec du jambon, de la confiture ou du Nutella et pour m'aider à dormir, je bois du lait chaud.

1	Le dimanche,	a	il boit du lait chaud.
2	Il va à la boulangerie	b	il ne mange pas beaucoup.
3	Pour le déjeuner, il préfère	c	le poulet rôti.
4	Son dessert préféré est	d	pour acheter du pain.
5	Pour le dîner,	e	il reste au lit.
6	Avant de se coucher,	f	la tarte aux pommes.

parler **6**

Vidéoconférence. Préparez une présentation sur ce que vous mangez et buvez d'habitude pendant une journée scolaire.

Déjà vu 2

parler **1** À deux. Trouvez les parties du corps correspondantes.

Quelle est la partie du corps qu'on utilise pour ... ?

1	marcher	a	le nez
2	toucher	b	les oreilles
3	regarder	c	l'estomac
4	sentir une odeur	d	les yeux
5	digérer	e	les doigts
6	écouter	f	la langue
7	goûter	g	les jambes
8	manger	h	la bouche

écouter **2** Écoutez et vérifiez vos réponses.

lire **3** Faites correspondre les phrases et les images.

1 J'ai mal aux dents.
2 J'ai mal au bras.
3 J'ai mal au dos.
4 J'ai mal à la tête.
5 J'ai mal à la gorge.
6 J'ai mal au ventre.
7 J'ai de la fièvre. J'ai une grippe.
8 Je suis enrhumé(e).
9 Je me suis cassé la jambe.
10 J'ai été piqué(e) par une guêpe.
11 Je tousse.

> ### Expo-langue →→→→
>
> **Avoir** (*to have*) is used in a wide range of expressions which are translated using the verb *to be* in English.
>
> il **a** froid = he *is* cold
> nous **avons** chaud = we *are* hot
> elle **a** faim = she *is* hungry
> vous **avez** soif = you *are* thirsty

> ### Expo-langue →→→→
>
> Remember **à + le = au**
>   **à + la = à la**
>   **à + les = aux**
>
> J'ai mal **au** ventre. = I have stomachache.
> Tu as mal **à la** jambe. = You have a sore leg.
> Il a mal **aux** oreilles. = He has earache.

Déjà vu 2

a

b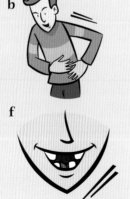

c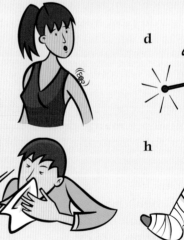

d

e

f

g

h

i

j

k

écouter 4 Pourquoi sont-ils absents? Choisissez la bonne image de l'exercice 3. (1–8)

Arthur

Louise

Amélie

Jérôme

Hugo

Valentin

Charline

Boris

parler 5 À deux. Vérifiez vos réponses de l'exercice 4.

■ (Arthur) a mal ...
● Oui, c'est vrai./Non, il/elle a ...
   Charline s'est cassé le bras.

lire 6 Copiez les articles sur la liste et trouvez les bonnes images.

Contenu de la trousse:
● de l'aspirine
● des pastilles antiseptiques
● de la crème antiseptique
● une paire de ciseaux
● des pansements adhésifs
● une solution antiseptique

une trousse de premiers soins

a   b   c   d    e   f

écrire 7 Imaginez: vous n'avez pas de chance! Écrivez un paragraphe ...

Je n'ai jamais
de chance, moi!
La semaine
dernière, ...

aujourd'hui

la semaine prochaine

1 Les excuses. Lisez et trouvez l'image qui correspond à chaque texto.

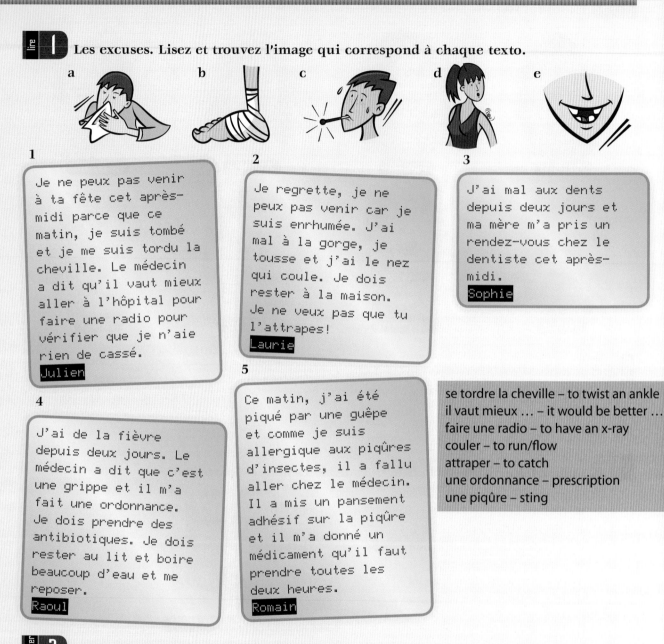

a   b   c   d   e

1

Je ne peux pas venir à ta fête cet après-midi parce que ce matin, je suis tombé et je me suis tordu la cheville. Le médecin a dit qu'il vaut mieux aller à l'hôpital pour faire une radio pour vérifier que je n'aie rien de cassé.
Julien

2

Je regrette, je ne peux pas venir car je suis enrhumée. J'ai mal à la gorge, je tousse et j'ai le nez qui coule. Je dois rester à la maison. Je ne veux pas que tu l'attrapes!
Laurie

3

J'ai mal aux dents depuis deux jours et ma mère m'a pris un rendez-vous chez le dentiste cet après-midi.
Sophie

4

J'ai de la fièvre depuis deux jours. Le médecin a dit que c'est une grippe et il m'a fait une ordonnance. Je dois prendre des antibiotiques. Je dois rester au lit et boire beaucoup d'eau et me reposer.
Raoul

5

Ce matin, j'ai été piqué par une guêpe et comme je suis allergique aux piqûres d'insectes, il a fallu aller chez le médecin. Il a mis un pansement adhésif sur la piqûre et il m'a donné un médicament qu'il faut prendre toutes les deux heures.
Romain

se tordre la cheville – to twist an ankle
il vaut mieux … – it would be better …
faire une radio – to have an x-ray
couler – to run/flow
attraper – to catch
une ordonnance – prescription
une piqûre – sting

2 Julien et ses copains parlent au téléphone. Écoutez, et relisez les textos dans l'exercice 1. Qui parle? Quand est-ce qu'ils peuvent retourner au collège? (1–5)

> *Expo-langue* →→→→
>
> The impersonal verb **falloir** (to be necessary) is used only in the **il** form.
> It is followed by an infinitive.
>
> **Il faut aller** chez le médecin. = I have (etc.) to go to the doctor.
> **Il a fallu aller** chez le dentiste. = I had (etc.) to go to the dentist.
>
> **Il vaut mieux** (it would be better) is also impersonal and is also followed by an infinitive:
> **Il vaut mieux prendre** un rendez-vous. = It would be better to make an appointment.

parler **3** À deux. Discutez et complétez les instructions.

Si vous avez …
- *mal à la tête*
- *mal à la gorge*
- *de la fièvre*
- *une grippe*
- *soif*
- *faim*

Si vous toussez et vous êtes enrhumé(e)
Si vous vous êtes cassé la jambe

il faut …
- *prendre de l'aspirine/un médicament*
- *sucer une pastille antiseptique*
- *boire de l'eau*
- *rester au lit/assis(e)*
- *mettre de la crème antiseptique/un pansement adhésif*

il vaut mieux …
- *prendre un rendez-vous chez …*
- *aller à l'hôpital faire un examen/une radio*
- *se reposer*

écrire **4** Qu'est-ce qu'il faut faire? Suggérez un remède pour chaque personne.

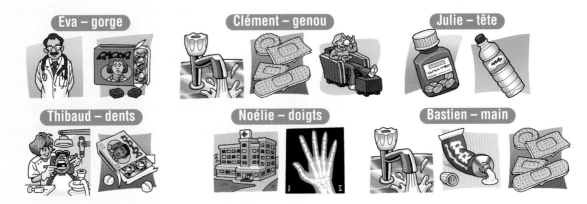

Eva – gorge   Clément – genou   Julie – tête
Thibaud – dents   Noélie – doigts   Bastien – main

écouter **5** Rendez-vous chez le médecin. Notez pour chaque personne le problème, et le jour et l'heure du rendez-vous. (1–3)

	problème	jour du rendez-vous	heure du rendez-vous
1	de la fièvre, …		

parler **6** À deux. Chez le médecin. Faites des dialogues.

■ Bonjour, (Corinne).
● Bonjour, monsieur/madame.
■ Qu'est-ce qui ne va pas?
● J'ai mal

■ Est-ce que tu ?

● Oui, je … /Non, je ne … pas.
■ (As-tu bien dormi?) (As-tu vomi?)
● Oui, j'ai …/Non, je n'ai pas …
■ Tu es … (Tu as …) Je te fais une ordonnance. Va à la pharmacie. Sucer . Prendre

toutes les (quatre heures).
Et (repose-toi bien)!
● Merci. Au revoir, monsieur/madame.

1 Lisez et trouvez qui parle.

D'habitude le matin, j'ai juste le temps de prendre une tartine. Par conséquent, à midi, j'ai tellement faim que je mange des frites ou des pâtes plutôt que de la salade ou des légumes. À la récré, je mange n'importe quoi, un Twix parce que c'est ce qui me fait le plus envie. Le soir, généralement, je n'ai pas le temps de faire de l'exercice. Le mercredi, je vais à la piscine avec mes copains et après, on mange au McDo. Quand j'étais petite, je mangeais ce que je voulais et je ne faisais pas d'exercice. Maintenant, je commence à prendre des kilos et je dois faire plus de sport, mais j'en ai marre des régimes.

Flavie

Je mange sainement. Le matin, je prends des céréales et un yaourt, à la récré un fruit et à midi, de la salade ou des légumes et un fruit ou un yaourt. Pour le goûter, je mange une banane et le soir, je mange de la soupe aux légumes, une omelette et du pain. J'essaie de ne pas manger trop de sucreries, mais j'ai un faible pour le coca. Je ne mange pas de beurre ou de fromage et je ne mange plus de viande depuis deux ans. Je joue régulièrement au foot et je fais du vélo ou du roller avec mes copains le soir avant de commencer mes devoirs. Je pourrais faire plus d'exercice, mais je ne veux pas parce que je suis paresseux.

Antoine

Je fais de la natation depuis six ans et je m'entraîne régulièrement, une heure et demie quatre fois par semaine. Je fais également attention à ce que je mange. Je dois manger des protéines parce que c'est nécessaire pour le corps, des céréales pour me donner de l'énergie et beaucoup de fruits et de légumes parce qu'ils sont bons pour la santé. Je ne bois pas de boissons gazeuses parce que je sais que ce n'est pas bon. Je bois seulement de l'eau. Mon plat préféré, c'est la pizza.

Anaïs

| j'en ai marre de … – I have had enough of … |
| le régime – diet |

Qui …
1 ne mange pas de bonbons?
2 mange trop de bonbons?
3 est végétarien(ne)?
4 fait le plus d'exercice?
5 mange le plus de fruits et de légumes?
6 est le/la moins sportif/ve?
7 mange le plus sainement, selon vous?
8 mange le moins sainement?

Expo-langue →→→→
Grammaire **219**

To form most adverbs, add **–ment** to the feminine form of the adjective.

Adverbs usually come directly after the verb, but sometimes they are used at the start of the sentence.

également – equally/also	rapidement – quickly
finalement – finally	régulièrement – regularly
généralement – generally	sainement – healthily
heureusement – fortunately	seulement – only
lentement – slowly	uniquement – solely

A few adverbs are not formed in this way:
bien – well	mieux – better
mal – badly	toujours – always

2 Écoutez Valentin et notez les bonnes réponses, a, b ou c.

Selon lui, …
1 (a) il est sportif. (b) il n'est pas sportif. (c) il est assez sportif.
2 (a) il mange toujours sainement. (b) il ne mange pas sainement.
   (c) il essaie de manger sainement.
3 (a) il mange trois fruits et deux légumes par jour. (b) il n'en mange pas assez.
   (c) il adore les légumes.

Quand il était petit, …
4 (a) il mangeait sainement. (b) il ne mangeait pas sainement.
   (c) il mangeait seulement de la salade.
5 (a) il faisait beaucoup d'exercice. (b) il ne faisait pas assez d'exercice.
   (c) il n'aimait pas regarder la télé.

parler 3

À deux. Posez et répondez aux questions.

Aujourd'hui
- Est-ce que tu es en pleine forme?
- Que fais-tu pour garder la forme?
- Manges-tu sainement?
- D'habitude, que manges-tu au déjeuner, par exemple?
- Fais-tu de l'exercice régulièrement?

Quand tu étais petit(e)
- Que faisais-tu pour garder la forme?
- Mangeais-tu sainement?
- Faisais-tu du sport?

Plus tard
- Que pourrais-tu mieux faire pour garder la forme?

lire 4

Mettez les images dans l'ordre mentionné dans le texte.

Selon ma mère, quand j'étais petit, je ne mangeais pas de salade ou de légumes. Je me nourrissais presque uniquement de pâtes ou de frites avec du ketchup et je buvais des boissons gazeuses. Elle a essayé de réduire la quantité de bonbons et d'autres sucreries que je consommais, mais avec peu de succès. Elle continuait à trouver des papiers dans ma chambre jusqu'au jour où j'ai fait un concours de judo et je n'ai pas gagné.

Gagner a toujours été important pour moi, mais cette fois-ci, mon adversaire était nettement plus en forme que moi. Après quelques instants, j'étais par terre et à bout de souffle. Mon entraîneur m'a dit que c'était de ma faute: si je voulais vraiment être champion, il fallait faire attention à ma forme. C'était un défi. J'ai cherché dans des livres et sur l'Internet des informations sur ce sujet et maintenant, je mange sainement: du steak, des légumes, du riz, du pain aux céréales, des fruits et je ne bois que de l'eau. Je fais du jogging chaque jour et plus de télé: je fais mes devoirs et je me couche de bonne heure … Depuis, c'est moi qui suis champion régional!

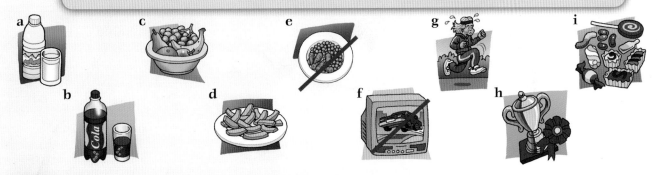

lire 5

Que faisait-il et qu'est-ce qu'il fait maintenant? Lisez et complétez les phrases.

Quand il était jeune, …   Aujourd'hui, …
1 il mangeait …   5 il mange …
2 il buvait …   6 il boit …
3 il faisait …   7 il fait …
4 il était …   8 il est …

écrire 6

Que faisiez-vous et que faites-vous maintenant?

(Avant), je mangeais/buvais/faisais …
Aujourd'hui, je mange/bois/fais …
Je pourrais manger/boire/faire …

écouter 1

La dépendance: qu'est-ce qu'ils en pensent? Écoutez, et copiez et remplissez la grille en anglais. (1–7)

	For or against?	Why?
1 Chloé	*against*	*disgusting/smelly clothes*
2 Kévin		
3 Sarah		
4 Louis		
5 Delphine		
6 Éric		
7 Manon		

Listening for opinion

- Listen to the tone of voice. Do they sound as if they approve or disapprove?
- Listen for negative expressions using **ne … pas**: Je **ne** pense **pas**
- Listen for negative words: **dégoûtant**
- Predict what might be said. Listen for words you would associate with this topic: **gaspillage** – waste; **cancer des poumons** – lung cancer.

lire 2

Écrivez V (Vrai), F (Faux) ou ? (pas mentionné) pour chaque phrase.

Je fume depuis quatre ans. Je ne voulais pas commencer, mais presque tous les garçons de ma classe fumaient et ils se moquaient de moi parce que je ne voulais pas fumer. Finalement, ils m'ont presque forcé à en fumer une. La première fois, je me suis senti malade et j'ai vomi, mais je m'y suis vite habitué et je suis même devenu dépendant. Quand je fume, j'ai le sentiment d'appartenir à un groupe et ça me donne confiance. Je me dis toujours que je peux arrêter quand je veux, mais ce n'est pas vrai, c'est très difficile. J'ai essayé plusieurs fois et j'ai arrêté pendant six mois, mais j'ai toujours recommencé.

Benjamin

1 He began smoking when he was four.
2 He was influenced by his friends.
3 His parents smoke.
4 He quickly got used to smoking.
5 It made him feel he belonged.
6 He stopped six months ago.

Reading strategies

- Read the whole passage for context: Who is writing? An adult or a teenager?
- Read for gist: Do you get the impression he is for or against smoking?
- Predict the sort of key language you would expect when talking about smoking: **s'habituer** – to get used to; **dépendant** – dependent; **arrêter** – to stop/ give up
- Reading for detail: Pick out the words which confirm your first impression and fill out the story: **malade** – ill; **difficile** – difficult; **recommencer** – to begin again

Lire et écouter

3 Quels sont les problèmes des jeunes? Écrivez la bonne lettre dans la case. (1–5)

1 Sébastien ☐
2 Patrick ☐
3 Charlotte ☐
4 Syanna ☐
5 Vincent ☐

a Drugs
b Smoking
c Obesity
d Anorexia
e Stress
f AIDS
g Alcohol

> What do you think the age of the speakers is?
>
> Predict what they might say and the words they might use.

4 C'est quel problème? Pour chaque phrase, choisissez parmi les problèmes de l'exercice 3.

1 On mange très peu pour maigrir.
2 On boit trop de boissons alcoolisées et on risque de ne plus se contrôler.
3 On risque d'avoir des problèmes cardiovasculaires plus tard.
4 On peut en devenir dépendant et souffrir de changements d'humeur.
5 On perd son immunité aux maladies à cause d'un virus.

5 Lisez et choisissez les mots qui manquent dans la liste ci-dessous.

DAMIEN

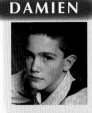

Selon moi, c'est (**1**) _____. Beaucoup de jeunes dans ma classe boivent (**2**) _____. Ils achètent des canettes et des bouteilles à l'hypermarché (ou un ami plus âgé en achète), et puis ils en boivent et fument. Ils ne remarquent pas quand ils ont trop bu, ils deviennent (**3**) _____ et ils ne savent plus ce qu'ils font et disent.

THOMAS

Le problème le plus (**4**) _____ de nos jours, c'est (**5**) _____. Il faut toujours faire attention parce qu'on ne sait jamais qui en souffre, on l'attrape par les relations sexuelles sans (**6**) _____, le sang contaminé ou le partage des seringues.

KARIMA

À mon avis, c'est (**7**) _____. Ma copine a commencé à prendre de l'ecstasy quand elle sortait avec son copain. Elle était rigolote et sociable, mais maintenant elle est toujours de mauvaise humeur. Quand elle en prend, elle se dit très gaie et contente, mais après, c'est la déprime. Elle ne peut pas se concentrer en cours. Elle va s'abîmer la (**8**) _____ et ruiner son avenir.

le tabagisme   agressifs   grave   l'alcool   la drogue   le SIDA   protection   assez   santé   trop

1 Écoutez et notez. Qui veut se marier? (1–5)

2 Lisez et répondez aux questions.

> Je veux trouver un petit copain riche. Je suis romantique. Je veux tomber amoureuse. Je veux que mon fiancé m'achète une bague et s'occupe de moi. Je veux porter une robe blanche, me faire belle et être la princesse d'une journée, et puis avoir des enfants et vivre heureuse.
>
> **Zoé**

> Je ne veux pas me marier parce que je ne veux pas avoir d'enfant. Si on veut en avoir, il faut se marier. Moi, je veux devenir médecin et voyager. Je veux aller en Afrique et travailler pour Médecins Sans Frontières. Je veux une petite copine mais pas une femme.
>
> **François**

1 Qui veut un grand mariage? Pourquoi?
2 Qui ne veut pas se marier? Pourquoi?
3 Qui ne veut pas de grand mariage? Pourquoi?

> Ma petite copine et moi, nous voulons louer un petit appartement et vivre ensemble, mais nous ne voulons pas de grand mariage parce que ça coûte trop cher. Plus tard, on veut avoir des enfants et se marier, mais d'abord il faut gagner de l'argent! Les enfants coûtent cher et puis, il faut s'occuper d'eux tout le temps. On ne peut plus sortir quand on veut quand on a un bébé!
>
> **Nathan**

3 Qu'en pensez-vous? Discutez.

- Es-tu romantique?
- Veux-tu te marier?
- Veux-tu un grand mariage?
- Veux-tu avoir des enfants?

- …
- Je veux … parce que …
- Je ne veux pas … parce que …
- Ça dépend … si …

4 Lisez et trouvez les phrases dans les textes.

> Mes parents sont divorcés. Ils se disputaient tout le temps. C'est mieux maintenant. J'habite chez ma mère, mais je passe mes vacances chez mon père.

> Mes parents se disputent tout le temps, mais je pense que c'est mieux qu'ils restent ensemble. C'est normal qu'on se dispute. Mon frère et moi, nous nous disputons tout le temps, mais ce n'est pas grave.

> Mes parents se sont séparés. J'habite chez ma mère. Nous avons un tout petit appartement et ma mère pleure tout le temps. Mon père a une grande maison et une petite amie qui a vingt ans. Ce n'est pas juste.

> Les parents de mon copain se sont séparés et il pense que c'est à cause de lui. C'est triste. Il se sent responsable des disputes. Son père habite près du collège et il passe devant l'immeuble après le collège parce qu'il veut voir son fils, mais sa mère ne veut pas qu'il lui rende visite.

> J'habite chez ma mère et son nouveau petit copain. Ils sont toujours amoureux, ils s'embrassent et se disent des bêtises comme «mon petit chou», «mon trésor». C'est la honte, surtout quand ils le font devant mes amis.

1 it's normal
2 it's better
3 it's not fair
4 it's not serious
5 it's sad
6 it's embarrassing

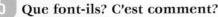

5 Que font-ils? C'est comment?

Ils s'aiment/se marient/se disputent/se séparent/divorcent ...
C'est ...

6 Lisez la lettre de Karima. Pour chaque phrase, écrivez
V (Vrai), F (Faux) ou ? (pas mentionné).

Chère Loulou

J'en ai marre de mon père. Il est souvent absent et quand il est là, il se dispute avec ma mère et il ne nous parle plus. La semaine dernière, ma mère m'a dit qu'ils allaient divorcer. La femme qui travaille dans le bureau de mon père va avoir un bébé de lui et il veut habiter avec elle. Mes parents vont vendre la maison et acheter un petit appartement pour nous et ma mère. L'appartement n'aura pas de jardin. Je ne veux pas quitter ma maison et je ne veux pas que mon père nous laisse, mais je crois qu'il ne nous aime plus. Je n'aime pas sa petite amie et je ne veux pas de demi-frère ou demi-sœur. Ma mère pleure tout le temps et je crois que mon petit frère va faire des bêtises – ça me fait peur. Il a déjà rayé la voiture de mon père. Qu'est-ce que je peux faire? J'ai quinze ans.

Karima

rayer – to scratch

1 Ses parents ne vivent plus ensemble mais ils s'entendent bien.
2 Sa mère a un nouveau petit ami qui veut habiter avec elle.
3 Sa mère va avoir un bébé.
4 La petite copine ne travaille pas parce qu'elle va avoir un bébé.
5 Ils vont déménager.
6 Sa mère est triste.

7 Écrivez une réponse à Karima.

C'est triste/normal/mieux ... – It's sad/normal/better ...
Il faut ... – You have to ...
Il ne faut pas ... – You mustn't ...

Imagine you contribute to a problem page in a magazine. You are going to take part in an interview with your teacher about young people's problems. Your teacher will ask you the following:

● Tell me about young people's problems.
● Do they still have bad eating habits?
● Is alcohol a problem?
● Are there still many young people who smoke?
● Have you had any problems?
● What are you going to do in the future?

You will also have to respond to something that you have not yet prepared.

The dialogue will last a maximum of six minutes.

1 **You will hear a model interview. First, predict which of the first two questions in the assessment task Darren answers using these statements. Then listen to check.**

1 Ils se sentent stressé.
2 Il est toujours fatigué.
3 Il faut en manger cinq portions.
4 C'est plus facile de manger un burger frites.
5 Il passe des heures à réviser.
6 Elles ne veulent pas grossir.

2 **Listen again and note down the French phrases that Darren uses to say the following.**

1 the most common problem
2 for example
3 instead of
4 everybody
5 healthily
6 enough

3 **Listen to the second part of Darren's interview and fill in the gaps.**

■ L'alcool est-il un problème?
● Oui, il y a beaucoup de jeunes qui (**1**) ▬▬▬▬ boivent parce que les autres en boivent. C'est la pression du groupe. On peut (**2**) ▬▬▬▬ en acheter au supermarché et (**3**) ▬▬▬▬ on est trop jeune c'est le frère aîné ou la sœur aînée qui en achète, et puis les adultes en boivent: ils montrent le (**4**) ▬▬▬▬.
■ Est-ce qu'il y a toujours beaucoup de jeunes qui fument?
● Oui, il y en a (**5**) ▬▬▬▬ trop mais il y a moins de jeunes qui fument des cigarettes. (**6**) ▬▬▬▬, c'était normal d'aller dans un bar après le collège pour acheter une boisson et fumer une cigarette. (**7**) ▬▬▬▬ c'est interdit de fumer dans les bars et les cafés, mais en revanche, il y a plus de jeunes qui (**8**) ▬▬▬▬ de la drogue. Tout le monde dit qu'ils le (**9**) ▬▬▬▬ parce que les autres (**10**) ▬▬▬▬ moquent de vous si vous ne le faites pas. C'est encore une fois la pression exercée par les autres.

4 **Now listen to the final part of Darren's interview and answer the questions.**

1 Darren uses five different tenses in his answers. Write down an example of as many of these tenses as you can.

2 How does he say 'I had a goal'?

3 Which three verbs does he use in the future tense to talk about his future plans?

4 What is the unprepared question the teacher asks?

5 Note down briefly in English what Darren says in reply.

5 **Now it's your turn! Prepare your answers to the task opposite, then take part in an interview with your teacher or partner.**

● Use the Grade Studio and your answers to exercises 1–4 to help you.

● Adapt what Darren said, but give your own answers to the questions.

● Record the interview. Ask a partner to listen to it and say how well you performed.

Award each other one star, two stars or three stars for each of these categories:

● pronunciation
● confidence and fluency
● range of tenses
● variety of vocabulary and expressions
● using longer sentences
● taking the initiative.

What do you need to do next time to improve your performance?

GradeStudio

To produce a good answer, you need to be able to use:
- key **tenses** correctly and **give your opinion**. You can use *à mon avis* or *selon moi* to give your opinion.
- **adjectives** to say what something is like. Which adjectives does Darren use to say something is easy, difficult or bad?

- the expressions *il faut/il ne faut pas* + infinitive or *on peut/ on ne peut pas* + infinitive to show you can use **modal verbs**.

To go a step further, use:
- the **third person** to talk about other people. Darren talks about people who have written in with a problem: *il passe des heures, il ne dort pas bien*.
- the **third person plural** to talk about more than one person. What is the third person plural of these verbs which he uses: *manger, prendre, vouloir, faire*?

- **reflexive verbs**. The reflexive pronoun for the third person is *se*. How does Darren say 'others make fun of you'?
- the **comparative** to say, for example, that something is easier, or more difficult.
- the **imperfect** to say what you used to do. How does Darren say what he used to know and have?

For a really impressive answer:
- use a **range of tenses**, including the future tenses
- use the **pronoun *en*** (of it/of them). Darren uses it instead of repeating *de l'alcool*: He says *ils **en** boivent* (they drink (some of) it)
- learn some of the **interesting phrases and structures** that Darren uses and try to include them in your conversation:
  encore une fois – once again
  au lieu de – instead of
  n'importe quoi – it doesn't matter what
  il y a quelques années – a few years ago.

Brille à l'oral!

● Use the verb *conseiller de* (to advise). Notice how in French you advise **to** someone:
*Je **lui** conseille **de** faire …* – I advise (to) him/her to do …

Controlled assessment practice

La forme

Comme je sais que j'ai quelques kilos en trop et que ce n'est pas bon pour la santé, je fais des efforts pour bien manger afin de garder la forme. Je ne fais pas de régime particulier, mais je ne mange plus de chips et je ne bois plus de boissons gazeuses. Le matin, je mange un yaourt, des céréales et je bois un jus d'orange.

D'habitude, à midi, je déjeune à la cantine. Généralement, la nourriture qu'on nous donne est équilibrée, et les repas sont bons. Malheureusement, les frites du self sont délicieuses, les meilleures frites du monde! Heureusement, je ne mange rien entre les repas, sauf peut-être un fruit, mais le soir, quand je rentre, j'ai une faim de loup et je mange un yaourt et des crudités.

Le soir, au dîner, généralement il y a du potage avec du pain, de la salade, du jambon, du fromage et un fruit en dessert. Ensuite, je me couche tôt. En fait, je vais au lit, et je regarde une vidéo ou je lis un livre.

Quand j'étais petite, je ne mangeais jamais de yaourt, je préférais les tartines au Nutella que je trempais dans mon bol de chocolat chaud. Beurk! En rentrant, j'avais toujours très faim et je mangeais plusieurs cookies et je buvais encore du lait.

Puisque pour garder la forme il faut aussi faire de l'exercice, j'ai décidé de faire un jogging ou une balade en vélo chaque jour, mais quand il pleut je trouve toujours une excuse. Alors, j'ai pris une nouvelle résolution: à l'avenir, je vais faire deux parties de squash par semaine avec mon copain et je vais m'inscrire à un cours de karaté, mais je ne peux commencer qu'après les examens, les vacances de Noël, les vacances de Pâques …!

Corinne

---

1 Find the French equivalent of these phrases in the text and copy them out.

    1 I don't follow a particular diet
    2 generally
    3 I don't eat anything between meals
    4 except perhaps
    5 when I get back
    6 when I was small
    7 I was always very hungry
    8 I used to eat
    9 I decided
    10 I am going to sign up for a course

2 For each phrase in exercise 1 (apart from 2 and 4), write 'present', 'perfect', 'imperfect' or 'near future'.

3 Find the four correct statements.

    1 She tries to eat healthily.
    2 She doesn't have any breakfast.
    3 She has a piece of fruit as a snack.
    4 She only drinks herbal tea.
    5 She used to drink hot chocolate.
    6 She never ate a lot of biscuits.
    7 She doesn't like chips.
    8 She keeps putting off doing exercise.

4 You might be asked to write about your lifestyle as a controlled assessment task. Use the Grade Studio to help you prepare.

GradeStudio

To produce a good answer, you need to use key tenses correctly. Corinne uses:
- ◆ the **present tense** to say what she does now: *je mange un yaourt, je déjeune à la cantine*
- ◆ the **perfect tense** to say what she has decided: *j'ai décidé de faire un jogging chaque jour*
- ◆ the **near future** to say what she is going to do: *je vais m'inscrire à un cours de karate.*

To go a step further, you should use other tenses and a range of different negative expressions.
- ◆ Use the **imperfect tense** to say what you used to do when you were young.
- ◆ Add variety by using different **negative expressions**. Corinne uses:
  - – *ne ... pas* to say what she doesn't do
  - – *ne ... plus* to say what she no longer does
  - – *ne ... rien* to say 'nothing/not anything'
  - – *ne ... jamais* to say what she has never done
  - – *ne ... que* to say that she can only start after the exams, etc.

For a really impressive answer:
- ◆ include some **adverbs**: *d'habitude/(mal)heureusement*
- ◆ add **humour**: look at how Corinne uses the word *Beurk* to convey what she now thinks of what she used to do.

Brille à l'écrit!
- ◆ Can you construct a really complex sentence like Corinne does? Look at how she links *puisque, pour, il faut* and *décidé de* to say 'Since to keep fit you have to exercise, I have decided to …'

5 Now write an account of your lifestyle.
- ● Adapt Corinne's text and use language from pages 154–155.
- ● If you need to write something which is not in the book, keep it simple.
- ● If you have to look up new words in a dictionary, make sure you choose the correct French word. Look carefully at any example sentences given and think about the context, e.g. *trempé(e)* means 'wet/soaked'; but *tremper* here means 'to dunk'.

Introduction

Outline what you ought to do to be healthy.

Main section

Talk about your present eating habits.
Talk about your present exercise habits.
Talk about what you used to do.
Say what you have resolved to do in the future.

Conclusion

Say what your plans are for the future (use the near future tense).

Say what you intend to do to improve the situation (if you need to).

Check what you have written carefully.
Check:
- ● spelling and accents
- ● gender and agreement (e.g. adjectives, past participles of *être* verbs)
- ● the different forms of the verbs in the first person:
  je mange, j'ai mangé, je mangeais, je vais manger, je bois, je buvais, j'ai bu, je vais boire.

Bon appétit!
Enjoy your meal!

Mon repas préféré, c'est le poulet.	My favourite meal is chicken.
Je mange ...	I eat ...
des céréales (f)	cereals
du pain grillé	toast
une tartine (beurrée)	a slice of bread and butter
du yaourt liquide	drinking yoghurt
de la viande	meat
un steak haché	a burger
du chou-fleur	cauliflower
des légumes (m)	vegetables
des oignons (m)	onions
un biscuit	a biscuit
une mousse au chocolat	chocolate mousse
des petits gâteaux (m)	small cakes
un fruit	a (piece of) fruit
une orange	an orange
Je bois du thé.	I drink tea.

Le corps
The body

le bras	arm
le cou	neck
le dos	back
le nez	nose
le ventre	stomach
la bouche	mouth
la gorge	throat
la langue	tongue
la main	hand
la tête	head
l'estomac (m)	stomach
les dents (f)	teeth
les doigts (m)	fingers
les jambes (f)	legs
les oreilles (f)	ears
les pieds (m)	feet
les yeux (m)	eyes

Je suis malade
I'm ill

J'ai mal au bras/à la jambe/à l'oreille.	I've got a sore arm/ leg/ear.
J'ai mal aux dents.	I've got toothache.
Je suis enrhumé(e).	I've got a cold.
Je me suis cassé la jambe.	I've broken my leg.
J'ai été piqué(e) par une guêpe.	I've been stung by a wasp.
J'ai ...	I've got ...
une grippe	flu
de la fièvre	a fever
Je tousse.	I'm coughing.

Qu'est-ce qui ne va pas?
What's wrong?

Si vous avez (mal à la tête), ...	If you have (a headache), ...
Il faut ...	You need ...
prendre de l'aspirine/ des comprimés	to take some aspirin/ pills
sucer une pastille antiseptique	to suck a throat sweet
mettre de la crème antiseptique	to put on some antiseptic cream
un pansement	bandage
des pansements adhésifs	plasters
une paire de ciseaux	a pair of scissors
une solution antiseptique	disinfectant (for cuts, etc.)
Je dois ...	I must ...
rester à la maison/au lit	stay at home/in bed
boire beaucoup d'eau	drink lots of water
me reposer	rest
Il m'a fait une ordonnance.	He gave me a prescription.
Il faut prendre le médicament toutes les deux heures.	I have to take the medicine every two hours.
Il faut/Il a fallu aller à l'hôpital pour faire une radio/un examen	I have to/had to go to the hospital for an x-ray/examination
Il vaut mieux prendre ...	It would be better to get ...
un rendez-vous chez le dentiste	a dentist's appointment
un rendez-vous chez le médecin	a doctor's appointment

Garder la forme

Je suis en forme.
Pour garder la forme, ...
je mange sainement
je ne bois que de l'eau
je ne mange pas de
  sucreries
je ne mange pas beaucoup
  de graisses
je fais beaucoup d'exercice

To keep fit

I'm fit.
To keep fit ...
I eat healthily
I only drink water
*I don't eat sweet
  things*
I don't eat much fat

I do lots of exercise

je fais de l'exercice
  régulièrement
Je mangeais/buvais/
  faisais ...
Je pourrais manger/
  boire/faire ...
Je pourrais faire un
  régime.

I exercise regularly

*I used to eat/drink/
  do ...*
*I could eat/drink/
  do ...*
I could go on a diet.

Quand et comment?

d'habitude
également
finalement
généralement
lentement
heureusement
malheureusement
personnellement
rapidement

When and how?

usually
equally/also
finally
generally
slowly
fortunately
unfortunately
personally
quickly

régulièrement
sainement
seulement
tellement
uniquement
bien
mal
mieux
toujours

regularly
healthily
only
so
solely
well
badly
better
always

La dépendance

Les cigarettes coûtent cher.
Ses vêtements sentent
  la fumée.
C'est dégoûtant.
C'est déstressant.

Le problème le plus grave,
  c'est ...
le tabagisme
l'alcool (m)
le SIDA

la drogue
l'anorexie (f)
Ils ne remarquent pas
  quand ils ont trop bu.

Ce n'est pas bon pour la
  santé.
C'est du gaspillage.
Ça coupe l'appétit.

Addiction

Cigarettes are expensive.
*His/Her clothes smell
  of smoke.*
It's disgusting.
It's relaxing.

*The most serious
  problem is ...*
smoking
alcohol
AIDS

drugs
anorexia
*They don't notice
  when they've had too
  much to drink.*
*It's not good for your
  health.*
It's a waste.
*It suppresses your
  appetite.*

Ils nous montrent le
  mauvais exemple.
Ça me donne confiance.
Il est mort d'un cancer
  des poumons.
C'est difficile d'arrêter.
Je fume depuis (quatre ans).

Je suis devenu(e)
  dépendant(e).
C'est presque impossible
  de ...
à mon avis
selon moi
je pense que ...
je trouve que ...
je suis pour/contre ...
  parce que ...

They set a bad example.

It gives me confidence.
He died of lung cancer.

It's difficult to stop.
*I've been smoking for
  (four years).*
I got hooked/addicted

*It's almost impossible
  to ...*
in my opinion
in my opinion
I think that ...
I find that ...
*I'm for/against ...
  because ...*

Plus tard

Je (ne) veux (pas) me
  marier.
On veut avoir des enfants.
Je ne veux pas avoir
  d'enfant.
Nous voulons vivre ensemble.
Les enfants coûtent cher.
Il faut s'occuper d'eux
  tout le temps.

In the future

*I (don't) want to get
  married.*
We want to have children.
*I don't want to have
  children.*
We want to live together.
Children are expensive.
*You have to look after
  them all the time.*

Je veux ...
devenir médecin
tomber amoureux/euse
un grand mariage
un petit copain riche
Ils se disputent.
divorcé(e)
séparé(e)

I want ...
to become a doctor
to fall in love
a big wedding
a rich boyfriend
They argue.
divorced
separated

9 Le monde en danger

1 On devrait faire ça! Discussing world issues
The conditional of modal verbs

écouter 1 Quel est le plus grand problème du monde, selon ces personnes? (1–6)
Trouvez la bonne photo pour chaque personne.

1 Mathis 2 Éléa 3 Tariq 4 Blanche 5 Vincent 6 Jade

a le SIDA b la pauvreté c la guerre d la faim e le terrorisme f le réchauffement de la planète

lire 2 Trouvez la seconde partie de chaque phrase.
Copiez la phrase complète et traduisez-la en anglais.

1 Il y a assez à manger dans le monde, ...
2 Pour combattre le SIDA, nous devrions ...
3 Qu'est-ce que tu voudrais ...
4 Le gouvernement devrait donner ...
5 Pour aider les gens pauvres, ...
6 Un jour, je voudrais voir ...
7 Les pays riches du monde ...
8 Nous pourrions organiser ...

a ... plus d'argent à l'Afrique et à l'Inde.
b ... des activités pour collecter de l'argent.
c ... devraient arrêter le réchauffement de la planète.
d ... un monde sans pauvreté.
e ... donner des médicaments aux pays en voie de développement.
f ... faire pour sauver la planète?
g ... vous pourriez donner de l'argent aux bonnes causes.
h ... donc on pourrait arrêter la faim.

écrire 3 Écrivez une réponse aux questions. Utilisez ou adaptez les phrases de l'exercice 2.

À votre avis, qu'est-ce qu'on devrait ou pourrait faire ...
1 pour combattre la faim?
2 pour aider les pays en voie de développement?
3 pour arrêter la pauvreté?
4 pour combattre le SIDA?

Expo-langue →→→→

Grammaire 224

You use the conditional of modal verbs to say what could and should be done, or what you would like. Add the endings below to the stem of each verb.

devoir → **devr-**	je	–ais	nous	–ions
pouvoir → **pourr-**	tu	–ais	vous	–iez
vouloir → **voudr-**	il/elle/on	–ait	ils/elles	–aient

On **devrait** faire quelque chose. = We *should* do something.
Les gens **pourraient** vivre en paix. = People *could* live in peace.
Je **voudrais** voir un monde sans guerre. = I'*d like* to see a world without war.

parler 4 À deux. Discutez avec votre partenaire. Changez les détails en bleu et complétez le dialogue ci-dessous.

■ À ton avis, quel est le plus grand problème du monde?

● Pour moi, c'est le SIDA.

■ Qu'est-ce qu'on pourrait faire pour combattre le SIDA?

● On devrait donner des médicaments aux pays en voie de développement.
Quel est le problème le plus grave, selon toi?

■ À mon avis, c'est ...

● Qu'est-ce qu'on pourrait faire pour combattre ...?

■ On ...

lire 5 Qu'est-ce qu'il faut faire pour aider les gens des pays en voie de développement? Lisez les textes et les questions en dessous. Écrivez le bon prénom pour chaque question.

Il faut absolument combattre le SIDA et d'autres maladies graves, mais il faut vendre moins cher les médicaments aux pays en voie de développement.
Sébastien

Si tout le monde achetait des produits issus du commerce équitable, comme le café ou les fruits, il y aurait moins de gens pauvres dans le monde.
Yasmina

On devrait organiser plus de grands événements télévisés, comme Band Aid et Live 8. Les gens sont plus prêts à écouter les chanteurs que les gouvernements.
Omar

L'aide arrive souvent trop tard. On devrait réagir plus rapidement quand il y a de la famine pour empêcher les gens de mourir de faim.
Frédéric

Tout le monde pourrait faire quelque chose. À mon lycée, on va faire une course à vélo. On demandera aux gens de faire un don pour chaque kilomètre parcouru.
Laure

À mon avis, il faut persuader les hommes et les femmes politiques de faire quelque chose, en leur envoyant des lettres ou des e-mails.
Élodie

La priorité, c'est les petits. Une très bonne chose qu'on peut faire, c'est de parrainer un enfant, par exemple, en Afrique ou en Inde.
Nicolas

On pourrait faire un don aux organisations qui travaillent avec les gens dans des pays en voie de développement, par exemple à Médecins Sans Frontières.
Nadal

Who thinks ...

1 that everyone could do activities to raise money?

2 that people should give money to good causes?

3 that pop music is more powerful than governments?

4 that it's necessary to think about what you buy?

5 that it's the children who should be helped first?

6 that it's necessary to reduce the cost of medicines?

7 that people should write to the government to ask them to do something.

8 that it's necessary to send food parcels very quickly to the people who have nothing to eat?

1 Quels sont les problèmes à Nulleville? Écoutez et mettez les phrases dans le bon ordre.

a

Il n'y a qu'un bus par jour pour aller au centre-ville.

b

Le club des jeunes est fermé et il n'y a plus de cinéma.

c

On ne peut pas respirer à cause de la pollution.

d

Les jeunes n'ont rien à faire.

e

Le dimanche, on ne voit personne.

f

Il y a souvent des vols, mais la police ne vient jamais.

g

Il n'y a aucun travail, donc beaucoup de gens sont au chômage.

h

Il n'y a ni poubelles ni centres de recyclage, donc on jette les déchets par terre.

2 Trouvez les phrases qui vont avec celles de l'exercice 1, puis copiez les paires de phrases.

1 Mais parfois, c'est trop tranquille. Par exemple, …
2 Le pire, c'est la criminalité. La nuit, …
3 Les transports en commun sont nuls: …
4 Ils s'ennuient ici parce que …
5 Il y a trop de circulation et certains jours, …
6 Avant, il y avait des distractions. Mais maintenant, …
7 La ville est sale aussi puisqu' …
8 Les habitants sont pauvres car …

Expo-langue →→→→ 216

Negative expressions are usually in two parts and go around the verb:

On **ne** peut **pas** respirer. = You can't breathe.
La police **ne** vient **jamais.** = The police never come.
On **ne** voit **personne.** = You don't see anyone.
Les jeunes **n'**ont **rien** à faire.
= Young people have nothing to do.

With **il y a**, the negative goes around **y a**:

Il **n'**y a **plus** de cinéma.
= There's no longer a cinema.
Il **n'**y a **qu'**un bus par jour.
= There's only one bus a day.
Il **n'**y a **aucun** travail et **aucune** distraction.
= There's no work and no entertainment.
Il **n'**y a **ni** poubelles **ni** centres de recyclage.
= There are neither rubbish bins nor recycling points.

3 Écrivez des phrases positives en adaptant les phrases des exercices 1 et 2.

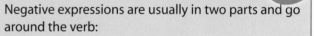

La ville n'est pas sale puisqu'il y a beaucoup de poubelles et de centres de recyclage. …

4 Écoutez. Quel est le problème? Pour chaque personne, écrivez la bonne lettre. (1–6)

a la circulation
b le recyclage
c les transports en commun
d les distractions
e la pollution
f la criminalité

5 À deux. Parlez de votre ville, de votre quartier ou de votre village.
Adaptez les phrases **en bleu** et complétez le dialogue.

■ Ce qui est bien dans le quartier où j'habite, c'est les transports en commun.
Il y a beaucoup d'autobus pour aller au centre-ville. Ce qui est nul, c'est le
recyclage. Il n'y a aucun centre de recyclage. Et toi, quelle est ton opinion?
● Ce qui est nul aussi/dans le village où j'habite, c'est … Par contre, ce qui est
bien, c'est …

6 Lisez l'article. Pour chaque phrase en dessous, écrivez
P (Positive), N (Négative) ou P/N (Positive-Négative).

Là où j'habite: le pour et le contre

Dans mon quartier, la plupart des gens habitent, comme moi, dans de grands bâtiments qu'on appelle des HLM (habitations à loyer modéré). Heureusement qu'ils sont modernes, confortables et pas chers. On a créé aussi des espaces verts où les enfants peuvent jouer en sécurité. Mais il y a peu d'autobus et tout le monde va au travail en voiture, ce qui veut dire que, pendant les heures de pointe, il y a toujours des embouteillages et c'est très bruyant.
Farid

Ma famille a déménagé il y a un an. Avant, on habitait dans un appartement en ville, mais maintenant, on habite une vieille maison individuelle en pleine campagne. Elle est parfaite et ce qui est bien ici, c'est que l'air n'est pas pollué, donc je ne souffre plus d'asthme. Bien sûr, dans un petit village, on ne trouve ni cinéma ni boîte et le samedi soir, je m'ennuie un peu. Cependant, il y a beaucoup de choses à faire pendant la journée. Par exemple, on peut aller à la pêche, faire du VTT et faire des randonnées.
Célia

Moi, j'habite une maison jumelle dans la banlieue. Il y a trois ans, on a créé une zone piétonne dans le centre-ville, donc il n'y a plus de voitures ou de gros camions et on peut faire ses courses tranquillement, ce que je trouve idéal. De chez moi, on peut prendre le bus, le train ou le métro. Les transports en commun passent souvent, mais ça coûte un peu cher, surtout si on a une grande famille. Le seul problème dans ma ville, c'est qu'on jette les bouteilles, les journaux, les boîtes, etc. à la poubelle au lieu de les recycler, ce qui est mauvais pour l'environnement.
Pascal

1 Farid: (**a**) le logement (**b**) les transports en commun (**c**) la circulation
2 Célia: (**a**) le logement (**b**) la pollution (**c**) les distractions
3 Pascal: (**a**) la circulation (**b**) les transports en commun (**c**) le recyclage

7 Écrivez un paragraphe sur les avantages et les inconvénients
de votre ville, de votre quartier ou de votre village.

1 Écoutez et lisez. Trouvez les deux bonnes images pour chaque personne qui parle. (1–4)

Pourquoi l'environnement va-t-il mal?

1

2

3

4

On gaspille l'énergie et l'eau. Par exemple, on n'éteint pas la lumière quand on quitte une pièce, on ouvre les fenêtres sans baisser le chauffage central et on laisse le robinet ouvert quand on se brosse les dents. Tout ça est mauvais pour l'environnement.

Nous jetons nos déchets dans de gros trous dans la terre et nous utilisons trop d'emballages. Par exemple, quand tu achètes des bonbons, ils sont emballés dans du plastique. Si tu achètes un frigo ou une télé, c'est encore pire: des masses d'emballage en plastique que tu ne peux pas recycler.

Les gens utilisent trop leurs voitures. Les voitures produisent des gaz qui causent de la pollution et qui contribuent au réchauffement de la terre. Cette pollution détruit aussi la couche d'ozone qui nous protège contre les rayons du soleil.

Si vous achetez des produits non-bios ou pas verts au supermarché, vous ne pensez pas à l'environnement. Les fruits et les légumes bios sont cultivés sans utiliser des produits chimiques qui empoisonnent la terre. Il y a aussi des produits verts, comme la lessive ou le liquide vaisselle, qui sont mieux pour l'environnement.

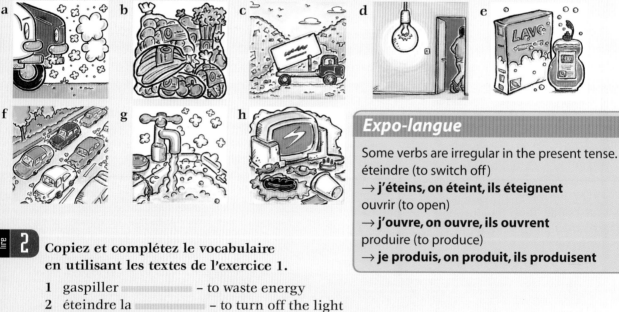

a   b   c   d   e

f   g   h

Expo-langue

Some verbs are irregular in the present tense.

éteindre (to switch off)
→ **j'éteins, on éteint, ils éteignent**

ouvrir (to open)
→ **j'ouvre, on ouvre, ils ouvrent**

produire (to produce)
→ **je produis, on produit, ils produisent**

2 Copiez et complétez le vocabulaire en utilisant les textes de l'exercice 1.

1   gaspiller ▪▪▪▪▪▪▪ – to waste energy
2   éteindre la ▪▪▪▪▪▪▪ – to turn off the light
3   ▪▪▪▪▪▪▪ le chauffage central – to turn down the ▪▪▪▪▪▪▪
4   laisser le ▪▪▪▪▪▪▪ ouvert – to ▪▪▪▪▪▪▪ the tap running
5   utiliser trop ▪▪▪▪▪▪▪ – to ▪▪▪▪▪▪▪ too much packaging
6   détruire la ▪▪▪▪▪▪▪ – to ▪▪▪▪▪▪▪ the ozone layer
7   empoisonner ▪▪▪▪▪▪▪ – to poison the earth
8   des produits ▪▪▪▪▪▪▪ – organic products
9   des ▪▪▪▪▪▪▪ verts – environmentally friendly products

écrire **3** Écrivez six règles pour la protection de l'environnement.
Utilisez *il faut* ou *il ne faut pas*.

Il ne faut pas gaspiller l'énergie.
…

écouter **4** On parle de ce qu'on fait pour protéger l'environnement. (1–4)
Pour chaque phrase, écrivez «Marie», «Luc», «Zoé» ou «Thierry».

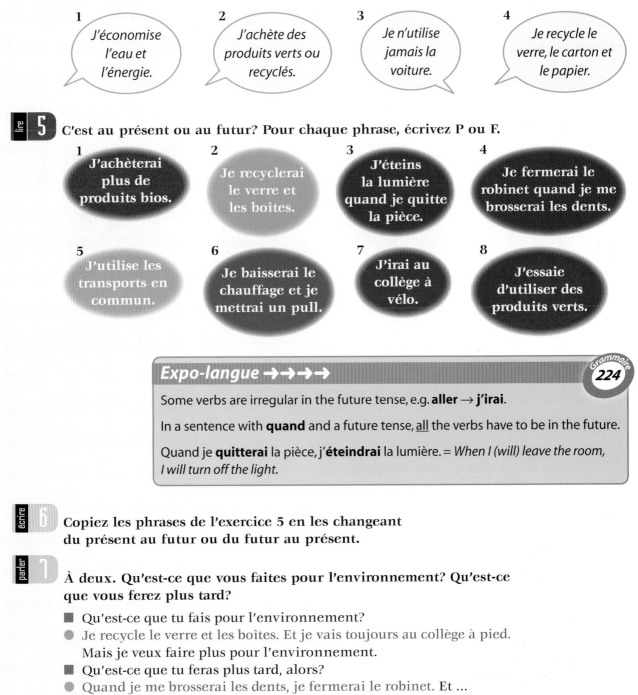

1
J'économise
l'eau et
l'énergie.

2
J'achète des
produits verts ou
recyclés.

3
Je n'utilise
jamais la
voiture.

4
Je recycle le
verre, le carton et
le papier.

lire **5** C'est au présent ou au futur? Pour chaque phrase, écrivez P ou F.

1
J'achèterai
plus de
produits bios.

2
Je recyclerai
le verre et
les boîtes.

3
J'éteins
la lumière
quand je quitte
la pièce.

4
Je fermerai le
robinet quand je me
brosserai les dents.

5
J'utilise les
transports en
commun.

6
Je baisserai le
chauffage et je
mettrai un pull.

7
J'irai au
collège à
vélo.

8
J'essaie
d'utiliser des
produits verts.

Expo-langue →→→→

Grammaire **224**

Some verbs are irregular in the future tense, e.g. **aller** → **j'irai**.

In a sentence with **quand** and a future tense, <u>all</u> the verbs have to be in the future.

Quand je **quitterai** la pièce, j'**éteindrai** la lumière. = *When I (will) leave the room, I will turn off the light.*

écrire **6** Copiez les phrases de l'exercice 5 en les changeant
du présent au futur ou du futur au présent.

parler **7** À deux. Qu'est-ce que vous faites pour l'environnement? Qu'est-ce
que vous ferez plus tard?

■ Qu'est-ce que tu fais pour l'environnement?
● Je recycle le verre et les boîtes. Et je vais toujours au collège à pied.
 Mais je veux faire plus pour l'environnement.
■ Qu'est-ce que tu feras plus tard, alors?
● Quand je me brosserai les dents, je fermerai le robinet. Et …

1 Mettez l'histoire d'Écofille dans le bon ordre.

a

Puis, après avoir pris mon petit déjeuner, je me suis brossé les dents. J'ai fait ça sans laisser le robinet ouvert pour économiser de l'eau.

b

Après avoir fait les courses, je suis allée au magasin Oxfam parce que j'avais reçu un nouveau portable comme cadeau d'anniversaire de mes parents.

c

Mais je l'ai partagée avec trois autres. C'est mieux pour l'environnement s'il y a plusieurs personnes dans une voiture.

d

Au supermarché, je n'ai pas pris de sacs en plastique, mais j'ai utilisé des sacs en toile. J'ai fait ça parce que les sacs en plastique qu'on jette à la poubelle ne sont pas biodégradables.

e

Tout de suite après les cours, j'ai dû faire les courses pour ma mère. Bien sûr, je n'ai acheté que des produits bios ou verts.

f

Malheureusement, là où j'habite, les transports en commun sont nuls, donc je suis allée au collège en voiture.

g

Tout d'abord, je me suis douchée au lieu de me baigner parce qu'avec une douche, on consomme moins d'eau qu'avec un bain.

h

Au lieu de jeter mon vieux portable à la poubelle, je l'ai recyclé en le donnant à Oxfam et il sera utilisé dans un pays en voie de développement.

2 Écoutez et vérifiez.

> au lieu de – instead of

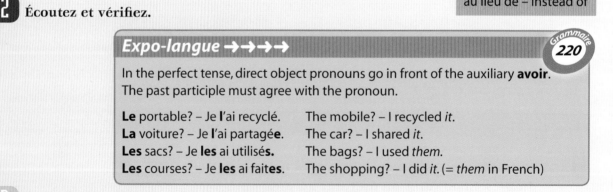

Expo-langue →→→→

Grammaire **220**

In the perfect tense, direct object pronouns go in front of the auxiliary **avoir**.
The past participle must agree with the pronoun.

Le portable? – Je **l'**ai recyclé.	The mobile? – I recycled *it*.
La voiture? – Je **l'**ai partagée.	The car? – I shared *it*.
Les sacs? – Je **les** ai utilisés.	The bags? – I used *them*.
Les courses? – Je **les** ai faites.	The shopping? – I did *it*. (= *them* in French)

3 Écrivez les six choses qu'Écofille a faites pour l'environnement.

1 Elle s'est douchée au lieu de se baigner.
…

4 À deux. Qui a fait plus pour l'environnement la semaine dernière? Il faut exagérer!

- ■ La semaine dernière, j'ai recyclé du verre et des journaux.
- ● Moi, j'ai recyclé du verre, des journaux et des boîtes. Et je suis allé(e) au collège à pied tous les jours.
- ■ Oui, mais moi, j'ai/je suis/je me suis …

écouter **5** Quel était le problème environnemental avant? Qu'est-ce qu'on a fait pour changer la situation? Copiez et complétez la grille en français. (1–5)

	problème	action
1	circulation	zone piétonne

The letter **e** with no accent sounds a bit like 'uh' (on j**e**tait).
è (with a grave accent) sounds a bit like the 'e' in *egg* (apr**è**s).
é (with an acute accent) sounds a bit like 'ay' (on a jet**é**).

The two acute accents in *cr**éé*** are both pronounced – 'crayay'.

parler **6** Qu'est-ce qu'on a fait pour l'environnement dans votre ville/votre village/votre quartier? Interviewez votre partenaire. Utilisez les idées ci-dessous ou vos propres idées.

■ Avant, dans mon quartier, on jetait tous les déchets à la poubelle.
● Qu'est-ce qu'on a fait pour changer la situation?
■ Il y a deux ans, on a installé des containers pour le verre, le plastique et le papier.
  Qu'est-ce qu'on a fait pour l'environnement dans ta ville/ton village/ton quartier?

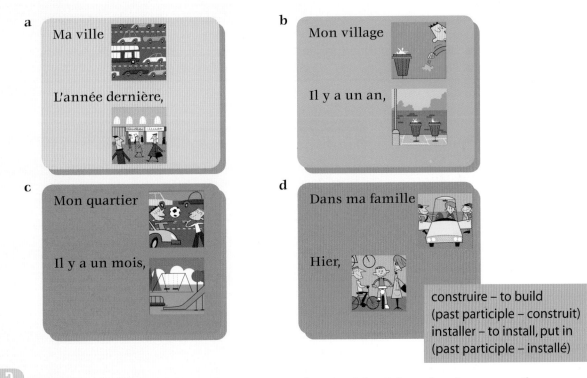

a Ma ville

L'année dernière,

b Mon village

Il y a un an,

c Mon quartier

Il y a un mois,

d Dans ma famille

Hier,

construire – to build
(past participle – construit)
installer – to install, put in
(past participle – installé)

écrire **7** Écrivez une lettre en français à votre copine Sophie. Répondez à ces questions:

● Quels sont les problèmes environnementaux dans votre ville ou village?
● Qu'est-ce qu'on a déjà fait pour l'environnement là où vous habitez?
● Qu'est-ce que vous faites pour l'environnement dans votre famille?
● Qu'est-ce que vous ferez plus tard?

In tasks like this, always look carefully at the tense of each question and answer in the correct tense.

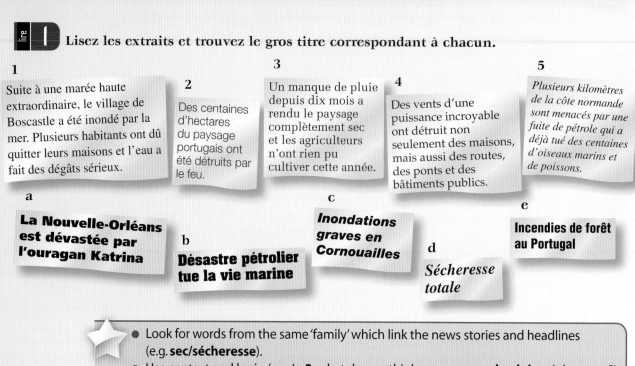

lire 1 Lisez les extraits et trouvez le gros titre correspondant à chacun.

1

Suite à une marée haute extraordinaire, le village de Boscastle a été inondé par la mer. Plusieurs habitants ont dû quitter leurs maisons et l'eau a fait des dégâts sérieux.

2

Des centaines d'hectares du paysage portugais ont été détruits par le feu.

3

Un manque de pluie depuis dix mois a rendu le paysage complètement sec et les agriculteurs n'ont rien pu cultiver cette année.

4

Des vents d'une puissance incroyable ont détruit non seulement des maisons, mais aussi des routes, des ponts et des bâtiments publics.

5

Plusieurs kilomètres de la côte normande sont menacés par une fuite de pétrole qui a déjà tué des centaines d'oiseaux marins et de poissons.

a La Nouvelle-Orléans est dévastée par l'ouragan Katrina

b Désastre pétrolier tue la vie marine

c Inondations graves en Cornouailles

d Sécheresse totale

e Incendies de forêt au Portugal

- Look for words from the same 'family' which link the news stories and headlines (e.g. **sec/sécheresse**).
- Use context and logic. (e.g. In **3**, what do you think **un manque de pluie** might mean?)
- Beware of false friends. (e.g. **pétrole** does not mean *petrol*. What does it mean?)

lire 2 Trouvez l'équivalent en français.

1 serious floods
2 forest fires
3 drought
4 hurricane
5 an oil spillage
6 high tide
7 serious damage
8 hundreds of
9 of incredible strength
10 destroyed by fire
11 has already killed
12 flooded by the sea

Expo-langue →→→→

The passive is used to describe things that **are done** (or have been done, will be done, etc.) to someone or something. It consists of the relevant tense of **être**, plus a past participle. The past participle must agree with the subject.

Present Plusieurs kilomètres de côte **sont menacés.**
Several kilometres of coastline *are threatened.*
Perfect La forêt **a été détruite.**
The forest *has been destroyed.*
Future Le village **sera inondé.**
The village *will be flooded.*

The passive can often be avoided by changing a sentence around:
La forêt a été détruite par le feu. → Le feu a détruit la forêt.

écrire 3 Réécrivez ces phrases sans le passif.

1 La côte est menacée par une fuite de pétrole.
2 Le paysage est détruit par le manque de pluie.
3 Le village a été inondé par la mer.
4 Des dégâts ont été faits par l'eau.
5 La ville sera dévastée par l'ouragan. (infinitif: dévaster)

4 Écoutez. On parle de quel désastre?

a **inondation**   b **incendie**   c **fuite de pétrole**   d **ouragan**

 **5** Imaginez que vous êtes présentateur ou présentatrice du journal télévisé. Inventez un reportage sur un désastre dans votre région. Si possible, enregistrez-le en audio ou en vidéo.

■ Aujourd'hui, à Blackpool, la mer a inondé une partie de la ville. Plusieurs habitants ont dû quitter leurs maisons et …

 **6** Écrivez votre reportage, avec un gros titre aussi.

7 Copiez le texte et remplissez les blancs avec les mots en dessous.

La conservation: Il faut sauver ces animaux!

Partout dans le monde, des (1) _____ et des oiseaux sont (2) _____ d'extinction. En Amazonie, des milliers d'arbres (3) _____ été coupés pour l'agriculture et pour créer des produits en bois, comme des (4) _____ et des chaises. La dévastation de cette (5) _____ énorme a (6) _____ l'habitat de beaucoup de créatures exotiques, comme le jaguar. C'est le même problème au Congo, en (7) _____, et à Bornéo où le gorille et l'orang-outan deviennent de plus en plus rares. Et dans moins de vingt (8) _____, il n'y aura peut-être (9) _____ de tigres en Inde. Si vous voulez sauver ces animaux fascinants, vous pourriez (10) _____ membre du WWF, qui travaille pour la conservation des espèces en voie d'extinction.

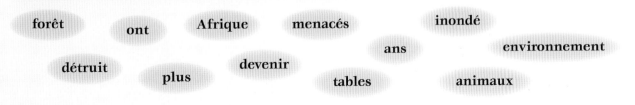

forêt   ont   Afrique   menacés   inondé   détruit   plus   devenir   ans   environnement   tables   animaux

Imagine you are a pop singer who is being interviewed about environmental issues. Your teacher will play the role of the interviewer and will ask you the following:

● What are the biggest problems with the environment? What is causing them?

● What should be done to improve the situation?

● What have you personally done to help the environment?

● What are you planning to do to help the environment in the future?

● What other problems exist that you would like to do something about?

You will also have to respond to something that you have not yet prepared.

The interview will last a maximum of six minutes.

Controlled assessment interview

1 You will hear a model interview. First, predict which of these phrases Lauren uses to answer the first three questions above. Then listen to check.

1 Il faut encourager les gens à utiliser les transports en commun, ou à se déplacer à vélo.

2 J'ai vendu ma Porsche et j'ai acheté une petite voiture hybride.

3 Le plus grand problème, c'est le réchauffement de la planète.

4 J'ai organisé une journée sans voiture à Londres. C'était un grand succès.

5 Une des causes principales est la pollution causée par les usines et les voitures.

6 De plus, j'ai envoyé beaucoup de lettres et d'e-mails au gouvernement.

7 Il faut persuader le gouvernement de faire quelque chose aussi.

2 Listen again and note down in English how Lauren answers the first three questions in the assessment task.

3 Listen to the second part of Lauren's interview and fill in the gaps.

■ Et qu'est-ce que vous ferez pour l'environnement plus tard?

● À un niveau personnel, (**1**) ▬▬▬ de conserver plus d'énergie. Je suis en train de faire construire une maison «écolo» qui utilisera l'énergie solaire et qui (**2**) ▬▬▬ l'eau. (**3**) ▬▬▬ gaspillent l'énergie et l'eau; par exemple, ils montent le chauffage central au lieu de mettre un pull, ou ils prennent un bain (**4**) ▬▬▬ se doucher. Tout ça est (**5**) ▬▬▬ l'environnement. Et si on n'arrête pas le réchauffement de la planète, (**6**) ▬▬▬ des conséquences catastrophiques. (**7**) ▬▬▬, j'ai pris rendez-vous avec le premier ministre (**8**) ▬▬▬ problèmes environnementaux. En 2008, j'avais visité Haïti, qui avait été dévasté par l'ouragan Gustav. C'était (**9**) ▬▬▬ et je voulais dire au premier ministre qu' (**10**) ▬▬▬ pour empêcher de tels désastres à l'avenir.

le premier ministre – Prime Minister
empêcher – to prevent
tel/telle/tels/telles – such

4 **Now listen to the final part of Lauren's interview and answer the questions.**

   1 Lauren uses three different negatives to describe the problems in big cities. Which negative expressions does she use?

   2 What is the unprepared question that the teacher asks Lauren?

   3 Lauren uses five verbs in the conditional to answer this question. How many of them can you spot?

   4 Can you summarise in English what Lauren says in the final part of her interview?

5 **Now it's your turn! Prepare your answers to the task opposite, then take part in an interview with your teacher or partner.**

   ● Use your answers to exercises 1–4 and the Grade Studio to help you.

● Adapt what Lauren says and include your own ideas.

● Try to predict what the unprepared question will be. It might not be the same as Lauren's!

● Record the interview. Ask a partner to listen to it and say how well you performed.

Award each other one star, two stars or three stars for each of these categories:

● pronunciation
● confidence and fluency
● range of tenses
● variety of vocabulary and expressions
● using longer sentences
● taking the initiative.

What do you need to do next time to improve your performance?

GradeStudio

To produce a good answer, you need to be able to use key tenses correctly. Lauren uses the following **present tense** and **perfect tense** verbs:
j'utilise, je prends, on voyage
j'ai vendu, j'ai acheté, on a organisé, j'ai envoyé.
Think of three more present tense and three more perfect tense verbs and put them into sentences that you could use.

◆ Your **pronunciation** also needs to be accurate. Be especially careful with words which are similar to English. How do you pronounce these words?
environnement   pollution   changements de climat
transports en commun   gouvernement

To go a step further, try using:
◆ the **comparative** (see page 218), e.g. *les voitures hybrides sont moins polluantes* (hybrid cars are less polluting)
◆ *il faut* (+ infinitive), e.g. *Il faut arrêter la pollution industrielle*
◆ the **future tense**, e.g. *je recyclerai, j'irai, on utilisera*

◆ the **conditional**, e.g. *je voudrais, j'aimerais, on devrait, on pourrait* (+ infinitive)
◆ **negatives**, e.g. *ne … jamais* (never); *ne … que* (only); *ne … ni … ni …* (neither … nor).
Create a new sentence using each of these structures for your interview.

For a really impressive answer, include:
◆ *il faut encourager les gens à* + infinitive (we must encourage people to …)
◆ *il faut persuader le gouvernement de* + infinitive (we must persuade the government to …)
◆ the **superlative**, e.g. *le plus grand* problème, c'est … (the biggest problem is …)
◆ the **pluperfect tense**, e.g. *j'avais visité* Haïti (I had visited Haiti)
◆ the **passive**, e.g. *l'environnement est menacé* par la pollution (the environment is threatened by pollution).

Brille à l'oral!

Try using:
◆ *au lieu de* (+ infinitive) meaning 'instead of –ing', e.g. *au lieu de se doucher* (instead of having a shower)
◆ *être en train de* (+ infinitive) meaning 'in the process of –ing', e.g. *Je suis en train de faire construire une maison «écolo»* (I'm in the process of having an 'eco-house' built).

Un problème environnemental

Madame/Monsieur

Il y a quelques jours, je suis allé faire un pique-nique avec ma famille au lac des Roseaux. C'était ma première visite au lac et j'ai été choqué par ce que j'ai vu.

Il y avait des déchets partout sur l'herbe: des papiers, des boîtes en aluminium, des bouteilles, des emballages de fast-food, etc. C'était dégoûtant. Moi, je voulais aller à la pêche, mais le lac était trop sale et j'ai vu plusieurs poissons morts. À mon avis, c'est à cause des jet-skis et des bateaux de ski nautique qui ont pollué l'eau.

C'est un désastre environnemental et il faut qu'on fasse quelque chose. Le week-end prochain, mes amis et moi, on ira au lac et on ramassera tous les déchets. On recyclera les boîtes, les bouteilles, le papier, etc., et on jettera le reste. Mais que fera l'administration locale?

Premièrement, il faut arrêter les jet-skieurs et les skieurs nautiques. Si on ne fait pas ça, la pollution de l'eau continuera et il n'y aura plus de poissons.

Deuxièmement, il est important pour la conservation de protéger d'autres espèces aussi, comme les grenouilles et les oiseaux aquatiques. On pourrait installer un panneau qui dirait «ne pas déranger les animaux et les oiseaux».

Troisièmement, il faut installer beaucoup de poubelles autour du lac. Si on créait aussi un centre de recyclage, il serait facile pour les gens de recycler les déchets.

Finalement, on devrait nettoyer régulièrement le lac.

Si on fait tout ça, le lac des Roseaux deviendra un site pittoresque qui attirera beaucoup de gens.

Nicolas Godard

> d'autres espèces – other species
> les grenouilles (f) – frogs
> qui attirera – which will attract

1 Find the French equivalent of these phrases in the text and copy them out.

1 a few days ago
2 I was shocked by what I saw
3 everywhere on the grass
4 it was disgusting
5 we must do something
6 the local council
7 we could put up a sign which would say
8 do not disturb the animals and the birds
9 we should clean the lake regularly
10 will become a picturesque spot

2 Which phrases from exercise 1 are in …

1 the imperfect tense?
2 the conditional?
3 the future tense?

How many other examples of these three tenses can you find in Nicolas's text?

3 Find the four correct statements.

1 Nicolas had been to the lake before.
2 There was a lot of rubbish on the ground.
3 He went fishing in the lake.
4 He thinks the lake has been polluted by factories.
5 He wants the local council to stop water sports on the lake.
6 He also wants the wildlife to be protected.
7 He thinks there should be lots of rubbish bins around the lake.
8 Nicolas says he and his friends will clean the place regularly.

4 You might be asked to write about environmental problems as a controlled assessment task. Use the Grade Studio to help you prepare.

GradeStudio

To produce a good answer, you need to use key tenses correctly. Look at how Nicolas does this.

◆ He uses the **perfect tense** to say when he went to the lake and to describe his reaction to what he saw.

◆ He uses the **future tense** to say what he and his friends will do next weekend and what will happen if the council takes up all of his suggestions.

◆ He also uses *Il faut* + **infinitive** to say what must be done.

To go a step further, you should use the imperfect tense and the conditional, as well as a range of connectives, time and frequency expressions.

◆ Look at how Nicolas uses the **imperfect tense** to describe what the lake was like when he visited it.

◆ Look at how he uses the **conditional** to say what could or should be done, using *on pourrait* and *on devrait*.

◆ Try using *premièrement, deuxièmement, troisièmement, finalement* to create an interesting structure, as Nicolas has done.

For a really impressive answer:

◆ include **adverbs**. As well as *régulièrement*, you could use *complètement* (completely), *vraiment* (really), *malheureusement* (unfortunately), *personnellement* (personally), *bien* (well) and *mal* (badly).

◆ use **relative pronouns**. Nicolas uses *qui* to explain who or what has polluted the water and to describe what the lake will become if the council follows his advice. (See page 223.)

Brille à l'écrit!

◆ Include the expression *Il faut qu'on fasse quelque chose* (We must do something), like Nicolas. The verb is in the subjunctive mood. Find out what this is from a grammar book – or ask your teacher!

5 Now write a letter to a French newspaper about an environmental problem or problems you have seen during a visit to France (it can be imaginary if you wish).

● You could write about a single problem, as Nicolas has done, or write about a number of environmental issues in an area you have visited. Adapt phrases from Nicolas's text.

● Write in paragraphs. Give your text a clear and logical structure (see the blue box).

● Here are some useful phrases for your concluding paragraph:
j'espère que – I hope that
espérons que – let's hope that
bientôt – soon
améliorer la situation – to improve the situation
résoudre le problème – to resolve the problem.

Introduction

Say how the problem came to your attention. Did you witness it yourself (as Nicolas did), did you read about it or did you see something on television?
Say when you first came across the problem and where.
Give your reactions to what you saw, read or heard.

Main paragraphs

Say what you personally are going to do about it.
Say what you want other people to do.
Say what must, could or should be done.

Conclusion

Finish on a positive note, summarising your hopes.

Check what you have written carefully. Check:

● spelling and accents (especially tricky words, such as *régulièrement*)

● gender and agreement (e.g. adjectives, past participles of *être* verbs)

● verb endings for the different persons: *je/on/il/elle*, etc.

● formation of all tenses, but especially the perfect tense, which has two parts: have you included the part of *avoir* or *être*?

Les problèmes mondiaux

World problems

Le plus grand problème du monde, c'est ...	The biggest problem in the world is ...
le SIDA	AIDS
le terrorisme	terrorism
le réchauffement de la planète	global warming
la faim	hunger
la guerre	war
la pauvreté	poverty
l'Afrique (f)	Africa
l'Inde (f)	India
les pays (m) en voie de développement	developing countries
les produits issus du commerce (m) équitable	fair trade products
la famine	famine

la paix	peace
la sécurité	safety
les médicaments (m)	medicine
On devrait ...	We should ...
On pourrait ...	We could ...
Il faut ...	We must ...
collecter de l'argent	collect money
combattre le SIDA	fight AIDS
donner de l'argent aux bonnes causes	give money to charity
écrire au gouvernement	write to the government
faire quelque chose	do something
organiser des événements	organise events
parrainer un enfant	sponsor a child

Les problèmes locaux

Local problems

Ce qui est bien/nul, c'est ...	The good/bad thing is ...
On ne peut pas respirer à cause de la pollution.	You can't breathe because of the pollution.
Il n'y a qu'un bus par jour.	There's only one bus a day.
Il n'y a plus de cinéma.	There's no longer a cinema.
Le club des jeunes est fermé.	The youth club is closed.
Il n'y a ni poubelles ni centres de recyclage.	There are neither rubbish bins nor recycling points.
On jette des déchets par terre.	Rubbish is thrown on the ground.
Les jeunes n'ont rien à faire.	Young people have nothing to do.
On ne voit personne.	You don't see anyone.
La police ne vient jamais.	The police never come.
Il n'y a aucun travail.	There's no work.
Beaucoup de gens sont au chômage.	Lots of people are unemployed.

le camion	lorry
la criminalité	crime
la circulation	traffic
la zone piétonne	pedestrian precinct
les distractions (f)	entertainment
les embouteillages (m)	traffic jams
les heures (f) de pointe	rush hour
les transports (m) en commun	public transport
le quartier	district, part of town
la maison individuelle	detached house
la maison jumelle	semi-detached house
l'HLM (habitation à loyer modéré) (f)	council flat/house
bruyant(e)	noisy
dangereux/euse	dangerous
pollué(e)	polluted
propre	clean
rapide	fast
sale	dirty
tranquille	quiet

L'environnement / *The environment*

Il faut ...	*We must ...*	détruire la couche d'ozone	*destroy the ozone layer*
éteindre la lumière	*switch off the light*	empoisonner la terre	*poison the earth*
baisser le chauffage central	*turn down the central heating*	utiliser trop les voitures	*use cars too much*
acheter des produits bios/verts	*buy organic/ environmentally friendly products*	le carton	*cardboard*
		le frigo	*fridge*
		les gaz (m) d'échappement	*exhaust fumes*
recycler	*recycle*	le journal	*newspaper*
Il ne faut pas ...	*We mustn't ...*	le recyclage	*recycling*
gaspiller l'énergie	*waste energy*	le sac en plastique/toile	*plastic/cloth bag*
laisser le robinet ouvert	*leave the tap running*	le verre	*glass*
utiliser trop d'emballages	*use too much packaging*	la boîte	*can, tin*

Pour changer la situation / *To change the situation*

Je me douche au lieu de me baigner.	*I take a shower instead of a bath.*
Je partage la voiture avec trois autres.	*I share the car with three others.*
J'ai recyclé mon portable.	*I recycled my mobile.*
On a installé des containers pour le verre.	*We installed containers for glass.*
On a construit un petit parc.	*We made a little park.*
On a créé un espace vert/une zone piétonne.	*We created a green space/a pedestrian precinct.*
On recyclera/utilisera/éteindra ...	*We will recycle/use/switch off ...*
On ne gaspillera pas ...	*We won't waste ...*

À la une / *In the headlines*

le désastre	*disaster*	la vie marine	*marine life*
le feu	*fire*	un manque de pluie depuis dix mois	*a lack of rain for 10 months*
l'ouragan (m)	*hurricane*		
la fuite	*leak, spillage*	sec/sèche	*dry*
l'incendie (m)	*fire*	plusieurs	*several*
l'inondation (f)	*flood*	des centaines (f) de	*hundreds of*
la sécheresse	*drought*	les dégâts (m)	*damage*
la conservation	*conservation*	les espèces (f) en voie d'extinction	*endangered species*
l'arbre (m)	*tree*		
la forêt	*forest*	détruit(e) par	*destroyed by*
le paysage	*countryside*	dévasté(e) par	*devastated by*
la côte	*coast*	inondé(e) par	*flooded by*
la mer	*sea*	menacé(e) de	*threatened by*
le pétrole	*crude oil*	tué(e) par	*killed by*

lire 1 Qui est … ? Trouvez le métier de chaque personne.

architecte
coiffeuse
comptable
hôtesse de l'air
journaliste

médecin
photographe
secrétaire
serveuse
standardiste

> Look at the list of job titles and see which you know already or can guess before you read the texts.

1 Géraldine, la mère de Patrice, travaille dans un cabinet médical. Elle reçoit et examine les malades. Elle leur prescrit un traitement, si besoin.

2 M. Bouleau, le père de Nicolas, passe son temps à écrire et à voyager. Il travaille pour un journal.

3 Marie-Claude, la grande sœur d'Alice, travaille chez Air France. Elle s'occupe de la sécurité et du bien-être des voyageurs durant le vol.

4 Richard, le père de Marc, travaille avec plusieurs types d'appareils. Il utilise aussi bien des films et des négatifs que des clés USB et une imprimante.

5 Corinne, la mère de Hugo, travaille dans un salon. Elle coupe les cheveux, elle fait des couleurs, des mèches et des mises en plis.

6 Mathieu, le père de Damien, travaille sur ordinateur. Il crée les plans des bâtiments à construire.

7 Mme Hiver, la mère de Valentin, travaille dans une grande entreprise. Elle répond au téléphone et passe les appels aux personnes demandées.

lire 2 Trouvez les mots/les phrases dans les textes.

1 LE MONDE.   2   3   4

écrire 3 Décrivez la famille de Théo.

Exemple: Le grand-père de Théo est suisse. Il est agriculteur.

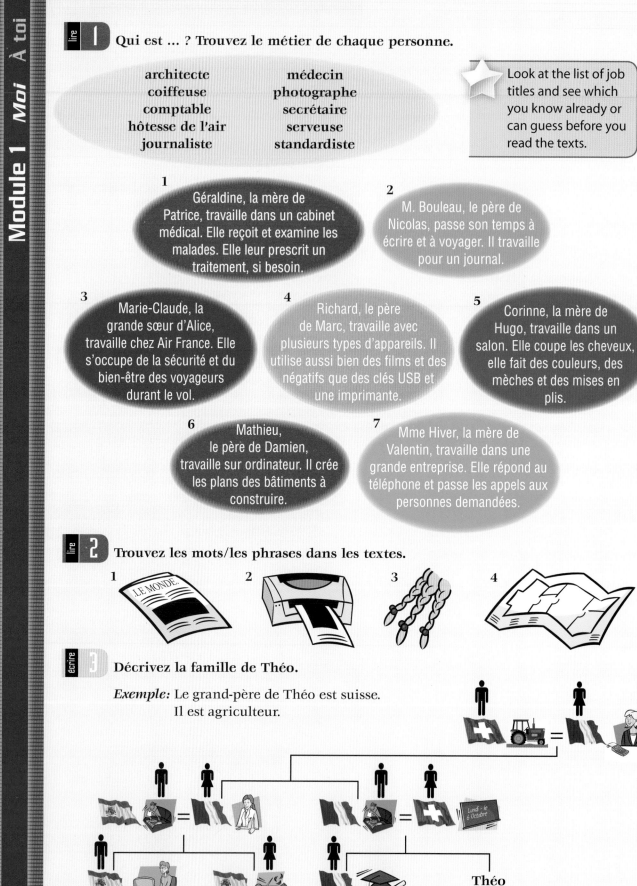

Théo

lire 4 **Lisez le texte et mettez les images dans le bon ordre.**

Lundi soir, je suis allé à l'entraînement de karaté après l'école. Mardi soir, j'ai fait une balade à vélo dans les bois avec mes copains. Mercredi matin, je suis allé en ville avec ma copine pour faire du lèche-vitrines et retrouver des amis. L'après-midi, nous sommes allés à la piscine et le soir, nous sommes allés au cinéma. Le lendemain était jour de congé. Il a plu toute la journée, donc je suis resté à la maison. J'ai joué du piano, j'ai lu des magazines et j'ai regardé une série à la télé. C'était débile. Puis j'ai envoyé un texto à ma copine pour lui demander de venir chez moi. Vendredi, on a fait le pont, c'est-à-dire: comme jeudi était jour de congé, on nous a donné vendredi comme jour de congé aussi! Super … un jour en plus! Le matin, je suis allé retrouver les autres en ville. Nous avons mangé dans un fast-food et puis nous sommes allés dans le parc où j'ai fait du skate. Après ça, nous sommes rentrés et nous avons regardé un DVD. Samedi, comme il n'y avait pas d'école, j'ai fait la grasse matinée. L'après-midi, j'ai joué au basket et le soir, j'ai envoyé un e-mail. Et dimanche? J'ai dû faire les devoirs que je n'avais pas faits dans la semaine et j'ai dû bosser pour préparer un devoir sur table en maths! **Sébastien**

a b  c d  e f

lire 5 **Trouvez la bonne définition.**

1 «faire du lèche-vitrines» signifie
   a acheter beaucoup de choses
   b sucer une sucette
   c regarder les étalages et les magasins

2 «le lendemain» veut dire
   a le jour qui précède le jour mentionné
   b le jour qui suit le jour mentionné
   c le même jour dans une semaine

3 «c'était débile» signifie
   a c'était intéressant
   b c'était génial
   c c'était stupide

4 «faire la grasse matinée» veut dire
   a rester au lit jusqu'à midi
   b manger beaucoup de graisse (huile, beurre, crème, etc.)
   c manger le matin et jeûner le reste de la journée

5 «faire le pont» c'est
   a traverser un fleuve ou une rivière
   b prendre un jour de congé supplémentaire
   c faire un pique-nique

6 «un e-mail»
   a un message laissé sur un répondeur
   b un SMS envoyé par un portable
   c un message envoyé par voie électronique

7 «bosser» veut dire
   a passer un examen
   b travailler dur
   c être chef

un devoir sur table – class test

écrire 6 **Qu'est-ce que tu as fait la semaine dernière?**

Lundi soir, je suis allé(e) … et j'ai …

lire 1 Lisez les annonces et trouvez les abréviations.

A

PALAIS DES CONGRÈS
(1813 places) Place de la porte Maillot (17e). Mº Porte Maillot. 01.40.68.00.05
À 20h30 Mar, Mer, Jeu, Ven. À 21h Sam. À 15h Dim. Spectacle en anglais, surtitré en français. Pl.: 34€ à 78€. Du 21 juin au 3 juillet.
Mamma mia!
Comédie musicale de Benny Andersson et Björn Ulvaeus. Une mère. Une fille. Trois hommes … Qui est le père? Une comédie irrésistible d'après les chansons d'Abba.

B

Cirque Diana Moreno Bormann
112 rue de la Haie Coq (19e).
01.48.39.04.47 et 06.10.71.83.50 (résa).
Pl: 10€ à 30€. Ven: 20€. Gratuit jusqu'à 4 ans (sf gpes). Tarif gpes sur demande.
Bus 65 (direction Porte d'Aubervilliers) arrêt Place Skanderbeg ou PC 3 arrêt Porte d'Aubervilliers. Mer, Sam, Dim 15h, Ven 20h45. **Ça, c'est du cirque:** spectacle de cirque traditionnel avec tigres, éléphants, autruches, zèbres, chameaux, chiens dressés, mais aussi acrobates, trapézistes, funambules, clowns et numéro de colombes.

C

SON ET LUMIÈRES
Spectacle historique de Montfort
Cavaliers, chanteurs, danseurs, figurants … font revivre en 10 tableaux l'histoire de cette ville.
Les 17, 18, 24, 25 juin, 1er, 2 et 3 juillet à la tombée de la nuit (vers 22h30). Entrée: 15€ – de 12 ans: 6€. Repas champêtre au château: 17€– de 12 ans: 10,50€. **Château des Cèdres,** 4 rue de l'Église 93-Montfort. Rens. et résa: 01.41.70.70.80.

D

Pop-rock
Café de la danse
5 passage Louis Philippe (11e).
Mº Bastille. 01.47.00.57.59.
Camille, chanson. Du Mar 14 au Jeu 16, 20h (**complet**).
Fisherspooner, électro: Ven 17, 20h. Pl: 26, 40€. **13 and God + Demotic,** électro: Sam 18, 19h30. Pl: 20€.

1 vendredi *Ven*
2 dimanche
3 places
4 groupes
5 réservations
6 premier
7 moins de douze ans
8 métro

> You will not be allowed to use a dictionary in the exam, so use all your reading strategies to help you understand new words:
> - Look for (near-)cognates (e.g. *cirque*).
> - Use context to work out meanings (e.g *d'après les **chansons** d'Abba*).
> - Use logic (e.g. *Du Mar 14 au Jeu 16, 20h (**complet**)*. Why are no prices given for these dates, as they are for the next day? What word in English does *complet* remind you of? What might it mean here?)

lire 2 Relisez les annonces et répondez aux questions en anglais.

1 At what time on a Wednesday is the performance of *Mamma mia!*?
2 On which day of the week is there no performance of this show?
3 This show is based on the songs of which pop group?
4 The circus is free for children up to what age?
5 Name four types of animal you could see at this circus.
6 How much is the entrance fee to the Sound and Light show for children under 12?
7 In which building does the meal at this show take place?
8 The Sound and Light show starts at nightfall. When is this, according to the advert?
9 What is the name of the nearest métro (underground) station to the Café de la danse?
10 Why is there no point in trying to see Camille at the Café de la danse?

écrire 3 Écrivez une annonce en utilisant les détails suivants. Utilisez des abréviation appropriées.

Club Paradis, 64 rue de l'Étoile
Nearest métro station Saint-Michel   Ticket reservations: 01.35.66.00.23
Coldplay: Wednesday 21 to Saturday 24, 8.30 p.m. (full)
Robbie Williams: Monday 27 to Thursday 30, 9.00 p.m.
Tickets 25€

lire 4 Lisez les phrases. Notez la lettre de la bonne annonce de l'exercice 1.

1 *Ce genre de musique n'est pas mon truc, mais l'entrée n'était pas trop chère, seulement vingt euros – et on a beaucoup dansé quand même.*

2 *Je trouve ça un peu cruel de voir des animaux qui ne sont pas en liberté, mais les trapézistes étaient impressionnants.*

3 *J'ai beaucoup aimé les chansons et l'actrice qui jouait le rôle de la mère était très douée.*

4 *Malheureusement, il n'y avait pas de places le jeudi. C'était complet.*

5 *Je ne m'intéresse pas beaucoup à l'histoire, mais c'était sympa de manger dans l'ambiance du château.*

6 *C'était gratuit pour ma petite sœur parce qu'elle a seulement trois ans et demi.*

7 *Il s'agit d'une fille qui veut découvrir qui est son père.*

8 *Il a commencé assez tard – vers dix heures et demie du soir – et il y avait des chanteurs, des danseurs et beaucoup d'autres choses.*

lire 5 Trouvez la seconde partie de chaque phrase.

1 Samedi dernier, je suis allé ...
2 On a vu une comédie ...
3 L'entrée était ...
4 Le spectacle a commencé à 20 heures et ...
5 Il s'agit d'une fille qui s'appelle Sandy, qui tombe ...
6 L'acteur qui jouait ...
7 D'habitude, je n'aime pas les ...

a le rôle principal était très drôle.
b au théâtre avec ma famille.
c comédies musicales, mais je me suis bien amusé.
d assez chère – 35€ par personne.
e amoureuse d'un garçon qui s'appelle Danny.
f musicale, qui s'appelle *Grease*.
g il a fini vers 22 heures 15.

écrire 6 Écrivez une description d'une visite à un des divertissements de l'exercice 1, page 184. Utilisez des phrases des exercices 4 et 5 ci-dessus, si vous voulez.

Mentionnez:
● où vous êtes allé(e), quand et avec qui
● le prix des billets
● l'heure
● de quoi il s'agit ou ce que vous y avez fait
● si vous vous êtes amusé(s): pourquoi?

lire 1 Trouvez les mots dans le texte.

Maison à vendre

Propriété pleine de charme située dans un cadre très calme et naturel avec superbe vue panoramique, sur un terrain de 20 000m² à proximité du centre du village et des commerces.

Au rez-de-chaussée: cuisine aménagée, grand salon avec cheminée, WC indépendants, garage, buanderie

À l'étage: une chambre avec salle d'eau attenante (douche + WC), deux chambres, salle de douche, WC indépendants

Grand jardin

1 surroundings		**7** fitted kitchen	
2 view		**8** fireplace	
3 property		**9** laundry/utility room	
4 near		**10** en-suite bathroom	
5 shops		**11** shower room	
6 ground floor		**12** separate toilet	

écrire 2 Écrivez une annonce: *Maison à vendre ...*

écrire 3 Faites une annonce pour votre maison.

lire 4 Lisez le texte. Écrivez V (Vrai), F (Faux) ou ? (pas mentionné).

La Normandie

Le nom de la région signifie «hommes du nord» et vient de l'anglais «North men» ou Vikings parce que la région a été colonisée par les Vikings. Guillaume le Conquérant était duc de Normandie.

C'est une région humide et tempérée, où il ne fait ni très chaud ni très froid. À cause du climat, la région est très fertile et le paysage est vert et pittoresque. Les fermes traditionnelles sont à colombages, avec un toit en chaume. Les activités principales sont l'élevage de vaches et la production de lait pour la fabrication de beurre et de fromages, comme le camembert, ainsi que la culture des pommes pour la fabrication d'eaux-de-vie comme le calvados. L'agriculture reste une activité importante dans la région. L'un des desserts régionaux typiques est la tarte aux pommes.

On y trouve aussi une centrale nucléaire importante et plusieurs sites pétroliers.

Le port du Havre est la capitale administrative de la région, mais la ville de Rouen est probablement plus connue. La place du Vieux Marché en centre-ville marque l'endroit où on a brûlé Jeanne d'Arc. La ville, qui est traversée par la Seine, était autrefois un port très important. Aujourd'hui, le port est moins important, mais la ville est très fréquentée par les touristes anglais qui viennent admirer la cathédrale, visiter les musées, dîner dans les restaurants et se promener dans le vieux quartier.

> à colombages – half-timbered
> le chaume – thatch
> l'élevage (m) de vaches – cattle rearing
> ainsi que – as well as
> la centrale nucléaire – nuclear power station

1 Les Vikings ont donné leur nom à la région.
2 La capitale est Rouen.
3 Il fait froid en hiver et chaud en été.
4 Un grand fleuve traverse la région.
5 Rouen est un port important.
6 La région est connue pour son agriculture, son fromage et ses pommiers.
7 Jeanne d'Arc a été brûlée au Havre.
8 Le Havre est le port le plus important du nord de la France.

écrire 5 Écrivez un texte sur une région que vous connaissez.

(La Région des lacs) est situé(e) ...
La région a été (fondée/colonisée par les Romains). C'est une région (agricole) ...
Le paysage est (pittoresque) ...
Les maisons traditionnelles sont (petites) ...
La ville la plus importante s'appelle ... C'est une ville .....

lire 6 Lisez le texte et répondez aux questions.

> J'aime la Normandie. J'y suis allé en vacances en famille. L'année dernière, nous avons loué un gîte dans une ancienne ferme à la campagne pour deux semaines. D'abord, nous sommes allés à Bayeux pour voir la Tapisserie et puis aux Plages du Débarquement de 1944. Quand il faisait beau, nous avons passé des journées entières sur la plage et nous avons fait des pique-niques et des balades en vélo. Un jour, il a fait moins beau, alors nous avons fait un tour de la région en voiture. Nous sommes allés à Rouen pour voir la Grosse Horloge et la cathédrale et puis à Giverny pour admirer les jardins et les peintures de Claude Monet.

1 Où est-il allé en vacances, avec qui, quand et pendant combien de temps?
2 Qu'est-ce qu'ils ont vu?
3 Qu'est-ce qu'ils ont fait quand il faisait beau et le jour où il a plu?
4 Comment a-t-il trouvé les vacances, à votre avis?

1 Lisez la publicité du magasin, puis trouvez l'équivalent français des mots et expressions en anglais.

1 summer sale
2 rock-bottom prices
3 15% reduction
4 open
5 except Sunday
6 opening times
7 closed

Soldes d'été chez Monachat Aimé

Prix plancher au mois de juillet!

Rabais de 15% sur:
Tee-shirts (homme/femme) 6€
Shorts pour homme 10,90€
Maillots de bain – pour hommes 5€
– pour femmes 6,50€

Jupes coton 12€

Ouvert tous les jours
sauf dimanche
Heures d'ouverture:
9h–18h
(fermé du 2 au 15 août)

2 Imaginez que vous voulez aller chez Monachat Aimé pour acheter des vêtements pour vos vacances en Espagne. Écrivez un e-mail à un copain/une copine français(e). Mentionnez:

● ce que vous voulez faire
● quand vous voulez y aller et pourquoi
● ce que vous allez acheter
● combien ça va coûter.

Invitez votre copain/copine à vous accompagner.

You could use:
● **je veux** + infinitive to say what you want to do or
● **je voudrais** + infinitive to say what you would like to do, plus
● **aller** + infinitive to say what you are going to do.

3 Lisez la publicité. Imaginez que vous allez faire un pique-nique avec quatre ami(e)s. Écrivez une liste de ce que vous allez acheter. Vous avez un budget de 20€!

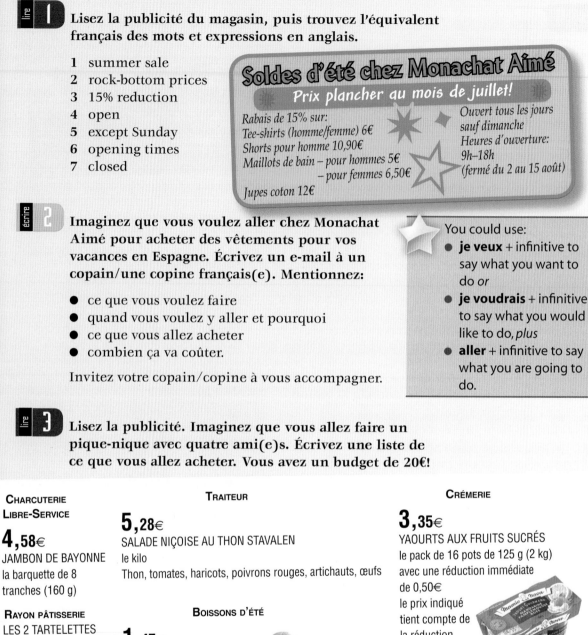

CHARCUTERIE
LIBRE-SERVICE

4,58€
JAMBON DE BAYONNE
la barquette de 8
tranches (160 g)

RAYON PÂTISSERIE
LES 2 TARTELETTES

1,75€
2 tartelettes aux fraises

TRAITEUR

5,28€
SALADE NIÇOISE AU THON STAVALEN
le kilo
Thon, tomates, haricots, poivrons rouges, artichauts, œufs

BOISSONS D'ÉTÉ

1,47€
PUR JUS D'ANANAS
la brique de 1 litre
le distributeur de 10 boîtes
de 33 cl dont 1 gratuite

3,56€
BOISSON RAFRAÎCHISSANTE COCA-COLA

CRÉMERIE

3,35€
YAOURTS AUX FRUITS SUCRÉS
le pack de 16 pots de 125 g (2 kg)
avec une réduction immédiate
de 0,50€
le prix indiqué
tient compte de
la réduction

2,13€
CHIPS CROUSTILLANTES
& FINEMENT
SALÉES VICO
le lot de 2 paquets
de 150 g

4 Faites une liste des nouveaux mots utiles dans la publicité ci-dessus et traduisez-les en anglais.

lire **5** Regardez l'horaire des trains. Pour chaque phrase ci-dessous, écrivez V (Vrai), F (Faux) ou PM (Pas Mentionné).

numéro de train		3139	50437	3141
notes à consulter		*12*	*9*	*13*
		♀ & 🚲	🚲	♀ &
Paris-St-Lazare	Dép.	12.40	–	13.45
Rouen-Rive-Droite	Arr.	13.46	–	14.55
Rouen-Rive-Droite	Dép.	13.48	14.18	14.57
Le Havre	Arr.	14.38	15.13	15.46

♀	Bar ou vente ambulante
🚲	Train acceptant les vélos
&	Place(s) handicapés

Jours de circulation et services disponibles
9 tous les jours sauf les sam, dim et fêtes
12 tous les jours sauf les dim et sauf les 15 août et 1er nov.
13 les sam et les 14 juil., 15 août et 11 nov.

1 Il y a un train de Paris à Rouen qui part à 12h40.
2 Ce train arrive à Rouen à 13h48.
3 On peut acheter quelque chose à boire dans ce train.
4 Il y a aussi un restaurant dans le train.
5 On peut emporter son vélo dans ce train.
6 Il n'y a pas de train à 12h40 le samedi.
7 Il y a des places pour handicapés dans le train de 14h18.
8 On peut prendre le train de 13h45 le 14 juillet.

lire **6** Regardez les images qui racontent un voyage désastreux. Trouvez le bon texte pour chaque image. Ensuite, traduisez les 14 phrases en bleu. Utilisez un dictionnaire si nécessaire.

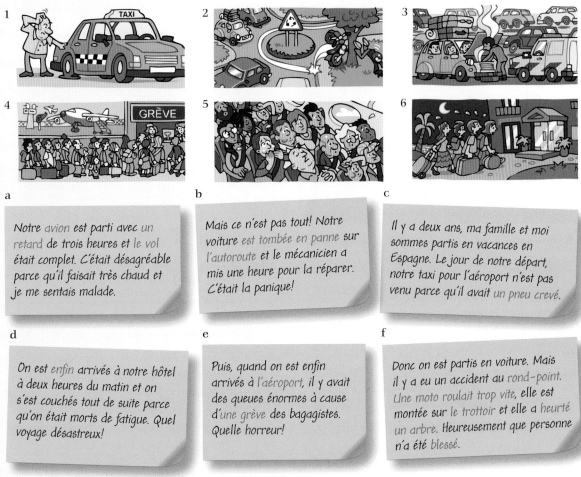

a
Notre avion est parti avec un retard de trois heures et le vol était complet. C'était désagréable parce qu'il faisait très chaud et je me sentais malade.

b
Mais ce n'est pas tout! Notre voiture est tombée en panne sur l'autoroute et le mécanicien a mis une heure pour la réparer. C'était la panique!

c
Il y a deux ans, ma famille et moi sommes partis en vacances en Espagne. Le jour de notre départ, notre taxi pour l'aéroport n'est pas venu parce qu'il avait un pneu crevé.

d
On est enfin arrivés à notre hôtel à deux heures du matin et on s'est couchés tout de suite parce qu'on était morts de fatigue. Quel voyage désastreux!

e
Puis, quand on est enfin arrivés à l'aéroport, il y avait des queues énormes à cause d'une grève des bagagistes. Quelle horreur!

f
Donc on est partis en voiture. Mais il y a eu un accident au rond-point. Une moto roulait trop vite, elle est montée sur le trottoir et elle a heurté un arbre. Heureusement que personne n'a été blessé.

lire 1

Lisez le texte sur les droits (*rights*) et les devoirs (*duties*) des élèves dans une école. Ils ont transgressé quel article?

1 Chloé a refusé d'aider Thomas.
2 Medhi a utilisé son portable en cours.
3 Louis a dit que Damien était idiot.
4 Alexandra est arrivée en retard à l'école.
5 Sébastien a apporté un couteau à l'école.
6 Yasmina a perdu son livre de maths.
7 Blanche s'est moquée d'Arthur.
8 Karim a fait trop de bruit en cours d'anglais.

You don't need to understand everything, so don't waste time looking up every new word. Only look up the words you need to know to do the exercises.

écrire 2

Que dit le professeur à chaque personne de l'exercice 1? Utilisez *il faut* ou *il ne faut pas*.

Exemple: 1 Chloé, il faut aider les autres.

Les règles de la vie de classe

Les *droits* et *devoirs* d'écoliers.

ARTICLE 1
Nous avons le *droit* d'être respecté et le *devoir* de respecter les autres.
(s'écouter, ne pas s'insulter, ne pas se moquer, ne pas se battre …)

ARTICLE 2
Nous avons le *droit* d'avoir du matériel pour travailler et le *devoir* d'en prendre soin.
(prendre soin de ses affaires et de celles de la classe)

ARTICLE 3
Nous avons le *droit* d'aller à l'école et le *devoir* de travailler de notre mieux.
(être à l'heure, écouter les consignes, apprendre ses leçons, soigner son travail)

ARTICLE 4
Nous avons le *droit* d'apprendre dans de bonnes conditions et le *devoir* de laisser travailler la classe.
(se déplacer en silence, demander la parole, chuchoter avec son voisin, ne pas faire sonner sa montre)

ARTICLE 5
Nous avons le *droit* d'être aidé et le *devoir* d'aider les autres.
(partager ce que l'on sait et demander ce que l'on ne sait pas, s'entraider, coopérer)

ARTICLE 6
Nous avons le *droit* d'être en sécurité à l'école et le *devoir* de ne pas mettre en danger les autres.
(ne pas agresser les autres, ne pas apporter d'objets dangereux, ne pas jouer ou courir dans les couloirs)

écrire 3

Écrivez une liste des droits et des devoirs dans votre collège.

For exercise 3, follow the model of the text above:

- Use the **nous** form: **nous avons le droit de** + infinitive … **et le devoir de** + infinitive.
- Use the infinitive to give examples for each article: **écouter le professeur, ne pas faire l'idiot en cours** …

J'étudie les arts plastiques

C'est en rentrant en seconde que j'ai choisi d'aller à Annecy pour prendre l'option arts plastiques au lycée et pouvoir ainsi faire du dessin six heures par semaine et en savoir plus sur l'histoire de l'art.

Comme j'habite loin, je suis interne. Peut-être que tu as déjà vécu cette expérience, mais je trouve qu'au début, c'est difficile de s'habituer à l'internat. Heureusement, je me suis rapidement fait des amies, à commencer par les deux filles qui partagent ma chambre.

La semaine de cours débute le lundi matin à huit heures, c'est pourquoi je me lève à sept heures. Comme je suis interne, j'ai de la chance. Je peux me réveiller bien plus tard que mes amis qui sont externes et qui habitent loin. Vers sept heures et demie, quand mes colocataires et moi-même sommes prêtes, nous descendons au self prendre le petit déjeuner et à huit heures nous filons en cours. Mon premier cours de la journée, c'est un cours d'arts plastiques, pendant quatre heures d'affilée! Heureusement, tout le monde dans la classe apprécie ce cours. Ainsi, chaque élève fait ce qu'il a à faire et tout se déroule dans la bonne humeur.

Mais déjà midi sonne. Tous les élèves se précipitent pour aller manger au self. Les menus varient chaque jour de la semaine et, en règle générale, ils ne sont pas trop mauvais. Le pire menu? Les épinards! Et le meilleur certainement les frites car bien sûr, tout le monde aime les frites! Comme les cours ne reprennent qu'à treize heures trente, nous avons donc le temps de faire du sport: badminton, danse, aviron, escalade, basket, volley et plein d'autres encore.

Afin d'éviter d'être en retard au cours suivant, nous rentrons au lycée au pas de course. C'est le français. Pour les élèves, c'est un défi de rester réveillé. Je caricature un petit peu, comme tous les élèves du monde le font avec leurs profs, n'est-ce pas? Car il faut avouer que le cours reste toutefois supportable! Ensuite, il faut aller en anglais où le prof nous attend pour aborder l'étude d'un extrait de roman, d'un film ou d'une chanson. La sonnerie de trois heures et demie retentit et les cours sont terminés pour la classe de première littéraire. **Alizée**

4 Trouvez la bonne définition.

1 aviron
2 colocataire
3 externe
4 internat
5 interne
6 les arts plastiques
7 vécu

a participe passé de «vivre»
b élève logé et nourri dans un établissement scolaire
c la peinture et la sculpture
d élève qui n'habite pas dans l'établissement scolaire
e établissement où les élèves peuvent loger
f personne qui partage un logement
g sport de canotage

5 Relisez et répondez en anglais.

1 About how old do you think Alizée is?
2 What do you think her favourite subject is?
3 What day is she writing about?
4 Suggest two reasons why she might consider herself lucky.
5 What do you think she thinks of her lessons in general?
6 How would you describe the writing: formal? chatty? businesslike? journalistic? Give two examples from the letter to justify your choice.

6 Relisez et trouvez les mots.

Read the text again and make a list of the opening word or phrase in each sentence. What do they mean? If you don't know, look them up.

7 Écrivez un paragraphe.

Write a short paragraph in a similar style about a day at your school.
Try to use at least four of the opening words or phrases.

lire **1** **Lisez les deux textes et répondez aux questions en anglais.**

Je travaille de 2h à 10h et de 17h à 20h, cinq jours par semaine. Quand on aime son travail, on ne compte pas. C'est qu'avec mes six employés, je dois fournir chaque jour 600 baguettes «Tradition d'antan», c'est-à-dire d'un style traditionnel. C'est notre spécialité. La qualité du pain, c'est une condition indispensable pour tous mes clients.

Je suis fille d'infirmière et j'ai finalement décidé de suivre le chemin de ma mère – c'est un virus! Je travaille actuellement à temps partiel parce que je réserve mes mercredis pour m'occuper de mon fils de quatre ans. Je gagne 1400€ mensuels pour mon travail (souvent week-ends compris). J'aime la bonne ambiance avec mes collègues et le contact avec les patients.

Pascal, boulanger-pâtissier

Cécile, infirmière

Who …

1 works part-time?
2 works 11 hours a day?
3 often works weekends?
4 likes the good atmosphere at work?
5 works as part of a team of seven?
6 followed in his/her mother's footsteps?

7 believes quality is essential to customers?
8 doesn't count the hours because of a love for his/her work?
9 has a four-year-old son?
10 doesn't work in the afternoons?

lire **2** **Répondez aux questions pour Pascal et Cécile.**

Pascal, …

1 quels sont vos horaires de travail?
2 vous avez combien d'employés?
3 vous devez faire combien de baguettes par jour?

Cécile, …

4 que fait votre mère comme métier?
5 pourquoi vous ne travaillez pas le mercredi?
6 quel est votre salaire?

écrire **3** **Vous lisez cette annonce dans un journal français. Écrivez une lettre en posant votre candidature, comme à la page 115. Utilisez les détails ci-dessous.**

Madame/Monsieur,

J'ai vu votre annonce dans le journal d'hier et je voudrais poser ma candidature pour une formation de cascadeur/cascadeuse …

ACTION TRAINING
ÉCOLE DE CASCADE

POUR LE CINÉMA. T.V. ÉVÉNEMENTIEL
DEVENEZ CASCADEUR

Combats – Explosifs (Pyrotechnie – FX)
– Armes à feu – Armes blanches

Percussions humaines – Défenestrations
– Torches humaines

Ceci n'est pas une offre d'emploi

Intérêts: films d'action, arts martiaux
           membre du club dramatique au collège
           judo, kickboxing, musculation
Qualités personnelles: en forme, discipliné(e), courageux/courageuse

lire 4 Lisez les textes et répondez aux questions en français.

En France, on n'a pas le droit de travailler avant seize ans. Mais mon correspondant anglais, Ben, a déjà un petit boulot. Il livre des journaux dans les rues près de chez lui. Il doit se lever très tôt – vers six heures du matin – pour faire ça avant d'aller au collège. D'abord, il lui faut aller chercher les journaux à la papeterie, puis il fait ses livraisons à vélo. Ça lui prend une heure et il fait ça sept jours sur sept. Il dit que c'est souvent très fatigant. Cependant, il est assez bien payé; il gagne trente livres par semaine et à Noël, il reçoit un pourboire de certains de ses clients. Malgré cela, je ne voudrais pas faire un tel travail, surtout en hiver ou quand il pleut. De plus, je n'aimerais pas me lever de si bonne heure. Je préférerais rester au lit!

Abdul

Ma correspondante britannique, Kirsty, m'a dit qu'elle venait de commencer un nouveau petit job. Elle travaille le samedi dans un supermarché qui se trouve pas loin de chez elle. Elle doit ranger les produits et remplir les rayons. Elle dit que c'est un peu ennuyeux, bien qu'elle trouve les gens avec qui elle travaille assez sympa. Le pire pour elle est de devoir travailler dans les rayons de viande parce qu'elle est végétarienne et ça lui donne mal au cœur! Je voudrais bien avoir un petit travail comme ça parce que je m'ennuie toujours le samedi et j'aimerais bien gagner un peu d'argent pour partir en vacances.

Laure

1 Pourquoi Ben doit-il se lever à six heures du matin?
2 Qu'est-ce qu'il doit faire avant de livrer les journaux?
3 Comment trouve-t-il son petit boulot?
4 Combien d'argent Ben gagne-t-il?
5 Pourquoi Abdul ne voudrait-il pas faire cela?

6 Quel petit job fait Kirsty?
7 Nommez **deux** choses qu'elle doit faire au travail.
8 Que pense-t-elle des gens avec qui elle travaille?
9 Quels sont les **deux** inconvénients de son travail?
10 Pourquoi Laure aimerait-elle avoir un tel travail?

When you are answering questions in French, you can often use part of the question in your answer, but remember to change the word order where necessary.
Pourquoi Ben **doit-il se lever** à six heures du matin?
Il doit se lever à six heures du matin parce que …

écrire 5 Imaginez. Votre copain ou copine a un des petits boulots ci-dessous. Écrivez un paragraphe sur son job. Adaptez les textes de l'exercice 4, si vous voulez.

vendeur/vendeuse de poissons au marché

promeneur/promeneuse de chiens

plongeur/plongeuse dans un restaurant

1 Trouvez les mots ou les phrases dans le texte.

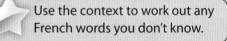

Veuillez trouver ci-après les conditions pour réserver un chalet ou une caravane.

Chalets No 1, 2, 3, 4, 5 tout confort   550€
Chalets No 6–10 sans sanitaires   350€

L'accès à la piscine, aux douches chaudes gratuites, terrain de pétanque, volley

Fournis dans l'hébergement: gaz, électricité, vaisselle, réchaud, frigo, meubles de jardin

Non-fournis: Couchage: draps, duvets, oreillers; serviettes
Sanitaires: Les chalets sans sanitaires sont situés à proximité des sanitaires collectifs tout confort avec mitigeur individuel dans chaque douche.
Arrhes: La location se monte à 150€ par semaine pour les chalets.
Désistement: En cas de désistement moins de 30 jours avant l'arrivée prévue, les arrhes resteront entièrement acquises au camping.
Personne supplémentaire: Le tarif se monte à 50€ par personne et par semaine.
Dépôt de garantie: Une caution de 100€ vous sera demandée à l'arrivée, puis restituée au départ, sous réserve de l'état de logement et d'éventuelles dégradations.
Animaux: Les chiens sont interdits dans les structures locatives.

1 free hot showers
2 crockery
3 cooker
4 garden furniture
5 bedding
6 sheets
7 pillows
8 towels
9 mixer tap
10 deposit
11 cancellation
12 a breakages deposit

Use the context to work out any French words you don't know.

2 Vos parents veulent en savoir plus. Répondez en anglais aux questions qu'ils vous posent.

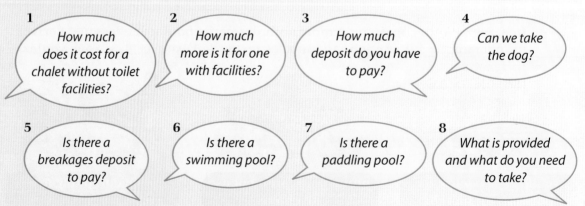

1 How much does it cost for a chalet without toilet facilities?

2 How much more is it for one with facilities?

3 How much deposit do you have to pay?

4 Can we take the dog?

5 Is there a breakages deposit to pay?

6 Is there a swimming pool?

7 Is there a paddling pool?

8 What is provided and what do you need to take?

lire 3 Regardez le site web du Ze Bus. Choisissez la bonne réponse, a, b ou c.

Visitez l'ouest de la France en bus et dormez dans des auberges de jeunesse.

De fin juin à mi-octobre, deux bus vont sillonner l'ouest de la France de Paris à Biarritz.

Ze Bus vous dépose aux points stratégiques du tour, sites touristiques, spots de surf et auberges de jeunesse … et tout cela avec une grande flexibilité. Vous pouvez vous arrêter où bon vous semble ou séjourner aussi longtemps que vous le souhaitez et reprendre Ze Bus trois jours après, deux semaines ou un mois plus tard avec le même titre de transport. Pour en savoir plus www.ze-bus.com

1 Ze Bus is a bus which goes along the (**a**) east (**b**) west (**c**) north of France.
2 It stops (**a**) at tourist places (**b**) at all the big towns (**c**) in Paris.
3 You can sleep (**a**) on the bus (**b**) in hotels (**c**) in youth hostels.
4 The Ze Bus route is particluarly good for people interested in (**a**) shopping (**b**) water sports (**c**) winter sports.
5 You can visit a place (**a**) while the bus waits for you (**b**) only for a week (**c**) as long as you want to.
6 The Ze Bus fleet consists of (**a**) one bus (**b**) two buses (**c**) lots of buses.
7 A «titre de transport» is (**a**) a map (**b**) a voucher (**c**) a ticket.

lire 4 Faites correspondre les verbes.

1	déposer	**a**	to criss-cross (lit. plough across)
2	dormir	**b**	to pick up again
3	reprendre	**c**	to set down
4	séjourner	**d**	to sleep
5	silloner	**e**	to stay
6	souhaiter	**f**	to wish

lire 5 Faites correspondre pour compléter les phrases.

Mon copain et moi, nous avons pris Ze Bus pour connaître un peu mieux la France. Nous sommes partis de la Rochelle à 7h30 du matin avec notre adhésion au FUAJ dans une poche et notre titre de voyage du Ze Bus dans l'autre. Nous avons voulu faire l'étape jusqu'à Biarritz, mais l'après-midi, un poids lourds a brûlé le feu rouge et s'est heurté contre le bus. Heureusement, personne n'était blessé, mais le bus a dû y rester quelques temps en attendant l'arrivée de la police. On était près de la Teste et proches de la dune du Pilat (la plus grande dune de sable en Europe) et comme nous nous sommes fait des amis et qu'il faisait beau, nous avons voulu voir la dune de plus près … On y est restés trois jours!
Jacques

1 Jacques est parti de …
2 Jacques et son copain ont pris …
3 Ils ont logé dans des …
4 Il y avait …
5 Ils sont descendus …
6 Ils se sont fait ….

a en vacances
b avec son copain
c à Biarritz
d auberges de jeunesse
e Ze Bus
f à la Teste
g un accident
h des amis
i la Rochelle à 7h30

écrire 6 Imaginez que vous êtes parti(e)s en Ze Bus.

■ Où êtes-vous allés?
■ Avec qui?
■ Quand?
■ Qu'est-ce que vous avez fait?
■ C'était comment?

lire 1 **Lisez le texte et répondez aux questions.**

Pendant les vacances de Noël, j'ai trop mangé et trop bu et j'ai pris cinq kilos de plus. J'ai passé trop de temps collé devant mon ordi et maintenant, j'ai besoin de faire un régime pour perdre les kilos en trop.

Je sais qu'il faut manger équilibré aux repas pour garder la forme, qu'il faut manger beaucoup de fruits et de légumes, mais je n'aime pas les légumes et s'il y a le choix entre un fruit et un gâteau, je prends toujours la chose sucrée. Je sais qu'il faut boire de l'eau au lieu d'une boisson gazeuse, mais j'adore le coca. Je sais que les confiseries et les chips sont des aliments très caloriques qui apportent de l'énergie, mais en même temps, ils apportent aussi des graisses ou du sucre, ce qui n'est pas bon pour la santé, mais j'en grignote entre les repas.

Je sais qu'il faut faire plus d'exercice et avoir une activité physique régulière et que cela aide à garder la ligne. Mais quelle activité? Je n'aime pas jouer au tennis ou badminton. Je déteste les sports d'équipe et je n'aime pas tellement l'eau froide non plus. Qu'est-ce que je peux faire?
Cyril

1 Pourquoi a-t-il grossi?
2 Qu'est-ce qu'il mange entre les repas?
3 Qu'est-ce qu'il boit?
4 Qu'est-ce qu'il devrait manger?
5 Qu'est-ce qu'il n'aime pas faire?

lire 2 **Ça veut dire quoi ?**

1 régime   (**a**) regime (**b**) regiment (**c**) diet
2 collé   (**a**) necklace (**b**) glued (**c**) collar
3 équilibré   (**a**) balanced (**b**) equilibrium (**c**) horse riding
4 les confiseries (**a**) jams (**b**) confirmations (**c**) sweets
5 les graisses   (**a**) grace (**b**) graciousness (**c**) fat
6 grignoter   (**a**) to ignore (**b**) to nibble (**c**) to gorge
7 ligne   (**a**) lean (**b**) ruler (**c**) figure

écrire 3 **Écrivez un conseil à Cyril.**

Si vous voulez vraiment perdre des kilos, il faut …

4 Lisez le texte et trouvez les mots français.

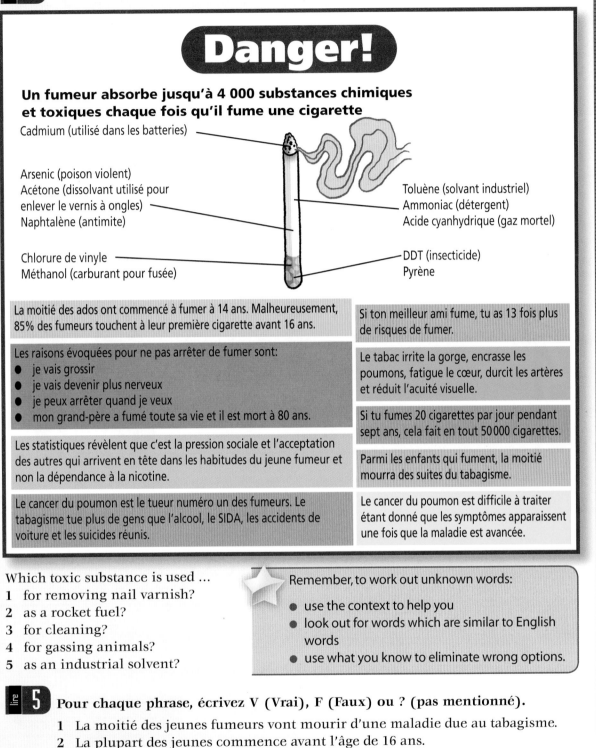

Danger!

Un fumeur absorbe jusqu'à 4 000 substances chimiques et toxiques chaque fois qu'il fume une cigarette

Cadmium (utilisé dans les batteries)

Arsenic (poison violent)
Acétone (dissolvant utilisé pour enlever le vernis à ongles)
Naphtalène (antimite)

Chlorure de vinyle
Méthanol (carburant pour fusée)

Toluène (solvant industriel)
Ammoniac (détergent)
Acide cyanhydrique (gaz mortel)

DDT (insecticide)
Pyrène

La moitié des ados ont commencé à fumer à 14 ans. Malheureusement, 85% des fumeurs touchent à leur première cigarette avant 16 ans.

Si ton meilleur ami fume, tu as 13 fois plus de risques de fumer.

Les raisons évoquées pour ne pas arrêter de fumer sont:
- je vais grossir
- je vais devenir plus nerveux
- je peux arrêter quand je veux
- mon grand-père a fumé toute sa vie et il est mort à 80 ans.

Le tabac irrite la gorge, encrasse les poumons, fatigue le cœur, durcit les artères et réduit l'acuité visuelle.

Si tu fumes 20 cigarettes par jour pendant sept ans, cela fait en tout 50 000 cigarettes.

Les statistiques révèlent que c'est la pression sociale et l'acceptation des autres qui arrivent en tête dans les habitudes du jeune fumeur et non la dépendance à la nicotine.

Parmi les enfants qui fument, la moitié mourra des suites du tabagisme.

Le cancer du poumon est le tueur numéro un des fumeurs. Le tabagisme tue plus de gens que l'alcool, le SIDA, les accidents de voiture et les suicides réunis.

Le cancer du poumon est difficile à traiter étant donné que les symptômes apparaissent une fois que la maladie est avancée.

Which toxic substance is used ...
1 for removing nail varnish?
2 as a rocket fuel?
3 for cleaning?
4 for gassing animals?
5 as an industrial solvent?

Remember, to work out unknown words:
- use the context to help you
- look out for words which are similar to English words
- use what you know to eliminate wrong options.

5 Pour chaque phrase, écrivez V (Vrai), F (Faux) ou ? (pas mentionné).
1 La moitié des jeunes fumeurs vont mourir d'une maladie due au tabagisme.
2 La plupart des jeunes commence avant l'âge de 16 ans.
3 La plupart pourrait s'arrêter en se mettant un patch Nicorette.
4 Plus de jeunes meurent du SIDA que du tabagisme.
5 On risque de grossir si on renonce à fumer.

6 Écrivez une réponse au cri du cœur de Florence.

S'il vous plaît, aidez-moi. Mon copain ne veut pas fumer, mais quand il est avec ses copains, ils se moquent de lui s'il ne fume pas. Qu'est-ce que je peux dire pour l'aider?

lire **1** Lisez le texte. Puis mettez les phrases en anglais dans l'ordre du texte.

Cinq gestes simples pour aider l'environnement

Vous voulez faire plus pour l'environnement? Voici cinq choses que tout le monde peut faire et qui demandent peu d'effort:

1 Vous voulez de l'eau chaude pour faire du thé ou du café? Ne chauffez que la quantité d'eau dont vous avez besoin. Par exemple, si vous allez boire une tasse de thé, chauffez une tasse d'eau!

2 Éteignez votre ordinateur quand vous arrêtez de travailler pour manger ou pour faire autre chose. Éteignez l'écran et l'imprimante aussi quand vous ne les utilisez pas. Vous économiserez 120 watts d'énergie à chaque fois!

3 Évitez d'acheter des vêtements qu'il faut nettoyer à sec. Le nettoyage à sec utilise des produits chimiques toxiques qui sont mauvais pour l'environnement.

4 Quand vous achetez des magazines emballés dans du plastique, ne jetez pas l'emballage. Ouvrez-le soigneusement et utilisez-le comme sac pour sandwichs.

5 On utilise environ 750 milliards de sacs en plastique chaque année! Au lieu de prendre des sacs en plastique au supermarché, achetez des sacs que vous pouvez réutiliser, par exemple des sacs en toile.

Nettoyer à sec

a open it carefully and use it as a sandwich bag
b only heat the amount of water you need
c avoid buying clothes which you have to dry-clean
d instead of taking plastic bags

e dry-cleaning uses toxic chemicals
f if you are going to drink one cup of tea
g switch off your computer
h buy reusable bags, such as cloth bags
i switch off the monitor and printer too
j don't throw away the packaging

écrire **2** Écrivez une phrase pour chaque conseil de l'exercice 1 en utilisant *il faut*, *on devrait* ou *on pourrait*.

On devrait chauffer la quantité d'eau dont on a besoin.

écrire **3** Créez un poster pour protéger l'environnement. Donnez au moins cinq conseils (avec des images) qui ne sont pas dans le texte de l'exercice 1.

Posters and advice leaflets often use the **vous**-form imperative to tell people what to do or not to do. Try using the imperative in exercise 3. For a reminder of how to form the imperative, see page 71.

Évitez d'utiliser la voiture.

Utilisez les transports en commun.

lire 4 Copiez le texte dans le bon ordre.

Je m'appelle Claire. Dans ma ville, il y avait une rivière qui …

la rivière est propre et on peut aller à la pêche. Un jour, j'ai même vu

vieux vélo (que mon frère a réparé et qu'il a vendu!). On a planté

a trouvé dans l'eau plein de bouteilles et de boîtes qu'on a

copains et moi, nous y sommes allés pour la nettoyer. On

des arbres aussi pour combattre la pollution. Maintenant,

ce que nous avons fait pour notre ville et pour l'environnement.

recyclées, un chariot de supermarché (qu'on a rendu au magasin) – et un

la pollution et c'était trop sale pour les oiseaux. Donc, mes

une petite grenouille plonger dans l'eau. Je suis fière de

était pleine de déchets. Il n'y avait plus de poissons à cause de

lire 5 Imaginez que vous êtes Claire. Répondez aux questions en français.

1 Quel était le problème avec la rivière?
2 Pourquoi n'y avait-il pas de poissons?
3 Qu'est-ce que vous avez fait?
4 Qu'est-ce que vous avez recyclé?
5 Qu'est-ce que vous avez fait du vieux vélo?
6 Pourquoi avez-vous planté des arbres?
7 Comment savez-vous que l'eau est propre maintenant?
8 Pourquoi êtes-vous fière?

écrire 6 Regardez les images et écrivez un paragraphe sur ce que vous avez fait pour l'environnement. Adaptez le texte de l'exercice 4.

1
2
3
4
5

The present tense of regular verbs

What are regular verbs?

Regular verbs are verbs which follow the same pattern. In French, they can be divided into three groups, which all follow a different ending pattern: –er, –ir and –re verbs (e.g. *jouer, finir, attendre*).

When do I use them?

All the time! Most verbs are –er verbs, which are all regular except *aller* (to go). Once you've learned the three patterns, you will know how to use any regular verb with any subject, so you can be really creative!

Why are they important?

You can't speak a language without using verbs. They are the basic building blocks.

Things to watch out for

French doesn't make any distinction between 'I play' and 'I am playing' – *Je joue* translates both of those meanings.

How do they work?

The ending of the verb changes according to the person of the verb.

	jouer (to play)	finir (to finish)	attendre (to wait)
je/j' (I)	joue	finis	attends
tu (you)	joues	finis	attends
il/elle/on (he/she/it/one)	joue	finit	attend
nous (we)	jouons	finissons	attendons
vous (you)	jouez	finissez	attendez
ils/elles (they)	jouent	finissent	attendent

- **–er verbs:** Take the –er ending off the infinitive and add –e, –es, –e, –ons, –ez, –ent.
- **–ir verbs:** Take the –ir ending off the infinitive and add –is, –is, –it, –issons, –issez, –issent.
- **–re verbs:** Take the –re ending off the infinitive and add –s, –s, –, –ons, –ez, –ent.

■ Personal pronouns

Singular

- **Je** (I) becomes *j'* in front of a verb beginning with a vowel or silent *h*.
- **Tu** (you) is used when talking to someone younger than you or to someone you know well.
- **Il** (he/it) is used when the 'it' stands for a masculine noun (e.g. It (the dog) is black = *Il est noir*).
- **Elle** (she/it) is used when the 'it' stands for a feminine noun (e.g. It (the car) is red = *Elle est rouge*).
- **On** is very common in spoken French and means 'we', 'we-as-a-group'.

Plural

- **Nous** (we)
- **Vous** (you) is used when talking to more than one person; it is also used when talking to one person whom you don't know well or who is older than you.
- **Ils** (they) is used if there is at least one male in the group.
- **Elles** (they) is only used if ALL the people or things being referred to are female.

■ Reflexive verbs

- The infinitive of reflexive verbs includes the reflexive pronoun *se*: **se** laver = to wash oneself, **se** lever = to get up, **se** coucher = to go to bed
- The reflexive pronouns are: *me/m', te/t', se/s', nous, vous, se/s'*. e.g. je **me** lave, tu **t'**habilles, elle **se** lève, nous **nous** couchons, vous **vous** disputez, elles **s'**amusent.

1 Choose the right pronoun.

You are talking …

1	about yourself:	*je / tu / vous*
2	about a girlfriend:	*il / elle / nous*
3	about a male friend:	*il / elle / ils*
4	about yourself and a friend:	*je / il / nous*
5	to a child:	*tu / elle / vous*
6	to a stranger:	*je / vous / il*
7	about a group of girls or women:	*elle / ils / elles*
8	about the boys and girls in your class:	*il / elles / ils*
9	about the boys in your class:	*ils / elles / nous*

2 Complete the sentences with the correct part of the verbs given, then translate the sentences.

habiter

1   J'▬ chez mes parents.
2   Nous ▬ un grand immeuble.
3   Mes grands-parents ▬ à la campagne.
4   Mon copain ▬ au bord de la mer.
5   Où ▬-vous?
6   On y ▬ depuis toujours.

finir

7   D'habitude, nous ▬ à 17h00.
8   Le lundi, je ▬ à 15h00.
9   Les cours ▬ à 15h30.
10 La leçon de judo ▬ à 20h00.
11 À quelle heure ▬-vous?
12 Le vendredi, on ▬ à 16h00.

attendre

13 Il m'▬ devant le cinéma.
14   J'▬ le bus.
15 Nous ▬ depuis une demi-heure.
16 Nos amis nous ▬ à la pizzeria.
17 Depuis combien de temps ▬-tu?
18 Elles m'▬ depuis un quart d'heure.

se coucher

19 À quelle heure vous ▬?
20 D'habitude, je ▬ vers 21h30.
21 Mon frère ▬ plus tard.
22 En vacances, nous ▬ plus tard.
23 Le samedi, tu ne ▬ pas tôt.
24 Mes copains ne ▬ jamais tôt.

3 Rewrite the sentences using the prompts given. Then translate the sentences.

1   Nous nous disputons pour la salle de bains. → elles
    Elles se disputent pour la salle de bains.
2   Ma sœur se moque toujours de moi. → tu
3   Tu t'occupes de ton petit frère? → vous
4   Il ne s'entend pas bien avec elle. → je
5   Je m'endors à 10h00. → on
6   Elles ne se réveillent pas de bonne heure. → il
7   Vous vous couchez plus tard. → nous
8   Je m'amuse bien. → ils

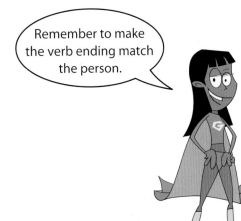

Remember to make the verb ending match the person.

The present tense of irregular verbs

What are irregular verbs?

They are the verbs that don't follow the normal patterns of regular –er, –ir and –re verbs.

When do I use them?

All the time! Unfortunately, the most common and useful verbs in French are irregular.

Why are they important?

You can't speak a language without knowing the most important verbs, like 'to be', 'to have', 'to do' and 'to go'. They are the basic building blocks.

Things to watch out for

French doesn't make any distinction between 'I go' and 'I am going' – *Je vais* translates both of those meanings.

How do they work?

The most important irregular verbs to learn are:

	être	avoir	aller	faire	prendre
je/j'	suis	ai	vais	fais	prends
tu	es	as	vas	fais	prends
il/elle/on	est	a	va	fait	prend
nous	sommes	avons	allons	faisons	prenons
vous	êtes	avez	allez	faites	prenez
ils/elles	sont	ont	vont	font	prennent

- When learning irregular verbs, always look for patterns! For example, look at:
  - **ending patterns:** the second person singular always ends in –s; the third person plural of all the above verbs ends in –nt: *sont, ont, vont, font*
  - **stem patterns:** when you learn a new verb, try to remember another verb which would follow the same pattern. Look at the following groups of verbs:

lire	je lis	tu lis	il lit	nous lisons	vous lisez	ils lisent
dire	je dis	tu dis	il dit	nous disons	vous dites	ils disent
dormir	je dors	tu dors	il dort	nous dormons	vous dormez	ils dorment
partir	je pars	tu pars	il part	nous partons	vous partez	ils partent
pouvoir	je peux	tu peux	il peut	nous pouvons	vous pouvez	ils peuvent
vouloir	je veux	tu veux	il veut	nous voulons	vous voulez	ils veulent
voir	je vois	tu vois	il voit	nous voyons	vous voyez	ils voient
savoir	je sais	tu sais	il sait	nous savons	vous savez	ils savent
devoir	je dois	tu dois	il doit	nous devons	vous devez	ils doivent
boire	je bois	tu bois	il boit	nous buvons	vous buvez	ils boivent

- Verbs like *manger* (*nager, plonger*, etc.) which end in –ger always add e before o or a to make the pronunciation easier, e.g. *nous mangeons*, *nous nageons*.

- Some verbs add or change an accent with *je, tu, il, ils*:

se lever	je me lève, ils se lèvent	BUT	nous nous levons, vous vous levez
préférer	je préfère, tu préfères		nous préférons

- Some verbs double a consonant:

s'appeler   je m'appelle, tu t'appelles, il/elle s'appelle, ils s'appellent
BUT nous nous appelons, vous vous appelez

1 **Which verb(s) would you use to translate these sentences?**
Aller, avoir, être or faire?

1 Nathan has a sister.
2 His parents are divorced.
3 He goes mountain-biking.
4 He is quite tall.
5 He is 15.
6 They are going into town.
7 He is going to be late.
8 He is always hungry.

2 **Write the correct form of the verbs in brackets, then translate the sentences.**

1 Nathan et sa sœur (*avoir*) les cheveux blonds.
2 Sa sœur (*avoir*) les yeux bleus et elle (*être*) plus grande.
3 Nous (*être*) tous les deux bavards.
4 Moi, je (*être*) plutôt timide.
5 En classe, Nathan (*faire*) des bêtises.
6 Tu (*être*) intelligent, mais tu ne (*faire*) pas ses devoirs.
7 Elle n' (*avoir*) jamais ses affaires.
8 Le mercredi, il (*aller*) souvent en retenue.

> Check that the ending you choose matches the person.

3 **Choose the correct form of the verbs.**

1 Le bébé *dors / dort / dorm* profondément.
2 Nous ne *mange / mangeons / mangons* pas de viande.
3 Vous *prennez / prenez / prennent* le bus?
4 Les filles *boivent / boient / buvons* du jus de pommes.
5 Je me *léve / lève / leve* de bonne heure.
6 Le bus *part / pars / parts* à huit heures.
7 J' *espère / éspère / espére* réussir mes examens.
8 Comment vous vous *appellez / appelez / apellez*?

4 **Complete the email with the correct forms of *avoir*, *aller*, *être* or *faire*, then translate it.**

Chère Julie

Je m'ennuie le dimanche, je ne (**1**) ▬▬▬ rien. Mon copain Nathan et ses parents (**2**) ▬▬▬ sportifs, ils (**3**) ▬▬▬ à la campagne et (**4**) ▬▬▬ du vélo. Ils (**5**) ▬▬▬ du VTT. Moi et mes parents, nous ne (**6**) ▬▬▬ pas sportifs. Le samedi, nous (**7**) ▬▬▬ en ville et le soir, on (**8**) ▬▬▬ au cinéma s'il y a un bon film, mais le dimanche, nous ne (**9**) ▬▬▬ rien de particulier.

Je ne (**10**) ▬▬▬ pas de vélo parce que je n'en (**11**) ▬▬▬ pas. Et vous? Que (**12**) ▬▬▬ -vous le weekend? (**13**) ▬▬▬ -tu un vélo? (**14**) ▬▬▬ -tu sportive?

A plus!
Maryse

5 **Write the correct form of the verbs in brackets.**

Je ne (**1**) (*pouvoir*) pas sortir ce soir parce que je (**2**) (*devoir*) m'occuper de mon petit frère et je ne (**3**) (*savoir*) pas à quelle heure mes parents vont rentrer. Mon copain et moi (**4**) (*vouloir*) voir le dernier film de Di Caprio, mais nous ne (**5**) (*pouvoir*) pas aller au cinéma. Je (**6**) (*vouloir*) acheter le film en DVD. Mes autres copains (**7**) (*vouloir*) le voir aussi, mais ils ne (**8**) (*pouvoir*) pas non plus. Ils (**9**) (*devoir*) travailler pour gagner de l'argent.

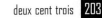

What is the near future tense?

The near future tense is one way of talking about what is going to happen (e.g. tonight, tomorrow, in a couple of days or in a week). It is called *le futur proche* in French.

Why is it important?

Because you often want to say what you or other people are going to do. This is something that you will frequently be expected to do.

How does it work?

You use the verb **aller** (in the present tense) + an **infinitive**.

The present tense of *aller* is:

je **vais**	nous **allons**
tu **vas**	vous **allez**
il/elle/on **va**	ils/elles **vont**

*La semaine prochaine, je ne **vais** pas **jouer** au tennis. On **va faire** de la plongée.*
Next week, I'm not going to play tennis. We're going to go diving.

1 Rearrange the words to make correct sentences. <u>Underline</u> the part of *aller* and the infinitive in each one. Then translate the sentences.

1 jouer vais foot je au
2 prendre on bus le va
3 vas la natation? de faire tu
4 allez match regarder le vous
5 au sports allons nous de aller centre
6 à va prendre elle une part compétition
7 une faire heure va Thomas musculation de
8 ils équipe vont première dans la être

2 Fill in the gaps with the correct part of *aller* and an infinitive that makes sense.

- Demain, on (**1**) ▬▬ ▬▬ au centre de sports.
- Vous (**2**) ▬▬ ▬▬ le bus?
- Non, on (**3**) ▬▬ ▬▬ le train.
- Qu'est-ce que vous (**4**) ▬▬ ▬▬ comme sport?
- Moi, je (**5**) ▬▬ ▬▬ du judo. Ma copine, Julie, (**6**) ▬▬ ▬▬ au basket. Après, nous (**7**) ▬▬ ▬▬ un sandwich dans la cafétéria.
- Et Alex et Théo?
- Ils (**8**) ▬▬ ▬▬ à la maison. Et toi? Qu'est-ce que tu (**9**) ▬▬ ▬▬?
- Je ne suis pas sportif, moi. Je (**10**) ▬▬ ▬▬ le sport à la télé!

3 Rewrite the text, changing the verbs from the present to the near future tense. There are 17 verbs that need changing.

Exemple: Mes parents et moi, on **va garder** la forme…

Mes parents et moi, on garde la forme. On est très actifs et tous les jours, on va au centre de sports. Moi, je joue au volley ou au tennis et en plus, je fais de la natation cinq fois par semaine. Je prends part à des compétitions, donc je mange des choses saines. Mes parents font beaucoup de cyclisme et ils vont aussi au centre de sports pour s'entrainer. Ils passent deux heures dans la salle de gym, puis ils nagent dans la piscine. Mon frère Nathan, lui, ne va pas au centre de sports. Il reste à la maison et il regarde le sport à la télé. De plus, il mange des hamburger et des frites et il boit du coca. Quelle horreur! Et toi? Qu'est-ce que tu fais pour garder la forme?

Caroline

Asking questions

L'indispensable!

Why is it important?

You can't get far in any language without being able to understand and ask questions!

Things to watch out for

■ Some questions use inversion, i.e. you swap the position of the subject and the verb.

■ Don't confuse *Est-ce que …?* with *Qu'est-ce que …?* (meaning 'what …?')

■ *Quel* (meaning 'which?' or 'what?') is an adjective. It must agree with the noun.

Quelle est votre date de naissance?	What is your date of birth?
Quels sont les inconvénients?	What are the disadvantages?

How do questions work in French?

■ You can ask straightforward 'yes/no' questions in three ways:

1 Change a statement into a question by using rising intonation (i.e. making your voice go up) at the end of the sentence.

Vous aimez votre travail?	Do you like your job?

2 Put *Est-ce que* at the start of the sentence. *Est-ce que vous aimez votre travail?*

3 Use inversion (i.e. swap the order of the subject and the verb) and insert a hyphen.
Aimez-vous votre travail?
An extra t is added between two vowels, to make pronunciation easier

Aime-t-il son travail?	Does he like his job?

■ Some questions need question words. Question words can be followed by *est-ce que* and a statement, or by inversion.

Où est-ce que vous travaillez?	*Pourquoi aimez-vous votre travail?*

■ Other key question words:

qui?	who?	quand?	when? (day or date)
à quelle heure?	when? (time)	depuis quand?	since when/how long?
comment?	how?	pourquoi?	why?
combien de?	how many?	que?	what?

---

1 **Turn the statements into questions by saying them with rising intonation.
Then rewrite them as questions, using *est-ce que* in 1–5 and inversion in 6–10.**

1 Vous travaillez comme infirmière.
2 Vous aimez votre travail.
3 Le salaire est bon.
4 Les horaires sont longs.
5 C'est stressant comme métier.

6 Vous travaillez souvent la nuit.
7 Vous aimez le contact avec les gens.
8 Votre patronne, elle est sympa.
9 Elle a beaucoup de responsabilités.
10 Elle écoute les problèmes des infirmiers.

2 **Match the beginnings of the questions (1–10) with the correct endings (a–j),
then copy them out and translate them.**

1	Quel	a	aimez-vous ce métier?
2	Où	b	partez-vous en vacances? En juillet?
3	Combien d'	c	sont les avantages et les inconvénients de votre travail?
4	Depuis quand	d	métier faites-vous?
5	Comment	e	est-ce que vous faites ce travail?
6	Pourquoi	f	heures par semaine travaillez-vous?
7	Quels	g	vous faites après le travail?
8	À quelle heure	h	allez-vous au travail? En voiture?
9	Qu'est-ce que	i	est-ce que vous travaillez? À Paris?
10	Quand	j	est-ce que vous commencez le travail?

What are adjectives? Why are they important?

Adjectives are describing words. They describe a noun, a person or a thing. They make your work more interesting and personal. Make sure you use a variety of adjectives accurately.

Things to watch out for

- In French, adjectives have to 'agree' with the person or thing they describe.
- Most French adjectives and all adjectives of colour come *after* the noun.

How do they work?

1 Make your adjectives agree with the person or thing they describe.
  - to make it feminine, add –*e* and pronounce the last consonant. (If it already ends in –*e*, it stays the same.)
  - to make it plural, add –*s*

Singular		Plural	
masc.	**fem.**	**masc.**	**fem.**
petit	petite	petits	petites
timide	timide	timides	timides

  - Some adjectives follow a different pattern.

sportif	sportive	sportifs	sportives
paresseux	paresseuse	paresseux	paresseuses
blanc	blanche	blancs	blanches
génial	géniale	géniaux	géniales
beau*	belle	beaux	belles
vieux*	vieille	vieux	vielles
nouveau*	nouvelle	nouveaux	nouvelles

  (* Before a word beginning with a vowel or silent *h*, the masculine becomes *bel*, *vieil* or *nouvel*.)
  - Some adjectives never change: the colours *marron* and *orange*, colours made up of two words (e.g. *bleu marine*, *vert clair/foncé*) and adjectives from other languages (e.g. *cool*).
  - Adjectives which are shortened (e.g. *sympathique → sympa*) only agree in number, e.g. des copains (m) sympas, des copines (f) sympas, des produits (m) bios, des bananes (f) bios.

2 Put your adjectives in the correct place.
  - Most adjectives come after the noun, including all adjectives of colour.
  - These adjectives come in front of the noun: grand   petit   nouveau   vieux   haut   bon   mauvais   beau   joli   jeune.
    To help you remember them, learn them together with a noun (e.g. *une belle ville*).

What are possessive adjectives?

Possessive adjectives are the words for 'my', 'your', 'his', 'her', etc.

	masc.	**fem.**	**plural**
my	mon	ma	mes
your	ton	ta	tes
his/her	son	sa	tes
ours	notre	notre	nos
your	votre	votre	vos
their	leur	leur	leurs

Things to watch out for

They agree with the person or thing they describe, not with the person it belongs to.

1 Choose the correct form of the adjective.

1 Mon copain Julien est *grand / grande*.
2 Sa sœur est *petite / petit*.
3 Elle est *sportif / sportive*.
4 Il est *paresseuse / paresseux*.
5 Mes amis ne sont pas bien *organisés / organisées*.
6 Sarah est *gentil / gentille*.
7 Ses parents sont *sympas / sympa*.
8 Yannick est le plus *intelligente / intelligent* de la classe.

Check if the subject is masculine, feminine, singular or plural.

2 Rearrange the words to make correct sentences, then translate them.

1 Le chat chasse la souris blanche noir petite grand
2 copain a les les cheveux et yeux bleus blonds Mon
3 frère Gilles paresseux grand Son est
4 sœur porte une robe et un chapeau petite joli rose Sa bleu
5 Le soleil brille dans un ciel avec des nuages bleu blancs petits
6 J'habite une maison dans un village vieille petit joli
7 Dans le jardin il y a beaucoup de fleurs et orange grand belles clair bleu
8 Dans la ville il y avait des rues et des sites étroites historiques vieille petites

3 Write out the sentences adding the correct form of the adjective(s) in brackets in the correct place(s).

1 J'ai un chien. (*petit, noir*)
2 Je porte un jean et une chemise. (*bleu, blanc*)
3 Ma copine porte des sandales, une robe et un gilet. (*blanc, rouge, bleu*)
4 Les filles aiment danser. (*jeune*)
5 C'est un hôtel. (*beau*)
6 Lou habite une maison. (*joli*)
7 Notre appartement est en banlieue. (*nouveau*)
8 Le prof est toujours de humeur. (*vieux, mauvais*)

4 Translate the sentences into French.

1 My brother is big and lazy, but nice.
2 He wears old blue jeans and a new red sweatshirt.
3 My sister is small, talkative and funny.
4 She is wearing a pretty pale-green dress with white flowers.
5 She has grey-green eyes and curly, blond hair.
6 Our mother has brown eyes and straight hair.
7 Their parents are generous and nice.
8 Her brother has a new red car.

5 Add ten adjectives of your own choice to the text. Try to use some more unusual ones!

Exemple: *Tobi regardait la vue panoramique, …*

Tobi regardait la vue, c'était comme une peinture. Le village se trouvait au bord d'une rivière. Les arbres qui bordaient la rivière fournissaient de l'ombre aux promeneurs. Il y avait peu de nuages dans le ciel. Les gens qui étaient assis à la terrasse du café regardaient les joueurs de boules pendant que leurs enfants s'amusaient dans la fontaine.

The perfect tense with *avoir*

What is it?

The perfect tense is one of the tenses you use to talk about the past.
It is called *le passé composé* in French.

When do I use it?

You use it when you want to talk about single events in the past.

Why is it important?

You often want to say what you or someone else did. Without it, you couldn't tell a story.
Talking about the past is one of the things that you will frequently be expected to do.

Things to watch out for

In French, there is no difference between 'I bought' and 'I have bought'. You always
have to include the French word for 'have', even if you want to say 'I bought'.

How does it work?

■ To form the perfect tense, you use **an auxiliary + a past participle**.

● Most verbs use *avoir* (to have) as the auxiliary.

j'**ai**	nous **avons**
tu **as**	vous **avez**
il/elle/on **a**	ils/elles **ont**

● You form the **past participle** of regular –*er*, –*ir* and –*re* verbs as follows:

–*er* verbs (e.g. *jouer*):	Replace –*er* with –*é*	*jou**é***
–*ir* verbs (e.g. *finir*):	Replace –*ir* with –*i*	*fin**i***
–*re* verbs (e.g. *attendre*):	Replace –*re* with –*u*	*attend**u***
I played/I have played football.		*J'ai joué au foot.*
He finished/He has finished the book.		*Il a fini le livre.*
We waited for/We have waited for the bus.		*Nous avons attendu le bus.*

● Some important verbs have an irregular past participle. These have to be learned by heart.
Some of the key ones are:

Infinitive	Past participle
boire (to drink)	*bu*
faire (to do/make)	*fait*
écrire (to write)	*écrit*
lire (to read)	*lu*
prendre (to take)	*pris*
recevoir (to get/receive)	*reçu*
voir (to see)	*vu*

■ In the perfect tense, the negative makes a 'sandwich' around the **auxiliary.**

*Je n'**ai pas** écouté le CD.*	I didn't listen/haven't listened to the CD.
*Ils n'ont **rien** fait.*	They didn't do/haven't done anything.

■ As in the present tense (see page 205), you can use rising intonation or *est-ce que*
to ask questions in the perfect tense.

Vous avez vu le film?	Did you see/Have you seen the film?
Est-ce qu'il a mangé le gâteau?	Did he eat/Has he eaten the cake?

■ To use inversion to form a question, swap the positions of the subject and the auxiliary and
insert a hyphen. Add *t* between two vowels to make pronunciation easier with *il, elle* and *on*.

*Où **as-tu** acheté ton tee-shirt?*	Where did you buy your T-shirt?
***A-t-elle** lu le livre?*	Did she read/Has she read the book?

1 **Put the verbs in brackets into the perfect tense, using the correct part of *avoir* and the past participle.**

Exemple: Samedi soir, je (*regarder*) Indiana Jones en DVD.
Samedi soir, j'**ai regardé** Indiana Jones en DVD.

1 Samedi dernier, je (*acheter*) deux CD.
2 Le soir, on (*écouter*) de la musique dans ma chambre.
3 Vous (*jouer*) au foot dans le parc dimanche?
4 Non, nous (*finir*) nos devoirs.
5 Mon frère (*vendre*) des livres sur eBay.
6 Qu'est-ce que tu (*faire*) hier?
7 Je (*prendre*) des photos avec mon portable.
8 Mes parents (*voir*) un film d'horreur au cinéma.
9 Lucy n'aime pas la limonade. Elle (*boire*) du coca.
10 Dimanche matin, je (*ne pas lire*) le journal, mais je (*écrire*) des emails.

2 **Thomas has made a mistake in every perfect tense verb in his email! Sometimes the mistake is in the auxiliary and sometimes in the past participle. Copy out the text, correcting all 15 mistakes.**

Samedi dernier, je pris le bus et j'ai retrouve mon copain Damien en ville. D'abord, on a fais les magasins. Damien as acheté un CD et moi, je choisi un livre de Harry Potter. Ensuite, nous mangé une pizza et nous bavardé. On as bu du coca aussi. L'après-midi, je n'ai écouté pas de musique, je joué sur l'ordinateur avec ma sœur. Elle as gagné! Le soir, mes parents regardé un film à la télé, mais moi, j'ai lis mon livre. Je fini le livre à une heure du matin! Et toi, qu'est-ce que tu a fait?

Thomas

Some of the most common mistakes people make using the perfect tense are:
● forgetting the acute accent, e.g. *j'ai joue* ✗ *j'ai joué* ✓
● forgetting the auxiliary, e.g. *nous mangé* ✗ *nous **avons** mangé*
● confusing *as* and *a*, e.g. *Tu a vu le film?* ✗ *Tu **as** vu le film?* ✓
● putting *pas* in the wrong place, e.g. *Il n'a fait pas ses devoirs.* ✗ *Il n'a **pas** fait ses devoirs.* ✓

3 **Translate the text into French, paying particular attention to the perfect tense verbs!**

Last Saturday, I played football in the park with my friend David. Then we ate a sandwich in the café. I drank a Coke and David drank an orange juice. In the afternoon, we took the bus to go to the cinema. We saw an action film. In the afternoon, I did some shopping. I bought a T-shirt and a DVD. In the evening, my parents listened to music and played cards, but I watched my DVD. On Sunday morning, I didn't swim. I answered my emails and read a sports magazine. In the afternoon, I chatted to my friend Lisa on the telephone, then I finished my homework. What about you? Did you watch TV? Or did you do some sport?

The perfect tense with *être*

What is it? When do I use it?

When you want to use reflexive verbs and verbs of movement in the past. The perfect tense (*le passé composé* in French) is one of the tenses you use to talk about single events in the past. In some cases, the auxiliary used to form it is *être*, not *avoir*.

Why is it important?

You often need to use verbs of movements like 'to go', 'to go out', 'to leave' in the past.

Things to watch out for

- Thirteen key verbs and all reflexive verbs use *être* (to be), not *avoir*, as the auxiliary in the perfect tense, e.g. to say 'he has left', you say *Il est parti* (not *Il a parti*).

- When you use *être* as the auxiliary, you have to make the past participle agree with the subject, e.g. *elle est partie* (she has left).

How does it work?

- You take part of the **auxiliary** (*être*) + **the past participle**. The parts of *être* are:
  je **suis**   tu **es**   il/elle/on **est**   nous **sommes** **vous êtes**   **ils/elles sont**

- Learn the 13 verbs taking *être* as pairs of opposites (e.g. 'to come'/'to go') or learn the first letter of each one which make the phrase MR DAMP'S TAVERN.

Most of them have regular past participles (e.g. *aller* → *allé*), but a few have irregular past participles (shown by *).

- Other related verbs, such as *rentrer* (to come/go home) and *revenir* (to come/go back), also take *être*. The verb *passer* takes *être* when it means 'to pass by'.

- You must make the past participle of verbs which take *être* agree with the subject of the sentence.
  - Add *–e* if the subject is feminine singular: **elle** *est arrivée* (she arrived/she has arrived)
  - Add *–s* if the subject is masculine plural: **ils** *sont sortis*
  - Add *–es* if the subject is feminine plural: **elles** *sont*

Note: If the subject is a combination of masculine and feminine nouns, you treat it as masculine plural: *Robert et Sophie sont partis*. (Robert and Sophie left/have left.)

infinitive	meaning	past participle
aller	to go	allé
venir	to come	venu*
arriver	to arrive	arrivé
partir	to leave	parti
entrer	to enter	entré
sortir	to go out	sorti
monter	to go up	monté
descendre	to go down	descendu
naître	to be born	né*
mourir	to die	mort*
rester	to stay	resté
tomber	to fall	tombé
retourner	to return	retourné

- With reflexive verbs, the part of *être* comes after the reflexive pronoun (*me*, *te*, *se*, etc.).
  Je **me** *suis levé(e) de bonne heure.*   I got up early.
  Nous **nous** *sommes couché(e)s tard.*   We went to bed late.

- In the perfect tense, negatives make a 'sandwich' around the part of *être*. With reflexive verbs, the negative goes around the reflexive pronoun (*me*, *te*, *se*, etc.) and the part of *être*.
  Elle n'est **pas** *venue au match.*   She didn't come to the match.
  On ne s'est **pas** *douchés.*   We didn't have a shower.

- Questions in the perfect tense are formed in a similar way to questions with verbs which take *avoir* (see page 208), using intonation, *est-ce que* or inversion.
  Tu es allé(e) au match?   Did you go to the match?
  Est-ce que vous êtes sorti(e)(s) hier?   Did you go out yesterday?
  Quand est-il né?   When was he born?

1 **Add agreement to the past participles which need it. Check the gender of the subject of the sentences in a dictionary if necessary.**

    1 Julie est resté à la maison pour regarder le sport à la télé.

    2 Mes copains sont allé au match.

    3 Le score était 2–0 et nous sommes sorti vainqueurs.

    4 «Tu es rentré du match à quelle heure, Louise?»
       «Je suis rentré à dix heures et je me suis couché tout de suite.»

    5 Les skateurs sont monté et descendu à une vitesse incroyable.

    6 Nous nous sommes amusé au match de tennis.

    7 La joueuse de tennis Amélie Mauresmo est né en 1979.

    8 Mon frère n'est pas venu à la Coupe du Monde.

    9 Un des coureurs est tombé de son vélo.

   10 Les deux équipes sont entré dans le stade.

2 **Put the verbs in brackets into the perfect tense, using the correct part of *être*, the past participle and agreement (where necessary).**

Hugo: Alors, tu (1) ▬ (*aller*) à Paris pour voir le match samedi dernier?

Marie: Oui, je (2) ▬ (*aller*) au match. Ma copine Justine (3) ▬ (*venir*) aussi.

Hugo: (4) ▬ (*vous/partir*) de bonne heure?

Marie: Ah, oui! Je (5) ▬ (*se lever*) à six heures et demie et le train (6) ▬ (*partir*) à huit heures.

Hugo: À quelle heure (7) ▬ (*vous/arriver*) au stade?

Marie: Nous (8) ▬ (*arriver*) vers quatorze heures. On a acheté les billets et on (9) ▬ (*entrer*) dans le stade.

Hugo: Tes frères (10) ▬ (*ne pas aller*) pas au match?

Marie: Non, ils (11) ▬ (*rester*) à la maison, pour regarder le match à la télé.

Hugo: Et vous avez gagné le match?

Marie: Oui, on (12) ▬ (*sortir*) vainqueurs! Je (13) ▬ (*rentrer*) à la maison très contente.

Hugo: Tu (14) ▬ (*ne pas se coucher*) tôt, je suppose!

Marie: Non, je (15) ▬ (*se coucher*) vers minuit. J'étais bien fatiguée!

3 **Rewrite the text, changing the verbs from the present tense to the perfect tense. Some of the verbs take *avoir* and some take *être*. There are 29 verbs that need changing.**

> Samedi, je vais au match de foot. Je me lève vers sept heures, je prends le bus et je descends à l'arrêt de bus du stade. J'arrive vers deux heures et je retrouve ma copine, Claire. On achète les billets et on entre dans le stade. Nous attendons trente minutes avant le début du match. On boit du coca et Claire mange un hot-dog, mais moi, je ne mange rien. Claire prend des photos avec son portable. Enfin, les joueurs sortent du tunnel et le match commence! Notre équipe marque un but, mais un de nos meilleurs joueurs tombe et il part en ambulance. Quelle horreur! Mais on marque un deuxième but et on gagne le match! Le match finit vers 16h30 et nous sortons du stade. Je rentre chez moi très content. Mes parents, eux, restent à la maison et ils regardent le match à la télé. Ils nous voient parmi les autres supporteurs du stade! Je me couche de bonne heure. Je lis un peu, puis je dors.
>
> Vincent

The imperfect tense

What is it?

The imperfect is another tense that you use to talk about the past. It is called *l'imparfait* in French.

When do you use it?

You use the imperfect to describe what happened over a period of time (was or were –ing), past habits (used to …), what something was like (it was/there was/there were …) and ongoing actions which were interrupted (I was –ing when …).

Why is it important?

To talk about the past, you need to be able to describe people, feelings, what someone was doing, etc. You often want to say what something was like, and you will frequently be expected to do this. If you can combine the imperfect with the perfect tense correctly, you will be able to produce a more sophisticated answer.

Things to watch out for

Use the **perfect tense** for single events in the past and the **imperfect** for repeated or continuous actions in the past.

How does it work?

1 ■ Take the *nous* form of the present tense, drop the *nous* and take off the *–ons* ending. This leaves you with the 'stem'.
   nous habitons → ~~nous habitons~~ → habit–

  ■ Note that *être* is the only verb with an irregular stem (*ét–*).
   Quand j'étais petit …   When I was young …

2 ■ Add the following endings to the stem:

je	**–ais**	nous	**–ions**
tu	**–ais**	vous	**–iez**
il/elle/on	**–ait**	ils/elles	**–aient**

  ■ Verbs with a stem ending in *g* add an *e* in front of *a*.
   *Il mang**e**ait une pizza.*   He was eating a pizza.

  ■ Make sure you know these key examples of the imperfect:
   j'étais (I was), *c'était* (it was), *il y avait* (there was/were)

3 When you are talking or writing about the past, you often need to use a mixture of perfect tense and imperfect tense verbs.

Imperfect (what happened over a period of time)

Imperfect (what it was like)

Imperfect (habit: 'used to')

Perfect (single past action)

Perfect (single past action)

*Quand on **habitait** à Paris, je **sortais** avec mes copains tous les soirs. Mais ma mère **a changé** de travail, donc on **a déménagé**. **C'était** affreux.*

When we lived in Paris, I went out with my friends every evening. But my mother changed jobs, so we moved. It was terrible.

Imperfect (was/were –ing)

Perfect (single past action)

Perfect (single past action)

Imperfect (what it was like)

*J'**allais** au collège quand j'**ai vu** l'accident. Il y **avait** beaucoup de monde. J'**ai appelé** les secours.*

I was going to school when I saw the accident. There were lots of people. I called the emergency services.

1 **Put the correct imperfect endings on the verbs. Then translate the text.**

Quand j' (**1**) ét___ petit, on (**2**) habit___ à la campagne. Pour aller à l'école, je (**3**) pren___
le car de ramassage scolaire avec mon frère. On se (**4**) lev___ à six heures et demie, on
(**5**) mang___ un croissant et on (**6**) quitt___ la maison à sept heures. Le car (**7**) arriv___
à l'école à huit heures. Je (**8**) n'aim___ pas habiter à la campagne, parce que c' (**9**) ét___
ennuyeux. Il n'y (**10**) av___ rien à faire. Le soir et le week-end, je (**11**) rest___ à la maison.
Je (**12**) regard___ la télé ou je (**13**) jou___ au foot dans le jardin avec mon frère. Je ne
(**14**) sort___ pas avec mes copains parce qu'ils (**15**) habit___ en ville. C' (**16**) ét___ nul!

Guillaume

2 **Put the verbs into the imperfect tense. Then use them and the pictures to
make up ten new sentences for Guillaume, to describe how much better
his life was after his family moved from the countryside to Paris.**

Exemple: on (habiter)
Plus tard, on habitait à Paris.

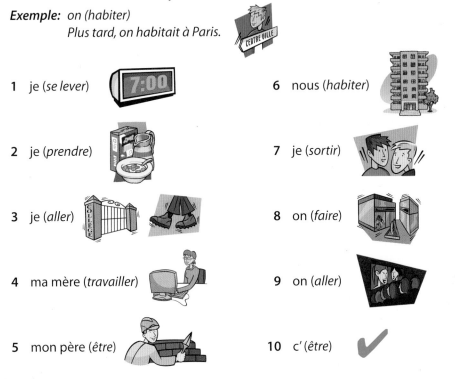

1 je (*se lever*)

2 je (*prendre*)

3 je (*aller*)

4 ma mère (*travailler*)

5 mon père (*être*)

6 nous (*habiter*)

7 je (*sortir*)

8 on (*faire*)

9 on (*aller*)

10 c' (*être*)

3 **Perfect or imperfect? Copy out the text, choosing the correct version of each verb.**

Il y a cinq ans, j' (**1**) *ai habité / habitais* avec ma famille dans une grande maison au bord
de la mer. On (**2**) *a eu / avait* douze pièces et un énorme jardin, où ma sœur et moi
(**3**) *avons joué / jouions* souvent au tennis. J' (**4**) *ai adoré / adorais* notre maison.
Tous les week-ends en été, on (**5**) *est allés / allait* à la plage. On (**6**) *a fait / faisait* un
pique-nique et après, mes parents (**7**) *ont lu / lisaient*, pendant que ma sœur et moi
(**8**) *avons nagé / nagions* dans la mer. J' (**9**) *ai été / étais* très heureuse. Mais un jour,
tout (**10**) *a changé / changeait*. Mon père (**11**) *a perdu / perdait* son travail et on
(**12**) *a déménagé / déménageait*. On (**13**) *est partis / partait* habiter chez ma grand-mère, en
ville. Son appartement (**14**) *a été / était* tout petit et il n'y (**15**) *a pas eu / avait* pas assez de
place pour cinq personnes. De plus, tous mes copains
(**16**) *ont habité / habitaient* loin de la ville. Mais l'année
dernière, mon père (**17**) *a trouvé / trouvait* un nouveau
poste et on (**18**) *est retournés / retournait* habiter au bord
de la mer. Tant mieux!

> loin de – far away from
> un poste – a job
> tant mieux! – thank goodness!

Modal verbs and *il faut*

What are they?

The verbs *devoir* (to have to/must), *pouvoir* (to be able to/can) and *vouloir* (to want to) are known as **modal verbs**.

Il faut is an **impersonal verb**, it is only used in the *il* form. It means 'it is necessary to' or 'have to', 'must'. You can use it instead of *devoir*.

Why are they important?

We use modal verbs a lot. Think about how often you say 'I want', 'you can' or 'we must' in English!

How do they work?

■ The present tense of *devoir*, *pouvoir* and *vouloir* is:

	devoir	pouvoir	vouloir
je	dois	peux	veux
tu	dois	peux	veux
il/elle/on	doit	peut	veut
nous	devons	pouvons	voulons
vous	devez	pouvez	voulez
ils/elles	doivent	peuvent	veulent

■ Modal verbs and *il faut* are usually followed by an infinitive.

*Tu **veux aller** au cinéma?*	Do you want to go to the cinema?
*Je **dois faire** mes devoirs.*	I have to do my homework.
*Qu'est-ce qu'**il faut faire**?*	What do I/you/we have to do?

■ *Il faut* can mean 'I must', 'you must', 'he/she must', 'we must', 'they must' or 'people must'. It is usually clear from the context.

■ Look for patterns to help you memorise these key verbs, for example:
  – *pouvoir* and *vouloir* endings: *–eux* for *je* and *tu*, *–eut* for *il/elle/on*, *–ons* for *nous*, etc.
  – stem pattern: *peu–/veu–* for *je* and *tu*, *pouv–/voul–* for *nous* and *vous*, etc.
  – What patterns are there in the parts of *devoir*?

■ In negative sentences, the negative makes a 'sandwich' around the modal verb, separating it from the infinitive.

*Il **ne** peut **pas** jouer au foot aujourd'hui.*	He can't play football today.

■ In a question using inversion (see page 205), the modal verb and the subject pronoun (see page 200) swap places and you insert a hyphen.

*Pourquoi **voulez-vous** faire ça?*	Why do you want to do that?

■ In certain situations, modal verbs can be used without an infinitive.

*On ne **peut** pas.*	We can't.
*Je **veux** bien.*	I'd like to. / Yes, please.

1 **Rearrange the words to make correct sentences, and then translate them.**

1 veux ville matin? tu en aller samedi
2 ne désolé, je mais pas peux
3 voir doit grand-mère on aller ma
4 maison doivent à dimanche, la rester ils
5 voulez- soir? bowling au jouer demain vous
6 devons avant heures nous 22 rentrer
7 pouvons pas la venir nous ne à fête
8 parents week-end veulent pour partir mes le
9 portable son faut éteindre il
10 bien il en faut se classe tenir

2 **Translate the sentences into French.**

1 Do you want to go to the cinema tomorrow? (Use *tu*)
2 Sorry, I can't. I have to tidy my room. (Use *devoir*)
3 Hakim can't come to the party this evening.
4 He has to go out with his parents. (Use *devoir*)
5 We can't go to the concert on Saturday evening. (Use *nous* or *on*)
6 My friends want to play football on Sunday morning.
7 Do you want to watch a DVD this afternoon? (Use *vous*)
8 You have to listen to the teacher. (Use *il faut*)
9 We mustn't talk in class. (Use *il faut*)
10 Do people have to wear a uniform in France? (Use *il faut*)

3 **Find and correct the 12 mistakes in this email. Sometimes the mistakes are in the modal verb and sometimes in the infinitive.**

Salut, Mathilde!

Merci pour l'invitation à ta fête. Je suis désolée, mais je ne peut pas venir parce que je dois reste à la maison. Je doit faire mes devoirs parce que j'ai reçu de mauvaises notes. Mes parents disent que je dois bosse pour mes exams en juillet. De plus, le week-end prochain, ils voulent partir en Bretagne et mon frère et moi doivons aussi y aller. Donc, on ne peux pas aller au concert non plus. Ce n'est pas juste! D'accord, il faut travaille pour avoir de bonnes notes, mais il faut s'amuse aussi. Alors, qu'est-ce que tu fais demain? Mes parents doit aller voir ma grand-mère, donc on peut joue au basket si tu veut. Ça te dit?

Chloé

Negatives

Which ones do I need to know, and what do they mean?

ne … pas	not	*ne … aucun*	not any, none
ne … jamais	never	*ne … que*	only
ne … plus	no longer, not any more	*ne … ni … ni…*	neither … nor
ne … rien	nothing, not anything	*ne … pas encore*	not yet
ne … personne	nobody, not anybody		

When do I use them?

When you want to say 'not', 'never', 'no longer', 'none', etc.

Why are they important?

If you use a range of different negatives, you can make your work more varied and interesting.

Things to watch out for

- French negatives have two parts: *ne* before the verb and *pas* (etc.) after the verb, making a 'sandwich'.

- Before a vowel or silent *h*, *ne* becomes *n'*.

- You can't have *un/une/des* or *du/de la/de l'* after *pas*; you need to change it to *de*.
  *J'ai **un** problème.* → *Je n'ai **pas de** problème.*

How do they work?

- There are two parts to a negative, forming a sandwich round the verb.

*Je **ne** vais **pas** à Paris.*	I am **not** going to Paris.
*Il **ne** mange **jamais** de tomates.*	He **never** eats tomatoes.
*Je **ne** fume **plus**.*	I **no longer** smoke./I don**'t** smoke **any more**.
*Je **ne** mange **rien**.*	I eat **nothing**./I don**'t** eat **anything**.
*Je **n'**ai vu **personne**.*	I did**n't** see **anyone**.
*Il **n'**a **pas encore** diné.*	He has**n't** had dinner **yet**.
*Il **n'**y a **ni** cinéma **ni** théâtre.*	There is **neither** a cinema **nor** a theatre.
*Je **n'**ai **qu'**un ami.*	I've **only** got one friend.

- *Personne* can also come before the verb.

Personne n'est venu.	*Nobody came.*

- *Aucun* must agree with the noun it goes with.

*Je **n'**ai **aucune** sœur et **aucun** animal.*	I don**'t** have **any** sisters or pets.

Other things to look out for

- If the verb is in the perfect tense, the negative forms a sandwich round the auxiliary verb (*avoir* or *être*).

*Je **n'ai pas** vu le film.*	I didn't see the film.

- If there are two verbs together in a sentence, most negatives form a sandwich round the first verb.

*Je **ne** veux **pas** aller à Paris.*	I don't want to go to Paris.

- If there is an object pronoun in the sentence, *ne* comes before it.

*Il **ne le** regarde pas.*	He doesn't watch it.

- With a reflexive verb, the *ne* comes before the reflexive pronoun.

*Il **ne se** lève pas tôt.*	He doesn't get up early.
*Elle **ne s'**est jamais réveillée en retard.*	She never woke up late.

1 **Rearrange the words to make correct sentences, and then translate them.**

Remember the negative sandwich!

1 au Je joue ne pas tennis.
2 de as n' pas stylo. Tu
3 comprends Marc me ne pas.
4 fait Louise ne rien.
5 devoirs filles font le Les leurs ménage. ne ni ni
6 disputons jamais. ne Nous nous
7 garçons Les mangé. n' ont rien
8 a aucun Elle job. n'
9 est n' Personne venu.
10 ai Je n' personne. vu

2 **Which negative expression would you use to translate the sentences?**

1 He never eats meat.
2 You don't go swimming any more.
3 I haven't seen anyone.
4 We don't want to go.
5 They didn't see anything.
6 We only went to the beach.
7 I haven't any doubt.
8 He couldn't find his mother or his father.

3 **Make these statements negative using the expressions in brackets, and then translate them.**

1 Tu as fait tes devoirs. (*ne … pas*)
2 J'ai rencontré son copain. (*ne … pas encore*)
3 Tu l'as vu. (*ne … jamais*)
4 Je sais. (*ne … rien*)
5 Tu y vas. (*ne … pas*)
6 Luc fume. (*ne … plus*)
7 Elle a un copain. (*ne … que*)
8 Elle joue au tennis et au hockey. (*ne … ni … ni …*)

4 **Translate the sentences into French.**

1 We didn't eat anything.
2 He no longer gets on with his father.
3 We have never seen the Eiffel tower.
4 They didn't say thank you.
5 She didn't buy anything.
6 We didn't go there yesterday.
7 It wasn't shut.
8 He only has one brother.

5 **Rewrite the text including as many negatives as you can.**

Exemple: *Tu es négative! Tu n'as …*

Tu es positive! Tu as déjà fait tes devoirs. Tu m'écoutes toujours. Tu parles à tout le monde. Tu aides à la maison. Tu ranges ta chambre et la salle de bains. Tu fais tout à la maison. Tu manges des burgers et des frites. Tu as le sens des responsabilités. Si tu continues comme ça, tu pourras sortir tous les samedis soirs!

Comparative and superlative of adjectives

What are they?

Comparatives and superlatives are forms of the adjectives – like 'bigger', 'more expensive', 'as tall as', 'less chatty than' or 'the funniest' – which you use when you are comparing things.

When do I use them?

- Use the comparative to compare two things and say one is bigger, better, worse, etc. than the other.
- Use the superlative to compare more than two things and say one is the best, worst, biggest, etc.

Things to watch out for

- They agree (masculine, feminine, singular, plural endings) with the noun they describe.

Why are they important?

Comparing is one step further than just describing. Showing you can use both regular and irregular comparative and superlatives correctly will help you produce more sophisticated work.

How do they work?

- **The comparative**

  Put *plus/moins/aussi … que* around the adjective if you mention what you measure it against.

plus grand(e)	bigger	*Luc est **plus** grand **que** son frère.*
moins grand(e)	less big	*Elle est **moins** grande **que** sa sœur.*
aussi grand(e)	as big	*Nous sommes **aussi** grands **que** notre mère.*

- **The superlative**

  Just add the correct definite article (*le/la/les*) in front of *plus* or *moins* + adjective.

*C'est **la plus mauvaise** en sport!*	She's the worst at sport!
*Il est **le plus sportif de** sa famille*	He is the sportiest in his family.

- Add de to say 'of'/'in'. *Elle est la moins sportive **de** sa famille.* She is the least sporty of/in her family.

- Learn the irregular ones.

	Adj.	Comparative adj.	Superlative adj.
good/better/the best	bon(ne)	meilleur(e)	le/la meilleur(e)
bad/worse/worst	mauvais(e)	pire	le/la pire

  (Don't confuse them with the adverbs 'well/better/best' (*bien/mieux/le mieux*) and 'badly/worse/worst' (*mal/pire/le pire*), which describe verbs, not nouns.)

1 **Write sentences comparing the first person with the second (+ *plus*, – *moins*, = *aussi*).**
   Exemple: Paul + Denis (*big*)   *Paul est plus grand que Denis*

   1 Juliet – Hugo (*small*)
   2 Camille = Yannick (*clever*)
   3 Maryse et Mélinda + Sarah (*chatty*)
   4 Julie – Louis (*lazy*)
   5 Yannick = Karim (*nice*)
   6 Mon frère + moi (*big*)

2 **Complete the sentences with the comparative or superlative form of 'good' (*bon*) or 'bad' (*mauvais*).**

   1 Nicolas est ▬ en maths.
   2 Mélinda est ▬ Nicolas.
   3 Sophie est ▬ Nicolas.
   4 Amélie est ▬.
   5 Delphine est ▬.
   6 Karim est ▬ Théo.

Test de maths	
Amélie 19/20	Patrice 7/20
Sophie 15/20	Karim 5/20
Mélinda 14/20	Théo 5/20
Nicolas 14/20	Delphine 3/20

3 **Complete the text by translating the word in brackets into French.**

   Notre ville est (1) (*smaller than*) les autres villes de la région mais nous avons le centre commercial (2) (*biggest and newest*). Les magasins y sont (3) (*better than*) en ville. Le parking est (4) (*as big as*) douze terrains de foot et le samedi, c'est l'endroit (5) (*most visited*) du nord de l'Angleterre, mais le soir, les bouchons sont (6) (*worst in the*) monde!

Adverbs

What are adverbs?
Adverbs are words used to describe how an action is done. Adverbs are words like 'slowly', 'quickly', 'regularly', 'suddenly', 'badly', 'well' or 'very' which modify the meaning of verbs and adjectives.

When do I use them?
When you want to give more detail, explain or describe how something is done (how often, how quickly, how well, etc.).

Why are they important?
Because they help you give useful information, and will make your work more interesting.

Things to watch out for
- Adverbs often end in –ment (–ly in English).
- Some of the most useful adverbs are irregular!

How do they work?
- In English, you add –ly to adjectives to make them into adverbs. In French, you add –ment to the feminine form of the adjective.

	masc.	fem.	+ –ment adverb
slow(ly)	lent	lente	lentement
generous(ly)	généreux	généreuse	généreusement
natural(ly)	naturel	naturelle	naturellement

- However, some adverbs are not formed in that way and you just have to learn them, e.g. *vraiment* (really/truly), *vite* (quickly), *d'habitude* (usually), *évidemment* (evidently), *très* (very).
- You can learn some in pairs of opposites: *bien* (well) / *mal* (badly); *mieux* (better) / *pire* (worse); *toujours* (always) / *jamais* (never).
- Adverbs usually come in front of an adjective (e.g. *Il est **vraiment beau***) or after a verb (e.g. *Il y **va souvent***) or to start a sentence (e.g. ***D'habitude**, je me lève à sept heures*).

---

1 **Turn these adjectives into adverbs. Then translate them.**

1 final
2 général
3 heureux
4 malheureux
5 normal
6 sain
7 seul
8 doux

2 **Underline the adverbs in the text. Then translate them.**

Notre chat, Max, a disparu. D'habitude, il rentre chaque soir, toujours vers six heures. Ce soir, soudain j'ai entendu un bruit. Ce n'était probablement rien, mais vite, je me suis précipité à la fenêtre pour mieux voir. Rien. Très doucement, j'ai ouvert la porte et j'ai été énormément surpris de voir Max avec trois petits chatons. Évidemment, Max n'est plus Max, mais Maxine.

3 **Replace the English in the brackets with the corresponding French adverb.**

(**1**) (*Usually*), mon père ne conduit pas (**2**) (*dangerously*). Il faut conduire plus (**3**) (*slowly*) dans les virages mais hier il était pressé, et cette fois il a conduit (**4**) (*too fast*). (**5**) (*Unfortunately*), la voiture a dérapé et heurté un arbre. (**6**) (*Fortunately*), il n'y avait pas de passager et lui-même n'a pas été (**7**) (*seriously*) blessé.

Object pronouns

What are direct object pronouns?

■ Direct object pronouns are words like 'it', 'me', 'him', 'us', etc. In French, the direct object pronouns are:

me	*me*	nous	*us*
te	*you*	vous	*you*
le	*him/it*	les	*them*
la	*her/it*		

You shorten *me, te, le* and *la* to *m', t'* and *l'* in front of a vowel or silent *h*.

When do I use them? Why are they important?

You use them when you don't want to keep repeating a noun or a name. Using pronouns makes your French sound much more natural.

How do they work?

■ Pronouns usually go in front of the verb.
«Tu regardes le film?» «Oui, je le regarde.» 'Are you watching the film?' 'Yes, I am watching **it**.'

■ In a negative sentence, the direct object pronoun goes between *ne* and the verb.
Non, je ne le regarde pas. No, I'm not watching **it**.

■ If you are using a verb + infinitive, the direct object pronoun goes in front of the infinitive.
Est-ce que tu veux le regarder? Do you want to watch **it**?

■ In the perfect tense, the direct object pronoun goes in front of the part of *avoir*. The past participle must agree with the direct object pronoun.
Tu connais cette émission? Je l'ai regardée hier. Do you know this programme? I watched **it** yesterday.
Tu veux ces DVD? Nous les avons achetés sur eBay. Do you want these DVDs? We bought **them** on eBay.

When do you use indirect object pronouns?

■ You use indirect object pronouns to replace a noun which has *à* (*au, aux*, etc.) in front of it. You often use them with verbs like *donner* (to give), *demander* (to ask), *dire* (to say), *parler* (to speak) and *téléphoner* (to phone).
«Il a téléphoné à sa mère?» «Oui, il lui a téléphoné.» 'Has he called **his mother**?' 'Yes, he's called **her**.'

■ In French, the indirect object pronouns are:

me	*to me*	nous	*to us*
te	*to you*	vous	*to you*
lui	*to him/her/it*	leur	*to them*

Note that only *lui* and *leur* look different from direct object pronouns.

How do they work?

■ Indirect object pronouns follow the same rules regarding their position in a sentence as direct object pronouns. *Ses parents lui donnent de l'argent de poche.*

■ Unlike direct object pronouns, in the perfect tense, the past participle does not agree with indirect object pronouns. *On leur a parlé hier.*

When do you use y and en?

■ You use *y* to refer to a place which has already been mentioned. It can refer to a noun, or *à/au/à la/à l'/aux* + noun.

■ *Y* often means 'there', although it is not always translated in English.
Il adore Paris. Il y est allé hier. *«Tu vas souvent au cinéma?» «J'y vais de temps en temps.»*

■ You use *en* to replace a noun, or *de/du/de la/de l'/des* + noun.

En often means 'of it', 'of them' or 'some', although it is not always translated in English.
J'aime le chocolat. J'en mange beaucoup. *«Il faut acheter des pommes?» «Il faut en acheter un kilo.»*
You shorten *je* to *j'* in front of *y* and *en*.

How do they work?

Y and *en* go in front of the verb. Past participles do not agree with *y* and *en*.

1 Rearrange the words to make correct sentences, using the English prompts to help you. Then underline the object pronoun in each sentence. Note: There are two object pronouns in number 5.

1 *Soaps? I find them boring.*
ennuyeuses trouve les je les séries?

2 *TV? She watches it every evening.*
regarde télé? les la soirs tous elle la

3 *To the cinema? We go often.*
on souvent au va y cinéma?

4 *Chips? They never eat them.*
jamais en ils n' frites? mangent des

5 *I love you. Do you love me?*
aime aimes? m' tu t' je

6 *His parents give him ten euros a week.*
lui dix par ses donnent semaine euros parents

7 *My friends? I spoke to them yesterday.*
parlé je hier leur ai copains? mes

8 *Justine has invited us to a party.*
fête a à Justine une nous invités

2 Fill in each gap with an object pronoun from the box, to make a logical sentence. Then translate the sentences.

en   la   le   les   leur   lui   m'   nous   t'   y

1 Je n'aime pas Thomas. Je ▇▇ trouve arrogant.

2 «Vous regardez souvent les infos?» «Oui, je ▇▇ regarde tous les soirs.»

3 Tu es libre samedi? Je ▇▇ invite à ma fête.

4 «Qu'est-ce que tu penses de ma chemise?» «Je ▇▇ trouve jolie.»

5 Je finis le travail dans dix minutes. Tu ▇▇ attends?

6 Nous avons parlé avec Julie. Elle ▇▇ a téléphoné hier.

7 Marie est contente. Ses parents ▇▇ donnent de l'argent pour son anniversaire.

8 «Tu vas écrire à tes parents?» «Non, je vais ▇▇ envoyer un SMS.»

9 On va au concert ce soir. Tu veux ▇▇ aller avec nous?

10 Moi, j'adore le poulet, mais mon frère n' ▇▇ mange pas, parce qu'il est végétarien.

3 Read this interview with a rock star. Then rewrite it, replacing the underlined words with object pronouns, to avoid repetition. Make sure you position the object pronouns correctly and make past participles agree with the pronoun where necessary.

▪ Alors, Xavier, qu'est-ce que vous aimez faire quand vous ne faites pas de musique? Vous regardez la télé?

● Oui, (**1**) je regarde la télé, surtout les émissions de télé-réalité. (**2**) Je trouve les émissions de télé-réalité marrantes.

▪ Et vous allez au cinéma aussi?

● (**3**) Je vais au cinéma de temps en temps. (**4**) Je regarde souvent des films mais je préfère regarder les films en DVD. J'aime aller au théâtre aussi.

▪ (**5**) Quelle est la dernière fois que vous êtes allé au théâtre?

● (**6**) Je suis allé au théâtre la semaine dernière, avec ma sœur. (**7**) J'ai invité ma sœur parce qu'elle adore ça, comme moi.

▪ Vous n'avez pas invité votre petite copine?

● (**8**) J'ai téléphoné à ma petite copine, mais elle était en vacances avec ses parents. (**9**) Elle a offert à ses parents un voyage en Australie.

▪ Pour finir, parlons un peu de votre mode de vie. Faites-vous attention à ce que vous mangez?

● Bof, je mange assez bien. (**10**) J'adore les fruits et je mange beaucoup de fruits. Ma faiblesse, c'est le chocolat, mais (**11**) je ne mange jamais de chocolat, parce que je ne veux pas prendre de kilo.

▪ Merci, Xavier, et bonne chance avec votre nouvel album.

offert – *past participle of* offrir *(to offer or give as a present)*

Verbs followed by an infinitive

Which verbs are followed by an infinitive? When does it happen?
In French, when two verbs are together, the second is in the infinitive. This usually occurs with modal verbs like 'want', 'must', 'can', 'know how to' (which aren't usually used on their own) and verbs expressing likes and dislikes such as 'I like playing', 'I prefer going'.

Why are they important?
You use them to tell people what you want, when you can't do something or when you don't like something and prefer something else. For your GCSE, using modal verbs and opinion verbs correctly will help you to produce more sophisticated work.

Things to watch out for

- When talking about likes and dislikes in English, the second verb often ends in *–ing*. This is the verb that goes into the infinitive in French.
  I love cook**ing**/I love **to cook**.   *J'adore **faire** de la cuisine.*

- Some verbs which are followed by an infinitive in English take *à* or *de* in front of the infinitive in French. There is no other way but to learn them! These are some of the most useful.
  apprendre à (*to learn to*)   décider de (*to decide to*)   réussir à (*to succeed*)   refuser de (*to refuse*)
  commencer à (*to begin*)   essayer de (*to try*)   inviter à (*to invite*)   oublier de (*to forget*)

1   Choose the correct form of the verb, then translate the sentences.

1   Nathan n'aime pas *travailler / travaillé / travaillez.*
2   Son frère déteste *jouez / joué / jouer* au foot.
3   Il a arrêté de *fumer / fumez / fumé.*
4   Amélie a faim, elle veut *manger / mangez / mangé.*
5   Nous devons *finissons / finir / finit* nos devoirs.
6   Il essaie de *jouer / joué / jouez* de la guitare.
7   Nous voulons *écouter / écouté / écoutez* un CD.
8   On ne peut pas y *allé / allez / aller* le dimanche.

2   Rearrange the words to make correct sentences.

1   jouer   foot   J'   au   aime
2   aime   n'   pas   vélo   faire   du   Théo
3   une   manger   préfère   Louise   pizza
4   coca   boire   veux   Je   un

5   soir   peut   Il   sortir   pas   ce   ne
6   veut   cinéma   Manon   aller   au
7   devoirs   doit   D'abord   elle   ses   faire
8   de   texto   décidé   lui   J'   envoyer   ai   un

3   Fill in the gaps with the correct prepositions, then translate the sentences.

1   Je rêve ▬▬ apprendre ▬▬ faire du ski.
2   J'ai décidé ▬▬ gagner de l'argent.
3   J'ai essayé ▬▬ trouver un job.
4   J'ai réussi ▬▬ en trouver un dans un café.

5   Mon copain m'a invitée ▬▬ sortir.
6   J'ai oublié ▬▬ lui répondre.
7   Il refuse ▬▬ sortir avec moi.
8   Il a invité ma copine ▬▬ sortir avec lui.

4   Translate the sentences into French.

1   On Saturday afternoon, I love going to the shopping centre.
2   My boyfriend prefers playing football.
3   What do you all like doing?
4   We have decided to go to EuroDisney next year.
5   We have dreamed of going there, without our parents!
6   My girlfriend wants to come with us.
7   She has given up smoking to save money.
8   We want to take Eurostar to go to Paris.

What are they?

who/that *qui*   which/that/whom *que*   whose *dont*   where *où*

When do I use them?

When you want to link statements together to avoid repetition and to make your French more fluent.

J'ai visité une entreprise de construction. Nicolas a fait un stage dans l'entreprise de construction.

→ *J'ai visité l'entreprise de construction **où** Nicolas a fait un stage.*

Why are they important?

Not only will you sound fluent, but if you use relatives correctly, it means you can create complex sentences.

Things to watch out for

■ In English, we sometimes omit the word 'who'/'whom'/'which', etc. but in French, you must put it in.

*Le monsieur **que** j'ai rencontré est chef d'entreprise.*   The man (whom) I met is the boss.

*C'est l'homme **que** j'ai vu hier.*   It's the man (that) I saw yesterday.

How do they work?

■ *Qui* (who, which, that) is followed by a verb (as it replaces a subject).

Elle a une sœur. ~~Sa sœur~~ est infirmière.   *Elle a une sœur **qui** est infirmière.*

■ *Que* (whom, which, that) is followed by a noun and a verb (it replaces the object of the sentence).

J'ai accepté le stage. Mon prof m'a proposé ~~le stage~~.   *J'ai accepté le stage **que** mon prof m'a proposé.*

I did the course which my teacher suggested.

■ *Dont* replaces 'whose' or 'of whom/which'.

*Je veux voir le film **dont** j'ai vu la bande-annonce.*   I want to see the film whose trailer I saw.

*C'est le livre **dont** on m'a parlé.*   It's the book (that) someone told me about.

■ *Où* (where) replaces a place.

*La maison **où** il habite a une piscine à l'intérieur.*

The house where he lives has an indoor swimming pool.

1 *Qui* or *que*? **Fill in the gaps, then translate the sentences.**

   1 Mon copain ▬▬ s'appelle Rémy a quinze ans.
   2 Il a un frère ▬▬ est coiffeur.
   3 Quel est le film ▬▬ tu veux voir?
   4 Le film ▬▬ j'ai vu était sous-titré en anglais.
   5 Le monsieur ▬▬ porte un costume est chef d'entreprise.
   6 La fille ▬▬ s'appelle Lou est la petite sœur de mon copain.

2 Fill in the gaps with the correct pronouns, then translate the sentences.

   1 Le garçon ▬▬ s'appelle Damien est dans ma classe.
   2 L'entreprise ▬▬ j'ai fait mon stage se trouve près de chez nous.
   3 Le collègue ▬▬ j'ai oublié le nom a été vraiment sympa.
   4 Le problème ▬▬ j'ai trouvé le pire c'est la discrimination.

3 Translate the phrases into French.

   1 the town where I live
   2 the people I know
   3 the first time I saw you
   4 the place where we met
   5 the people who were there
   6 the text which I sent you
   7 the job you told me about
   8 the girl who annoys me

Mémo grammaire

What are they?

The future (*le futur*) is used to say what you **will** do.
The conditional (*le conditionnel*) is used to say what you **would** do.

When do I use them?

When you are talking about future plans.

Why are they important?

- You need to be able to use the future and conditional to talk about the future.

- You also need to show you can use the future in combination with the present and the past tenses. This is something that you will frequently be expected to do.

- You need to distinguish between the two tenses in listening exercises (some parts sound the same) and in reading exercises (some parts have similar spellings). Recognising and using these tenses will show a good grasp of the language.

Things to watch for

- When you use *quand* to refer to the future, ALL the verbs in the sentence have to be in the future tense.
  *Quand nous **irons** à Paris, nous **verrons** la Tour Eiffel.*
  When we go to Paris, we'll see the Eiffel Tower.

- In clauses with if, you need to use the correct tense!
  - *si* + present tense + future tense
    *Si tu **viens**, moi aussi j'**irai**.*   If you come, I will go too.
  - *si* + imperfect tense + conditional
    *Si tu **mangeais** correctement, tu n'**aurais** pas faim.*   If you ate properly, you wouldn't be hungry.

How are they formed?

- Add the future or the conditional endings to the infinitive of the verb.
  (Take the final e off –*re* verbs first.)
  Future endings: –*ai* –*as* –*a* –*ons* –*ez* –*ont*
  Conditional endings: –*ais* –*ais* –*ait* –*ions* –*iez* –*aient*

		future	conditional
–*er* verbs	manger	je manger**ai**	je manger**ais**
–*ir* verbs	finir	tu finir**as**	tu finir**ais**
–*re* verbs	apprendre	ils apprendr**ont**	ils apprendr**aient**

- Note that the future endings are almost the same as the verb *avoir*, and the conditional endings are the same endings as the imperfect.

- Learn the irregular ones!

	future	conditional
aller	j'**ir**ai	j'**ir**ais
avoir	tu **aur**as	tu **aur**ais
faire	il **fer**a	il **fer**ait
pouvoir	nous **pourr**ons	nous **pourr**ions
venir	vous **viendr**ez	vous **viendr**iez
voir	ils **verr**ont	ils **verr**aient
vouloir	on **voudr**a	on **voudr**ait

There is a more complete list of irregular verbs on pages 229–231.

1 Say whether each sentence uses the future (**F**) or the conditional (**C**), then translate the sentences into English.

1 L'année prochaine, nous irons à Paris.
2 Nous pourrions faire un long voyage.
3 On verra!
4 Vous voudriez boire quelque chose?
5 Quand vous arriverez, nous dînerons.
6 Dépêchez-vous! Vous ne finirez jamais!
7 S'il fait beau, nous irons à la plage.
8 J'aimerais voir ce film.

2 Translate the sentences into French.

1 I'd like to go home.
2 When he finishes his homework, we'll watch a DVD.
3 He'll arrive late.
4 If it's fine, they'll play football.
5 We would prefer to eat in a restaurant.
6 Tomorrow it will snow.
7 I would like to go to town this afternoon.
8 Next year, we'll go to EuroDisney.

3 Complete the text using the correct form (future or conditional) of the infinitives in the brackets.

Quand je (**1** *quitter*) le collège je (**2** *aller*) au lycée. Mais si mes notes ne sont pas suffisantes, je (**3** *devoir*) redoubler. Je (**4** *vouloir*) faire un BAC scientifique mais je (**5** *voir*)!

Cette année, pendant les grandes vacances, j' (**6** *aller*) au bord de la mer où je (**7** *faire*) un stage de sport. J' (**8** *aimer*) apprendre à faire de la planche à voile. Je (**9** *chercher*) un stage sportif sur Internet. D'abord, je (**10** *devoir*) gagner de l'argent parce que je n'en ai pas. Le week-end, je (**11** *travailler*) dans le bar de mon oncle. Je (**12** *laver*) la vaisselle et je (**13** *débarrasser*) les tables. Je (**14** *pouvoir*) aussi faire du baby-sitting ou donner des leçons de maths. Je suis fort en maths!

The pluperfect tense

What is it?

The pluperfect is another past tense, like the perfect and the imperfect.

It is called *le plus-que-parfait* in French.

When do I use it?

You use the pluperfect to talk about an event which happened one step further back than another past event. Whereas the perfect tense means 'I did something' or 'I have done something', the pluperfect means 'I **had done** something'.

Why is it important?

Using the pluperfect means that you can talk about events in the past in more detail.

Using it correctly shows a good grasp of more complicated grammar.

How does it work?

- Like the perfect tense, you form the pluperfect by using an auxiliary (*avoir* or *être*) + a past participle. The difference is that you use the **imperfect tense** of the auxiliary.
  J'avais fait de la voile toute la journée, donc j'étais très fatigué.
  I had sailed (been sailing) all day, so I was very tired.

- The verbs which take *être* are the same ones which take *être* in the perfect tense (see page 210). Remember that the past participle of *être* verbs must agree with the subject of the sentence.
  Mes parents étaient partis en vacances et j'étais seul à la maison.
  My parents had gone on holiday and I was alone in the house.

- Sometimes, you use the pluperfect in the same sentence as the perfect, to explain what happened before something else took place.
  Elle avait fini son petit déjeuner quand son frère est arrivé.
  She had finished breakfast when her brother arrived.

1 **Match the sentence halves, then translate the sentences.**

1	J'avais toujours voulu	a	partie en vacances avec son petit copain.
2	On avait	b	mon portable dans l'appartement.
3	Nous étions	c	aller à Nice, mais mes parents ont décidé d'aller en Bretagne.
4	Heureusement, nous	d	partis de bonne heure, mais il y avait beaucoup de circulation.
5	Ma sœur était	e	avions emporté des sandwichs.
6	Mes parents	f	sortis en bateau, quand il a commencé à pleuvoir.
7	Un jour, nous étions déjà	g	avaient loué un appartement au bord de la mer.
8	J'avais laissé	h	pris la voiture et on est arrivés tard.

2 **Use your imagination and complete these sentences with a phrase in the pluperfect tense that describes a family holiday.**

1 J'/Je ▬ avec mes parents, mais c'était un désastre!

2 On ▬, donc on est arrivés de bonne heure.

3 Mon frère ▬ à la maison parce qu'il n'aime pas les vacances en famille.

4 Mes parents ▬ qui était grand(e) et très confortable.

5 Un jour, nous ▬ quand il a commencé à pleuvoir.

6 Malheureusement, j'/ je ▬ et le lendemain, j'étais malade.

7 C'était la première fois qu'on ▬, et on s'est bien amusés.

8 Je voulais envoyer un texto à ma copine, mais j'/je ▬.

pleuvoir – to rain

What are they?
Demonstrative adjectives are: 'this', 'these', 'that' and 'those', followed by a noun.
Demonstrative pronouns are: 'this one', 'these ones', 'that one' and 'those ones'.

Why are they important?
They help you to clarify which person or thing you are referring to. Using them correctly shows a good grasp of more complicated grammar.

How do they work ?
Demonstrative adjectives must agree with the noun they refer to:

Masculine singular	Feminine singular	Masculine plural	Feminine plural
ce (cet *in front of a vowel or silent* h)	cette	ces	ces

To distinguish between 'this' and 'that' or 'these' and 'those', you add *–ci* or *–là* to the noun.

cette cravate-*ci*   this tie   *ces* gants-*là*   those gloves

To say 'this one', 'that one', 'these ones' or 'those ones', you use a demonstrative pronoun. They must agree with the noun they are referring to.

celui	celle	ceux	celles

As with demonstrative adjectives, you use –ci or –là to be more specific.
«Quel chapeau?» «Celui-là.»   'Which hat?' 'That one.'
«Quelles chaussettes?» «Celles-ci.»   'Which socks?' 'These ones.'
To ask 'which one?' or 'which ones?', you use the following pronouns. They must agree with the noun they refer to.

Lequel?	Laquelle?	Lesquels?	Lesquelles?

«J'aime cet imperméable.» «Lequel?» «Celui-ci.»   *«Je vais acheter cette casquette.» «Laquelle?» «Celle-là.»*
'I like this raincoat.' 'Which one?' 'This one.'   'I'm going to buy that cap.' 'Which one?' 'That one.'

---

1 **Fill in the correct form of the demonstrative adjective, then translate the phrases.**

   1 ▬ chemise-ci   **3** ▬ jogging-là   **5** ▬ garçon-là   **7** ▬ bananes-ci

   2 ▬ gants-là   **4** ▬ baskets-ci   **6** ▬ boulangerie-ci   **8** ▬ œuf-là

2 **Copy out and complete the dialogue, using the words in the box.**

   ce celle celles celui ces cette ci là laquelle lequel lesquelles

  ▪ Théo, regarde la photo. Je sors avec (**1**) ▬ fille demain soir!
  ● (**2**) ▬? La fille aux cheveux blonds?
  ▪ Non, (**3**) ▬-là, la fille aux cheveux noirs. Elle s'appelle Claire.
  ● Elle est jolie! Qu'est ce que tu vas porter? Pas (**4**) ▬ tee-shirt moche!
  ▪ Non, je vais porter ma nouvelle chemise et (**5**) ▬ baskets.
  ● (**6**) ▬? Celles-(**7**) ▬ ou (**8**) ▬-là?
  ▪ Celles-(**9**) ▬, les Nike.
  ● D'accord, ça va. Et vous allez où?
  ▪ Au cinéma. On va voir un film d'action.
  ● (**10**) ▬? Indiana Jones?
  ▪ Non, (**11**) ▬ au Cinéma Gaumont: le dernier James Bond.
  ● Alors, amusez-vous bien!

Regular verbs

Learn the patterns and you can use any regular verbs!

INFINITIVE	PRESENT TENSE (stem + present tense endings)	PERFECT TENSE (auxiliary + past participle)	FUTURE TENSE (infinitive + future endings)	IMPERFECT TENSE (stem + imperfect endings)
regarder to watch	je regarde tu regardes il regarde nous regardons vous regardez ils regardent	j'ai regardé tu as regardé il a regardé nous avons regardé vous avez regardé ils ont regardé	je regarderai tu regarderas il regardera nous regarderons vous regarderez ils regarderont	je regardais tu regardais il regardait nous regardions vous regardiez ils regardaient
finir to finish	je finis tu finis il finit nous finissons vous finissez ils finissent	j'ai fini tu as fini il a fini nous avons fini vous avez fini ils ont fini	je finirai tu finiras il finira nous finirons vous finirez ils finiront	je finissais tu finissais il finissait nous finissions vous finissiez ils finissaient
attendre to wait	j'attends tu attends il attend nous attendons vous attendez ils attendent	j'ai attendu tu as attendu il a attendu nous avons attendu vous avez attendu ils ont attendu	j'attendrai tu attendras il attendra nous attendrons vous attendrez ils attendront	j'attendais tu attendais il attendait nous attendions vous attendiez ils attendaient
se **connect**er to connect	je me connecte tu te connectes il se connecte nous nous connectons vous vous connectez ils se connectent	je me suis connecté(e) tu t'es connecté(e) il s'est connecté nous nous sommes connecté(e)s vous vous êtes connecté(e)(s) ils se sont connecté(s)	je me connecterai tu te connecteras il se connectera nous nous connecterons vous vous connecterez ils se connecteront	je me connectais tu te connectais il se connectait nous nous connections vous vous connectiez ils se connectaient

Key irregular verbs

INFINITIVE	PRESENT TENSE (Watch out for the change of stems)	PERFECT TENSE (auxiliary + past participle)	FUTURE TENSE (stem + future endings)	IMPERFECT TENSE (stem + imperfect endings)
avoir to have	j'**ai** tu **as** il **a** nous **avons** vous **avez** ils **ont**	j'ai **eu** tu as eu il a eu nous avons eu vous avez eu ils ont eu	j'**aur**ai tu auras il aura nous aurons vous aurez ils auront	j'**av**ais tu avais il avait nous avions vous aviez ils avaient
être to be	je **suis** tu **es** il **est** nous **sommes** vous **êtes** ils **sont**	j'ai **été** tu as été il a été nous avons été vous avez été ils ont été	je **ser**ai tu seras il sera nous serons vous serez ils seront	j'**ét**ais tu étais il était nous étions vous étiez ils étaient
faire to do/make	je **fais** tu **fais** il **fait** nous **faisons** vous **faites** ils **font**	j'ai **fait** tu as fait il a fait nous avons fait vous avez fait ils ont fait	je **fer**ai tu feras il fera nous ferons vous ferez ils feront	je faisais tu faisais il faisait nous faisions vous faisiez ils faisaient
aller to go	je **vais** tu **vas** il **va** nous **allons** vous **allez** ils **vont**	je **suis** allé(e) tu **es** allé(e) il **est** allé nous **sommes** allé(e)s vous **êtes** allé(e)(s) ils **sont** allés	j'**ir**ai tu iras il ira nous irons vous irez ils iront	j'allais tu allais il allait nous allions vous alliez ils allaient
prendre to take (*also applies to*: apprendre, comprendre …)	je **prends** tu **prends** il **prend** nous **prenons** vous **prenez** ils **prennent**	j'ai **pris** tu as pris il a pris nous avons pris vous avez pris ils ont pris	je prendrai tu prendras il prendra nous prendrons vous prendrez ils prendront	je prenais tu prenais il prenait nous prenions vous preniez ils prenaient
vouloir to want	je **veux** nous **voulons** ils **veulent**	j'ai **voulu** nous avons voulu ils ont voulu	je **voudr**ai nous voudrons ils voudront	je voulais nous voulions ils voulaient
pouvoir can/to be able to	je **peux** nous **pouvons** ils **peuvent**	j'ai **pu** nous avons pu ils ont pu	je **pourr**ai nous pourrons ils pourront	je pouvais nous pouvions ils pouvaient
devoir must/to have to	je **dois** nous **devons** ils **doivent**	j'ai **dû** nous avons dû ils ont dû	je **devr**ai nous devrons ils devront	je devais nous devions ils devaient

Other useful irregular verbs

INFINITIVE	PRESENT TENSE (Watch out for the change of stems)	PERFECT TENSE (auxiliary + past participle)	FUTURE TENSE (stem + future endings)	IMPERFECT TENSE (stem + imperfect endings)
appeler to call	j'appelle nous nous appelons ils appellent	j'ai appelé nous avons appelé ils ont appelé	j'appellerai nous appellerons ils appelleront	j'appelais nous appelions ils appelaient
boire to drink	je **bois** nous **buv**ons ils **boiv**ent	j'ai **bu** nous avons bu ils ont bu	je boirai nous boirons ils boiront	je buvais nous buvions ils buvaient
conduire to drive	je **condui**s nous **conduis**ons ils conduisent	j'ai **conduit** nous avons conduit ils ont conduit	je conduirai nous conduirons ils conduiront	je conduisais nous conduisions ils conduisaient
connaître to know	je **connai**s nous **connaiss**ons ils connaissent	j'ai **connu** nous avons connu ils ont connu	je connaîtrai nous connaîtrons ils connaîtront	je connaissais nous connaissions ils connaissaient
croire to believe	je **crois** nous **croy**ons ils **croi**ent	j'ai **cru** nous avons cru ils ont cru	je croirai nous croirons ils croiront	je croyais nous croyions ils croyaient
dire to say	je **dis** nous **dis**ons ils disent	j'ai **dit** nous avons dit ils ont dit	je dirai nous dirons ils diront	je disais nous disions ils disaient
dormir to sleep	je **dor**s nous **dorm**ons ils dorment	j'ai dormi nous avons dormi ils ont dormi	je dormirai nous dormirons ils dormiront	je dormais nous dormions ils dormaient
écrire to write	j'**écri**s nous **écriv**ons ils écrivent	j'ai **écrit** nous avons écrit ils ont écrit	j'écrirai nous écrirons ils écriront	j'écrivais nous écrivions ils écrivaient
envoyer to send	j'**envoi**e nous **envoy**ons ils **envoi**ent	j'ai envoyé nous avons envoyé ils ont envoyé	j'**enverr**ai nous enverrons ils enverront	j'envoyais nous envoyions ils envoyaient
essayer to try	j'**essai**e nous **essay**ons ils **essai**ent	j'ai essayé nous avons essayé ils ont essayé	j'essayerai nous essayerons ils essayeront	j'essayais nous essayions ils essayaient
se lever (also applies to: acheter)	je me **lè**ve nous nous **lev**ons ils se **lè**vent	je me suis levé(e) nous nous sommes levé(e)s ils se sont levés	je me **lè**verai nous nous **lè**verons ils se **lè**veront	je me levais nous nous levions ils se levaient
lire to read	je **lis** nous **lis**ons ils lisent	j'ai **lu** nous avons lu ils ont lu	je lirai nous lirons ils liront	je lisais nous lisions ils lisaient

INFINITIVE	PRESENT TENSE (Watch out for the change of stems)	PERFECT TENSE (auxiliary + past participle)	FUTURE TENSE (stem + future endings)	IMPERFECT TENSE (stem + imperfect endings)
manger to eat *(also applies to* nager, partager**)**	je mange nous mang**e**ons ils mangent	j'ai mangé nous avons mangé ils ont mangé	je mangerai nous mangerons ils mangeront	je mang**e**ais nous mangions ils mang**e**aient
mettre to put	je **met**s nous **mett**ons ils mettent	j'ai **mis** nous avons mis ils ont mis	je mettrai nous mettrons ils mettront	je mettais nous mettions ils mettaient
ouvrir to open	j'ouvre tu ouv**res** il ouvre nous ouv**rons** vous ouv**rez** ils ouv**rent**	j'ai **ouvert** tu as ouvert il a ouvert nous avons ouvert vous avez ouvert ils ont ouvert	j'ouvrirai tu ouvriras il ouvrira nous ouvrirons vous ouvrirez ils ouvriront	j'ouvrais tu ouvrais il ouvrait nous ouvrions vous ouvriez ils ouvraient
partir to leave	je **par**s nous **part**ons ils partent	je suis parti(e) nous sommes parti(e)s ils sont partis	je partirai nous partirons ils partiront	je partais nous partions ils partaient
préférer to prefer	je préf**è**re nous préf**é**rons ils préf**è**rent	j'ai préféré nous avons préféré ils ont préféré	je préférerai nous préférerions ils préféreront	je préférais nous préférions ils préféraient
rire to laugh	je **ri**s nous rions ils rient	j'ai ri nous avons ri ils ont ri	je rirai nous rirons ils riront	je riais nous riions ils riaient
savoir to know	je **sai**s nous **sav**ons ils savent	j'ai **su** nous avons su ils ont su	je **saur**ai nous saurons ils sauront	je savais nous savions ils savaient
se sentir to feel	je me **sen**s nous nous **sent**ons ils se sentent	je me suis senti(e) nous sommes senti(e)s ils se sont sentis	je me sentirai nous nous sentirons ils se sentiront	je me sentais nous nous sentions ils se sentaient
sortir to go out, leave	je **sor**s nous **sort**ons ils sortent	je suis sorti(e) nous sommes sorti(e)s ils sont sortis	je sortirai nous sortirons ils sortiront	je sortais nous sortions ils sortaient
venir *(also applies to* devenir**)**	je **vien**s nous **ven**ons ils **vienn**ent	je suis **venu**(e) nous sommes venu(e)s ils sont venus	je **viendr**ai nous viendrons ils viendront	je venais nous venions ils venaient
voir to see	je **voi**s nous **voy**ons ils **voi**ent	j'ai **vu** nous avons vu ils ont vu	je **verr**ai nous verrons ils verront	je voyais nous voyions ils voyaient

A

il y en a pour tout le monde	there's something for everyone
à bientôt	see you soon
à demain	see you tomorrow
à moi/à toi	mine/yours
à peu près	about
abîmé(e)	broken/damaged/ worn out
aborder	to tackle
l' abréviation (f)	abbreviation
abriter	to shelter
absorber	to absorb
l' acceptation (f)	acceptance
l' accès (m)	access
l' accro (m/f)	addict/fan
l' accueil (m)	welcome
les achats (m)	purchases
s' acheter	to buy oneself
acquis(e) à	kept by
actuellement	at present
l' acuité visuelle	sharpness of vision
l' adhésion (f)	membership
administratif/ve	administrative
s' adresser à	to be aimed at
l' adversaire (m/f)	opponent
les affaires (f)	things/kit
d' affilée	in a row
affreux/euse	awful
afin de	so as to
l' agence (f) pour l'emploi	employment agency
s' agir de	to be about
agrandir	to enlarge
agréable	pleasant
l' agriculteur/trice	farmer
ailleurs	elsewhere
ainsi	so/in this way
être à l' aise	to be comfortable/ at ease
ajouter	to add
alimentaire	food (adj.)
l' alimentation (f)	food
allumer	to turn on
ou alors	or maybe
alors que	when
l' alpage (m)	mountain pasture
l' ambiance (f)	atmosphere
améliorer	to improve
aménagé(e)	fitted
amener	to take
l' amour (m)	love
l' ananas (m)	pineapple
ancien(ne)	old/ancient/ex
une ancienne petite copine	an ex-girlfriend
l' animateur/trice (de club)	(club) leader
l' animation (f)	activity
animé(e) par	presented by
l' annonce (f)	advert
les antibiotiques (m)	antibiotics
l' antimite (m)	mothballs
apparaître	to appear
l' appareil-photo (m)	camera
appartenir (à)	to belong (to)
apporter	to bring

apprécié(e)	appreciated/ desirable
apprécier	to appreciate/enjoy
apprendre	to learn/teach
approprié(e)	appropriate
d' après	based on
d' après lui/elle	according to him/ her
l' arme (f) à feu	firearm
les arrhes (f)	charges
il arrive que	sometimes
l' artère (f)	artery
les artichauts (m)	artichokes
les arts (m) martiaux	martial arts
les arts (m) plastiques	fine arts
l' aspect (m)	appearance
s' asseoir	to sit down
assez de	enough
assis(e)	sitting down
l' assistance (f)	help
assurer	to guarantee/ ensure
l' asthme (m)	asthma
l' atelier (m)	workshop
l' atout (m)	asset
l' attaquant(e)	striker/forward
atteindre	to reach
être atteint(e) de	to be suffering from
attenant(e)	en suite
l' attente (f)	waiting
faire attention à	to look after/pay attention to
attirer	to attract
au-delà	beyond/in addition to
au-dessus	above
avoir aucune importance	to be of no importance
auprès de	with
aussi longtemps que possible	as long as possible
l' auteur (m)	the author
autour de	around
d' autre(s)	other
autrefois	at one time/in the past
l' autruche (f)	ostrich
il n'y avait pas de place	there was no room
avancé(e)	advanced
s' avancer	to get ahead
d' avant	(from) before
avant J.C.	B.C.
à l' avenir (m)	in future
l' averse (f)	shower
l' aviron (m)	rowing
l' avocat(e)	lawyer
avouer	to admit

B

le bac (baccalauréat)	(equivalent of A levels)
les bagagistes (m)	baggage handlers
la bague	ring
la baignade	swimming

se baigner	to have a bath/ swim
le bal	dance/ball
la barquette	container/punnet
en bas	downstairs
basé(e)	based
le bassin	basin
faire du bateau à voile	to go sailing
le bâtiment	building
à la belle étoile	under the stars
avoir besoin de	to need
faire des bêtises (f)	to be silly
beurk	yuck
le bien-être	well-being
la bijouterie	jewellery department/shop
blessé(e)	injured
le bois	wood
la boisson	drink
la boîte	night club
en boîte (f)	at a night club
de bonne heure	early
bosser	to work (familiar)
la boucherie	butcher's
les boucles (f) d'oreilles	earrings
le boulot	work/job (familiar)
à bout de souffle	out of breath
la boxe	boxing
le branchement	connection
briller	to shine
le bruit (m)	noise
brûler	to burn
brûler le feu rouge	to go through a red light
la brume	mist
bruyant(e)	noisy
la buanderie	laundry
la bûche de Noël	Christmas log (cake)
la bulle	speech bubble
le but	goal

C

c'est-à-dire	that is to say
c'est pour ça	that's why
la cabine d'essayage	fitting room
le cabinet (médical/ vétérinaire)	(doctor's/ veterinary) surgery
le cadre	framework/setting
la caisse	the cash desk/ checkout
calorique	calorific
la camionnette	van
le canapé	sofa
le canapé-lit	sofa bed
la canette	can
le canotage	boating
le car de ramassage	school bus
les Caraïbes (f)	the Caribbean
le carburant pour fusée	rocket fuel
caricaturer	to caricature/ exaggerate
le carnet d'adresses	address book
le carnet de dix tickets	book of 10 tickets

le carrefour	crossroads	la cloche	bell	tout à coup	suddenly
carrément	really	au cœur de	at the heart of	le coup de fil	telephone call
la carrière	career	le coin	corner	la cour	playground
la cascade	stunt	coincé(e)	jammed	le cours facultatif	optional lesson
le/la cascadeur/euse	stunt man/woman	collé(e)	stuck	la course	race
le casque	helmet	collectif/ve	communal	les courses (f)	shopping
casser	to break	la colline	hill	coûter	to cost
à cause de	because of	le/la colocataire	roommate/flatmate	couvert(e)	covered
la caution	deposit	la colombe	dove	le/la CPE	attendance
le/la cavalier/ère	horse rider	la colonie de	summer camp	(conseiller/ère	and discipline
le CDI (centre de	school library	vacances	(for children)	principal(e)	counsellor in a
documentation		colonisé(e)	colonised	d'éducation)	French school
et d'information)		le combat	fight	craquer	to crack/break
le CDI (contrat à	permanent	combattre	to fight	la crêpe	pancake
durée	contract	la combinaison de	wet suit	je n'y crois pas	I don't believe it
indéterminée)		plongée		croustillant(e)	crunchy/crusty
célèbre	famous	les combles (m)	attic	cuisiner	to cook
célibataire	unmarried/single	commander	to order	les cuisses (f) de	frogs' legs
des centaines (f)	hundreds	comme ça	like that/in that	grenouille	
cependant	nevertheless/		way	cuit(e)	cooked
	however	comme d'habitude	as usual	cultiver	to grow
certains/certaines	some	le/la commerçant(e)	market trader/shop		
le CES (collège	secondary		keeper	**D**	
d'éducation	school	les commerces (m)	shops		
supérieure)		commode	convenient	le débarquement	landing
la chaîne hi-fi	stereo	complet/ète	full	débile	stupid
la chaleur	heat	le comportement	behaviour	déborder	to overflow
le chameau	camel	comprenant(e)	consisting of/	débraillé(e)	scruffy
champêtre	rural/rustic		including	au début	in the beginning
avoir		compris(e)	including	le/la débutant(e)	beginner
de la chance	to be lucky	le/la comptable	accountant	les déchets (m)	rubbish
la chanson	song	le compte	account	la déclaration	statement
le chant	singing	compter	to count/to be	déconcentrer	to distract
la charcuterie	delicatessen		important	la découverte	exploration/
avoir en charge	to be responsible	compter parmi	to be among		discovery
	for	les comptes (m)	the accounts	découvrir	to explore/discover
chargé(e)	busy	le/la concierge	the caretaker	déçu(e)	disappointed
charger la voiture	to load/pack the car	conçu(e)	designed	dedans	inside/in it
le chariot (de	shopping trolley	avoir confiance (f)	to be self-	la défaite	defeat
supermarché)		en soi	confident	le défaut	fault
le chauffage central	central heating	confirmé(e)	experienced	se défendre	to defend oneself
chauffer	to heat	la confiserie	sweet shop	défendu(e)	forbidden
la chauve-souris	bat	les confiseries (f)	sweets	la défenestration	crashing through
le/la chef	boss	la confluence	confluence (point		windows
la cheminée	fireplace		where two rivers	le défi	challenge
le chercheur	research		meet)	le défilé	parade
scientifique	scientist	le congé (annuel)	(annual) holiday	dégoûtant(e)	disgusting
la cheville	ankle	le/la		la dégradation	damage
chevronné(e)	experienced	plus connu(e)	the best known	dégueulasse	disgusting
les chiffres (m)	numbers	le/la conquérant(e)	conqueror	déguisé(e) en	dressed up as
chimique	chemical	le conseil	piece of advice	se déguiser en	to dress up as
chinois(e)	Chinese	par conséquent	as a result	en dehors de	out of/off
au chômage	unemployed	conserver	to conserve	déjà	already
le chômage	unemployment	la consigne	left luggage office	délinquant(e)	delinquent
le/la chômeur/euse	unemployed	consister en	to consist of/	se demander	to ask oneself
	person		comprise	déménager	to move house
choqué(e)	shocked	consommer	to consume/use	une demi-heure	half an hour
mon petit	my darling (lit.	construire	to build	la demi-pension	half board
chou	my little cabbage)	le container pour le	bottle bank	démodé(e)	old-fashioned
chouette	great	verre		le/la dépanneur/euse	breakdown
la chute d'eau	waterfall	contaminé(e)	contaminated		mechanic
ci-dessous	below	le contenu	contents	la dépanneuse	breakdown lorry
ci-dessus	above	le contrat	contract	le déplacement	transfer
cinématographique	film (adj.)	le contrôle	test	déposer	to drop off
la circulation	traffic	convaincre	to convince	le dépôt de garantie	security deposit
le jour de circulation	day when the	les coordonnées (f)	personal details	la déprime	depression
	service runs (e.g.	la coquille	shell	depuis longtemps	for a long time
	trains)	correspondre	to match up	ça ne me dérange pas	I don't mind
classé(e)	seeded/ranked	le côté	side	déranger	to upset/disturb
la clé USB	USB flash drive	la côtelette d'agneau	lamb chop	se dérouler	to take place
climatisé(e)	air-conditioned	le couchage	bedding	désagréable	unpleasant
				le désistement	cancellation

désormais	from now on
le dessin	drawing/art
dessus	on it
la détente	relaxation
le détergent	detergent
les deux	both of them
devenir	to become
le devoir sur table	class test
digérer	to digest
la dinde	turkey
dîner	to have dinner
se dire	to say to oneself/ each other
directement après	straight after
le/la directeur/trice	head teacher
la/la directeur/trice technique	technical director
discipliner	to discipline
disons	let's say
la disponibilité	availability
disponible	available
se disputer	to argue
le dissolvant	solvent
distrait(e)	absent-minded/ scatty
le distributeur de boîtes	can dispenser
le domicile	home
dominer	to dominate/ overlook
c'est dommage	it's a shame
le don	gift/aptitude/ donation
donc	so
donnant sur	overlooking
se donner	to give each other
donner à manger à	to feed
dont	whose/of which
doré(e)	golden
le dossier de candidature	application
le double-vitrage	double glazing
doué(e)	gifted/talented
draguer	to chat up
le drap	sheet
dressé(e)	trained
avoir le droit de	to be allowed to
drôle	funny
se dépêcher	to hurry
dû/due à	due to
le duc	duke
la dune	sand dune
durcir	to harden
dur(e)	hard
la durée	length/duration
durer	to last
dynamique	dynamic

E

l' eau-de-vie (f)	brandy/spirit
l' échange (m)	exchange visit
s' échapper	to escape
l' éclaircie (f)	sunny interval
économiser	to save
l' écran (m)	screen
l' édition (f)	edition
éducatif/ve	educational
effectuer	to carry out
également	as well/equally
l' égalité (f)	equality

l' électroménager (m)	household appliances
éliminer	to eliminate/vote off
embêter	to annoy
l' embouteillage (m)	traffic jam
s' embrasser	to kiss each other
empêcher	to prevent
l' emplacement (m)	pitch (on campsite)
l' emploi (m)	job
emporter	to take away
en ajoutant	adding
en écoutant	while listening
en plus	as well
en trop	too much
enceinte	pregnant
encrasser	to clog up
en dessous de	under
l' endroit (m)	place
énervé(e)	annoyed
enfermé(e)	shut up/locked up
enlever	to take off/remove
l' ennemi(e)	enemy
s' ennuyer	to get bored
enregistrer	to record
enrichissant(e)	enriching
enseigner	to teach
dans l' ensemble (m)	on the whole
ensoleillé(e)	sunny
ensuite	then
entourer	to surround
entouré(e) par	surrounded by
s' entraîner	to train/practise
l' entraîneur/euse	coach
entre amis	among friends
l' entreprise (f)	business
à l' envers (m)	inside out/back to front
donner envie à (quelqu'un)	to make (someone) want to
(il) me fait envie	I want (it)
environ	about
l' épicerie (f)	grocer's shop
les épinards (m)	spinach
l' époque (f)	period (in history)
à cette époque	at that time
épouvantable	awful
l' épouvantail (m)	scarecrow
équilibré(e)	balanced
équipé(e) de	equipped with
l' escalier (m)	stairs
les escargots (m)	snails
un espace vert	a green space
essayer	to try
l' essence (f)	petrol
l' essentiel (m)	the main points/ the gist
l' établissement (m)	establishment/ school
l' étage (m)	floor/storey
à l' étage	upstairs
l' étalage (m)	window display
étanche	waterproof
étant donné	in view of
l' étape (f)	stage
l' état (m)	state
l' état (m) civil	marital status
s' étendre	to extend/stretch

l' étoile (f)	star
étonner	to amaze
un être humain	a human being
étroit(e)	narrow
l' événement (m)	event
éventuel(le)	possible
éviter	to avoid
un poste évolutif	job with opportunities for advancement
évoqué(e)	mentioned
un exercice de calcul	a sum
un exercice de compréhension	a comprehension exercise
expérimenter	to try out
l' explosif (m)	explosive
un exposé	a talk/presentation
l' exposition (f)	exhibition
exprimer	to express
l' externe (m/f)	day pupil (at a boarding school)
extérieur(e)	outside
l' extrait (m)	extract
extraverti(e)	outgoing/extrovert

F

fabriquer	to make
face à	facing
fâché(e)	angry
facilement	easily
la faculté	university
faible	weak
le faible	weakness
faire de son mieux	to do one's best
se faire des ami(e)s	to make friends
familial(e)	family(-oriented)
se faire mal	to be hurt/injured
en fait	in fact
fascinant(e)	fascinating
fatigant(e)	tiring
il me faut trois quarts d'heure	it takes me three quarters of an hour
le fauteuil	armchair
le fauteuil roulant	wheelchair
le faux-filet	sirloin steak
festif/ve	festive
faire la fête	to have a party/ have a good time
la fête nationale	the national festival
fêter	to celebrate
la feuille	leaf
les feux (m) d'artifice	fireworks
fier/fière	proud
filer	to rush
le filet	net
la fin	end
le fleuve	river
le foie gras	foie gras (liver pâté)
des fois	sometimes
au fond	at the back
fondé(e)	founded
fondre	to melt
la formation	training/education
la formule	formula
fort(e)	strong, loud
fort(e) en	good at
fortifié(e)	fortified
fourni(e)	provided/supplied

fournir	to supply/provide	
frais/fraîche	fresh	
fréquenté(e)	visited	
fréquenter	to go to	
le frigo	fridge	
frisé(e)	curly	
la frontière	border	
le/la funambule	tightrope walker	
être furieux/euse contre	to be furious with	

G

gallo-romain(e)	Franco-Roman
garder	to keep
gare à	be warned/beware
garé(e)	parked
les gars (m)	guys
le gaspillage	waste
gaspiller	to waste
gâté(e)	spoilt
le gazon	grass
geler	to freeze
la genouillère	knee pad
le genre	kind/type
les gens (m)	people
le geste	gesture
le gîte	holiday cottage
glissant(e)	slippery
le/la gosse	kid
le goût	taste/liking
le goûter	afternoon snack
grâce à	thanks to
la grande surface	hypermarket
grandir	to grow (up)
faire la grasse matinée	to have a lie in
gratuit(e)	free (of charge)
la grenouille	frog
la grève	strike
grignoter	to nibble
le gros titre	headline
grossir	to get fat
la grotte	cave
la GRS (gymnastique rythmique et sportive)	gymnastics
guadeloupéen(ne)	Guadeloupian
guérir	to cure/heal
le guichet	ticket window
un gymnase	a gym

H

habile	skilful
habiter	to live (in a place)
l' habitude (f)	habit
s' habituer à	to get used to
haché(e)	minced
haut(e)	high
les hauteurs (f)	the heights/high part
la haute couture	high fashion
hein	eh?
l' hébergement (m)	accommodation
l' herbe (f)	grass
hériter	to inherit
à l' heure (f)	on time
une heure d'étude	an hour of private study
les heures (f) de pointe	rush hour
une heure de «trou»	a free lesson
heureusement	luckily

se heurter contre	to crash into
l' histoire (f) de cœur	affair of the heart
le hockey sur gazon	field hockey
en hommage à	as a tribute to/in honour of
c'est la honte	it's embarrassing/ a disgrace
l' horaire (m)	the timetable
l' horloge (f)	clock
avoir horreur de	to hate
hors de	outside
l' hôte(sse)	host/hostess
des huîtres (f)	oysters
l' humeur (f)	mood

I

l' île (f)	island
l' immigré(e)	immigrant
s' impatienter	to get impatient
important(e)	big/important
n' importe comment	any old how
n' importe quoi	any old thing
impressionnant(e)	impressive
l' imprimante (f)	printer
l' incendie (m)	fire
l' inconvénient (m)	disadvantage
indépendant(e)	separate/ independent
indiqué(e)	indicated
indiscutablement	undeniably
indiquer	to indicate/show
indispensable	essential
l' infirmier/ère	nurse
l' informatique (f)	computers
l' inondation (f)	flood
inonder	to flood
s' inquiéter	to worry
s' inscrire	to join
s' installer	to settle down
l' interdiction (f) (de)	ban (on)
intéressant(e)	attractive/ interesting
quel est l'intérêt?	what's the point?
à l' intérieur	inside
l' internat (m)	boarding house (at a school)
l' interne (m/f)	boarder (at a school)
interprété(e) par	played by
l' invité(e)	guest
irrespirable	unbreathable/ unbearable

J

jeté(e) par terre	thrown on the ground
le jeu d'équipe	team game
jeûner	to fast
la joie	joy
le jour de congé	holiday/bank holiday
de jour comme de nuit	by day and night
le journal télévisé	TV news
le/la judoka	judoka/judo player
jumeau/jumelle	twin
jusqu'à	until
juste	just/fair

L

là	there
là-bas	there/over there
laisser	to let/allow/leave
laisser traîner	to leave lying around
large	baggy/wide
le latin	Latin
faire du lèche-vitrines	to go window shopping
la lecture	reading
la lessive	washing powder/ liquid
le lendemain	the next day
la lettre de motivation	application letter
la liberté	freedom
la librairie-papeterie	books and stationery department/shop
libre	free (vacant)
libre-service	self-service
le lieu	place
au lieu de	instead of
la ligne	figure
les lits (m) superposés	bunk beds
littoral(e)	coastal
littéraire	literary
la livraison	delivery
la livre	pound
la location	hire
les locaux (m)	the premises/ building
le logement	housing/ accommodation
la longueur	length
lorsque	when
le lot	batch/lot/pack
louer	to hire/rent
le loyer	rent
la luge	sledging
lutter contre	to fight against
le lycée général	general high school/sixth form school
le lycée technique	technical high school/sixth form school

M

faire les magasins (m)	to go shopping
la magie	magic
le maillot	sports shirt
à la main	in one's hand/ holding
mal garé(e)	badly parked
ça s'est mal passé	it went badly
malgré	in spite of
la mangue	mango
le mannequin	model
manquant(e)	missing
le manque de	lack of
ne pas manquer de	to have plenty of
marcher	to work
les marches (f)	steps
la marée	tide
marin(e)	marine/sea
marocain(e)	Moroccan
la marque	brand/make
marquer	to mark/score
j'en ai marre (de)	I'm fed up (with)

des masses (f) de	masses of
le massif	the massif (group of mountains)
un match amical	a friendly match
maternel(le)	maternal
la maternelle	nursery school
le mec	bloke/guy
le/la mécanicien(ne)	mechanic
les mèches (f)	highlights (in hair)
le médicament	medicine
la meilleure partie	the best bit
même	even
en même temps	at the same time
mensuel(le)	monthly
mentionné(e)	mentioned
mériter	to deserve
la messe de minuit	midnight mass
mesurer	to measure
mettre deux heures	to take two hours
mettre en péril	to put in danger
mettre en prison	to put in prison
se mettre en route	to start off/set off
les meubles (m)	furniture
à mi-chemin	halfway
mince	slim
le milieu	background/ environment
le milliard	billion
des milliers (m)	thousands
la mise en plis	perm (for hair)
la mise en pratique	practical training
le mitigeur	mixer tap
mixte	mixed
le mode de vie	lifestyle
au moins	at least
la moitié	half
beaucoup de monde	lots of people
mondial(e)	worldwide/in the world
le/la moniteur/trice	instructor
le morceau	bit/piece
monter	to climb/to carry up
se monter à	to amount to
monter dans le bateau	to board the boat
se moquer de	to make fun of
la mort	death
mort(e)	dead
mortel(le)	deadly
le moteur	engine/motor
la moto	motorbike
moyen(ne)	medium

N

la navette	shuttle bus
si nécessaire	if necessary
la neige	snow
nerveux/euse	nervous
nettement plus	much more
le nettoyage à sec	dry cleaning
nettoyer	to clean
le niveau	level
notamment	notably/especially
la note	mark/grade
se nourrir de	to feed on/eat
la nourriture	food
nous-mêmes	ourselves
à nouveau	once again
le nuage	cloud
nuageux/euse	cloudy

O

s' occuper de	to look after/take care of
l' odeur (f)	smell
l' offre (f)	offer
l' oiseau (m)	bird
l' oiseau marin	sea bird
à l' ombre	in the shade
l' opérateur/trice	operator
l' orage (m)	(thunder)storm
l' orchestre (m)	stalls
l' ordinateur (m)	computer
l' oreiller (m)	pillow
l' origine (f)	the origin
l' orphelin(e)	orphan
où bon vous semble	where you see fit
ou … ou …	either … or …
ou bien	or maybe
ouvrir	to open

P

la paire	pair
le palais des congrès	conference hall
c'était la panique	we were panicking
en panne	broken down
le panneau	sign
les pantoufles (f)	slippers
la papeterie	stationer's/ newsagent's
le paquet (m)	parcel/packet
le parapluie	umbrella
par cœur	by heart
par contre	on the other hand
par terre	on the floor/ ground
paraître	to seem
le parapente	paragliding
le parcours acrobatique	obstacle course
parcouru(e)	travelled
parfois	sometimes
la parfumerie	perfume shop
parmi	among
le parrain	godfather
à part	apart from/as well as
de la part de (quelqu'un) c'est	from (someone)
de la part de qui?	who's calling?
le partage	sharing
partager	to share
le/la partenaire	partner
participer à	to take part in
particulier/ère	particular/special
la partie	game/part
partout	everywhere
au pas de course	racing (lit. at racing pace)
pas mal	not bad
avoir pas mal de	to have quite a lot of
ça s'est bien passé	it went well
au passé composé	in the perfect tense
passer	to spend (time)/ take (an exam)/ go past

passer devant	to walk past
passer un coup de fil	to give (someone) a call
la passerelle	walkway
le passe-temps	pastime
le patin à glace	ice skating
la pâtisserie	cake shop
le pâtissier	pastry chef
la pause déjeuner	lunch break
le/la pauvre	the poor thing
le paysage	countryside/ landscape
pédagogique	educational/ teaching
à peine	hardly
la peinture	painting
pendant que	while
la pénicilline	penicillin
la pension complète	full board
le/la pentathlonien(ne)	pentathlete
la percussion humaine	stunt crashes
perdre	to lose
la période	period
permettre	to allow/give the opportunity
le personnage	character
persuader	to persuade
la pétanque	a kind of bowls game popular in France
le/la petit(e)	child
le petit copain	boyfriend
la petite copine	girlfriend
la petite annonce	small ad
peu	little
peuplé(e)	populated
le/la photographe	photographer
la pièce	play (at theatre)/ room (in house)
au pied de	at the foot of
pire(s)	worse
le pire	the worst thing
la pistache	pistachio
pittoresque	picturesque
le placard	cupboard
sur place	on the spot
plaire à	to please
(il) me plaît	I like (it)
le plat	dish/main course
plein(e) à craquer	full to bursting
en plein air	in the open air
pleurer	to cry
pleuvoir à verse	to pour down
la plongée	diving
le/la plongeur/euse	dish washer (in restaurant)/diver
la pluie	rain
la plupart	most
pour la plupart	mostly
de plus	as well
de plus en plus	more and more
plus tard	later
plusieurs	several
plutôt	rather/instead
le pneu	tyre
la poésie	poem
prendre du poids	to put on weight
les poils (m) de chat	cat hairs

les poivrons (m) (rouges)	(red) peppers	
l'homme politique	politician	
la femme politique	politician	
les pompes (f)	press-ups	
faire le pont	(have an extra day's holiday to join a bank holiday to the weekend)	
portugais(e)	Portuguese	
poser sa candidature	to apply	
les poumons (m)	lungs	
pour	for	
le pourboire	tip	
pourtant	however/yet	
la poussette	pushchair	
pratiquer	to practise/do (a sport)	
précéder	to come before	
les précipitations (f)	precipitation/rainfall	
se précipiter	to rush	
préciser	to specify	
préférentiel(le)	favourable	
les premiers soins (m)	first aid	
se prendre au sérieux	to take oneself seriously	
prendre des cours	to have lessons	
préparatoire	preparatory	
se préparer	to get ready	
prescrire	to prescribe	
au présent	in the present tense	
le/la présentateur/trice	presenter	
presque	nearly	
pressé(e)	in a hurry	
la pression	pressure	
prestigieux/euse	prestigious	
prêt(e)	ready	
prêter	to lend	
prévu(e)	planned	
le primaire	primary education	
privilégié(e)	favoured	
prochainement	shortly/soon	
le produit	product	
profiter de	to take advantage of	
faire des progrès	to make progress	
la progression	progress	
le/la promeneur/euse de chiens	dog walker	
proposer un exposé	to give a talk/presentation	
propre	own	
la propreté	the cleanliness	
le/la propriétaire	owner	
la propriété	property	
la protéine	protein	
provenant(e) de	coming from	
à proximité de	near	
la prune	plum	
la pub	advert	
le public	the audience	
la publicité	advert	
puisque	since	
puissant(e)	powerful	
la pyrotechnie	pyrotechnics/fireworks	

Q

Qu'est-ce qu'on s'ennuie!	How boring!	
quand même	even so/all the same	
quant à	as for	
le quartier	area (of a town)	
en quelle quantité?	how much?	
quelque chose de différent	something different	
quelques	some	
faire la queue	to queue up	
quitter	to leave	
quoi?	what?	

R

le rabais	reduction/discount	
raccourcir	to shorten	
raconter	to tell	
rafraîchissant(e)	refreshing	
ramasser	to pick up	
ramener	to take back	
rapidement	quickly	
rarement	rarely	
se rassembler	to get together/gather	
rater mes examens	to fail my exams	
le rayon	shelf/department (in store)/ray	
réagir	to react	
le/la réalisateur/trice de films	film director	
réalisé(e) par	directed by	
se réaliser	to come true	
récemment	recently	
recevoir	to receive	
le réchaud	portable stove	
la recherche	research	
recommander	to recommend	
recruter	to recruit	
récupérer	to get back/retrieve	
redoubler	to repeat a year	
la réduction	reduction/discount	
réduire	to reduce	
la règle	rule/ruler	
en règle générale	as a rule/generally	
rejoindre	to meet/join	
un bon relationnel	good interpersonal skills	
relax	relaxed	
se remarier	to remarry	
remarquer	to notice	
le remboursement	refund	
rembourser	to reimburse/refund	
en remplaçant	replacing	
la rencontre	meeting	
le rendez-vous	meeting/appointment	
pour s'y rendre	to get there	
rendre (+ adj.)	to make (+ adj.)	
rendre visite	to visit	
renforcer	to strengthen	
renoncer à	to give up	
les renseignements (m)	information	
réparer	to repair	
le repas	meal	
le repassage	ironing	

le répondeur	answering machine	
le reportage	report	
se reposer	to rest	
reprendre	to start again	
requis(e)	required	
réserver	to keep/reserve/save	
résister	to resist/last	
respirer	to breathe	
ressembler à	to look like	
restituer	to repay/return	
retentir	to ring	
retrouver	to find (again)	
la réunion	meeting	
réunis	together	
réussir	to succeed	
réutiliser	to reuse	
en revanche	on the other hand	
réveillé(e)	awake	
le rêve	dream	
le réveil	alarm (clock)	
révéler	to show	
faire revivre	to bring back to life	
le rez-de-chaussée	ground floor	
rien de plus simple	nothing could be easier	
rigoler	to have a laugh	
la rigueur	rigour/strictness	
le roi	king	
le rôle principal	the lead role	
les Romains (m)	the Romans	
le roman	novel	
rôti(e)	roasted	
la rue principale	the main street	

S

le sable	sand	
le sac à main	handbag	
le salaire	salary	
la salle d'attente	waiting room	
la salle d'eau	shower room	
la salle d'informatique	computer room	
le salon de coiffure	hairdresser's salon	
le sang	blood	
les sanitaires (m)	bathroom/toilets	
sans	without	
il va sans dire	it goes without saying	
sauf	except	
le saut en longueur	long jump	
sauver la vie de	to save the life of	
en savoir plus sur	to know more about	
la scène	stage/scene	
la scolarité	schooling/education	
la séance d'entraînement	training session	
en sécurité	safely	
séduisant(e)	attractive	
le séjour	stay	
séjourner	to stay	
le self	self-service restaurant	
selon vous	in your opinion	
faire semblant de	to pretend to	
sénégalais(e)	Senegalese	
le sens de l'humeur	sense of humour	
la sensation	feeling	

sensible	sensitive
sentir	to smell
se sentir	to feel
se sentir bien	to feel good
la série	TV serial
la seringue	syringe
ne servir à rien	to be no use
seul	only
le/la seul(e)	the only one
non seulement … mais aussi	not only… but also
le siècle	century
signifier	to mean
sillonner	to criss-cross
sinistre	sinister
sinon	otherwise
le site pétrolier	oil refinery
le site pittoresque	beauty spot
situé(e)	situated
la société	company
soigneusement	carefully
les soldes (m)	sales
le solvant	solvent
le sommet	summit
son et lumières	sound and light show
sonner	to ring
la sonnerie	bell
la sortie de secours	emergency exit
sortir de sa coquille	to come out of one's shell
sortir en courant	to run out
se soucier de	to care about
le souffle	breath
souffrir de	to suffer from
souhaiter	to wish
sous réserve de	subject to
sous une tente	in a tent
sous-titré(e)	sub-titled
souterrain(e)	underground
se souvenir (de)	to remember
le spectacle	show
le sport aquatique	water sport
le sport de glisse	winter sport (involving sliding)
le/la standardiste	receptionist
stratégique	strategic
la sucette	lollipop
sucré(e)	sweet (sugary)
les sucreries (f)	sweet foods
suffisamment	enough
suite à	following
la suite de l'histoire	what happens next
suivi(e) par	followed by
suivre	to follow
la superficie	area
supplémentaire	additional/extra
supportable	bearable
faire du surf	to go surfing
le surnom	nickname
surtout	especially
le/la surveillant(e)	supervisor/warder
le syndicat d'initiative	tourist information office

T

le tableau	picture/scene
la taille	size/height
talentueux/euse	talented
tandis que	while/whereas
la tapisserie	tapestry
le tarif	rate/price list
la tarte au citron	lemon tart
la tarte aux abricots	apricot tart
la tartine	piece of bread and butter
un tas	pile
la techno	technology/techno music
teint(e)	dyed
dans un tel état	in such a state
la télé-réalité	reality TV
le/la téléspectateur/trice	TV viewer
télévisé(e)	televised
pas tellement	not much
tellement de	so many/such a lot of
tempéré(e)	temperate
à temps complet	full-time
à temps partiel	part-time
se tenir (responsable de)	to hold oneself (responsible for)
tenir compte de	to take into account/include
tenté(e)	tempted
tenter	to tempt
la tenue	outfit/kit
se terminer	to finish
terrifiant(e)	terrifying
en tête	leading
le TGV (train à grande vitesse)	fast train
le théâtre	drama
le thon	tuna
il ne tient qu'à vous	it's up to you
le tiroir	drawer
le tissu	material/fabric
le titre de transport	ticket
le titre de voyage	ticket
le toit	roof
tolérant(e)	tolerant
la tombée de la nuit	night fall
tomber amoureux	to fall in love
tomber en panne	to break down
la torche humaine	human torch (a kind of stunt)
tôt	early
toucher à	to touch
toujours	still/always
toulousain(e)	from Toulouse
le tournoi	tournament
tout à fait	completely
tout allait bien	everything was going well
tout ça	all that
tout finit bien	there's a happy ending
tout le long de	all along
tout près	very near
toutefois	nevertheless
toutes sortes	all sorts
traduire	to translate
être en train de	to be in the middle of
traîner	to drag/lie around
se traîner	to traipse around/hang out
le traitement	treatment
traiter	to treat
le transport en commun	public transport
transporter	to take/carry (in vehicle)
à travers	through
traversé(e) par	crossed by
la traversée	crossing
traverser	to cross
trébucher	to trip up
trempé(e) jusqu'aux os	soaked to the skin
tremper	to wet/dunk
une trentaine	about thirty
se tromper	to make a mistake
le trottoir	the pavement
le trou	hole
la trousse de premiers soins	first aid kit
se trouver	to be situated
(pas) mon truc	(not) my thing
tuer	to kill
le/la tueur/euse	killer
le type	guy/bloke

U

ultérieur(e)	later on
urbain(e)	urban
l'usine (f)	factory

V

la vague	wave
vaincre	to defeat
la vaisselle	crockery/washing up
la valise	suitcase
valoriser	to enhance
varier	to vary
la vedette	star (film, etc.)
la veille de Noël	Christmas Eve
le/la vendeur/euse	the shop assistant
vendre	to sell
la vente ambulante	trolley service
vérifier	to check
la vérité	truth
le vernis à ongles	nail varnish
vers	towards
les vestiaires (m)	changing rooms/cloakrooms
la vie personnelle	personal life
la vigne	vineyard
vivant(e)	lively
venir (me) chercher	to come and pick (me) up
un vice de moins	one less vice
par voie électronique	electronically
la voile	sailing
se voir	to see each other
les voisins (m) d'à côté	next door neighbours
le vol	flight/theft
voler	to fly/steal
le/la voleur/euse	thief
la volonté	will power
vomir	to vomit

Y

y	(at/to) there
le yaourt	yoghurt